Intégrer ... médicales

CW01652761

Concours d'entrée

Aide-soignant Auxiliaire de puériculture

Épreuve écrite

Sous la direction d'Annie Godrie
Certifiée en Sciences médico-sociales
Conseillère en formation continue

Christophe Ragot
Professeur de Sciences et tehniques médico-sociales

Élisabeth Simonin
Formatrice au CNFPT

cap carrieres-publiques.com

Nathan

Sommaire

Mathématiques

Épreuve de tests d'aptitude

Responsable éditorial : Géraldine de Saint Palais
Édition : Guillaume Dervieux
Conception maquette et couverture : Marc et Yvette
Coordination artistique : Evelyn Audureau
Fabrication : Maria Pauliat
Schémas : Vincent Landrin
Composition : CGI

ISBN 978-2-09-161874-6

Présentation du concours

1. Le cadre réglementaire

- Le Code de la santé publique et notamment son article R. 4311-4 et ses articles R. 4383-2 à R. 4383-8.
- L'arrêté du 26 mars 2002 relatif au diplôme d'État d'auxiliaire de vie sociale (DEAVS).
- L'arrêté du 22 juillet 1994, modifié par l'arrêté du 5 janvier 2004, réformant les conditions d'accès au concours d'entrée aux écoles ainsi que les épreuves de ce concours. Il précise que ce sont les écoles qui organisent les épreuves de sélection, celles-ci pouvant être communes à plusieurs écoles dès lors qu'elles préparent au même certificat.
- L'arrêté du 10 mai 2000 ouvre droit à l'admission des personnes sourdes, reconnues travailleurs handicapés par la Cotorep, à la formation d'aide-soignant après les épreuves de sélection : elles devront alors exercer dans le cadre de réseaux de santé bilingues (français/langue des signes).
- L'arrêté du 25 janvier 2005, modifié par l'arrêté du 22 octobre 2005 (*J. O.* n° 264 du 13 novembre 2005) définissant, entre autres, les conditions d'accès à la formation d'aide-soignant.
- L'arrêté du 16 janvier 2006 relatif à la formation conduisant au diplôme professionnel d'auxiliaire de puériculture.
- Le décret du 31 août 2007 relatif aux diplômes d'aide-soignant et d'auxiliaire de puériculture remplaçant le diplôme professionnel par le diplôme d'État.

2. Les épreuves

A. Les épreuves d'admissibilité

1) L'épreuve de culture générale

- L'épreuve de culture générale est **commune aux concours d'entrée en école d'aides-soignants** (AS) **et en école d'auxiliaires de puériculture** (AP).
- C'est une **épreuve écrite et anonyme**. Elle dure deux heures ; elle est notée sur 20 points.
- Elle se décompose en deux parties :

– À partir d'un **texte de culture générale** d'une page maximum et portant sur un **sujet d'actualité d'ordre sanitaire et social**, le candidat doit :
  - dégager les idées principales du texte ;
  - commenter les aspects essentiels du sujet traité sur la base de deux questions au maximum.

Cette partie est notée sur 12 points et a pour objet d'évaluer les capacités de compréhension et d'expression du candidat.

– **Une série de dix questions à réponse courte :**
  - cinq questions portant sur des notions élémentaires de biologie humaine (**programme de biologie humaine du BEP Carrières sanitaires et sociales**) ;
  - trois questions portant sur les quatre opérations numériques de base (addition, soustraction, multiplication, division) ;
  - deux questions d'exercices mathématiques de conversion.

Cette partie a pour objet de tester les connaissances du candidat dans le domaine de la biologie humaine ainsi que ses aptitudes numériques. Elle est notée sur 8 points.

2) L'épreuve de tests d'aptitude

- Cette épreuve est spécifique au concours d'entrée en école d'auxiliaires de puériculture.
- L'épreuve de tests d'aptitude a pour objet d'évaluer les aptitudes suivantes :

– l'attention ;
– le raisonnement logique ;
– l'organisation.

- Cette épreuve, d'une durée d'une heure trente minutes, est notée sur 20 points ; sa correction est assurée par des enseignants permanents dans un institut de formation d'auxiliaires de puériculture ou dans un institut de formation de puéricultrices ou par des personnes qualifiées.

B. L'épreuve d'admission*

* La préparation de cette épreuve est traitée dans un autre ouvrage de la même collection.

L'épreuve d'admission est une **épreuve orale** unique. Il s'agit d'un entretien de 20 minutes. L'épreuve se compose de deux parties :
– présentation d'un exposé à partir d'un thème relevant du domaine sanitaire et social (15 points) ;
– discussion avec le jury sur la connaissance et l'intérêt du candidat pour la profession d'aide-soignant ou d'auxiliaire de puériculture (5 points).

3. Les conditions d'accès aux épreuves de sélection

A. Les conditions d'âge

- Il faut être âgé de 17 ans minimum à la date d'entrée en formation ; aucune limite d'âge supérieure n'est prévue.
- Aucune dispense d'âge ne peut être accordée.

B. Le niveau d'études

- **Aucune condition de diplôme** n'est requise pour se présenter aux épreuves écrites d'admissibilité.

À SAVOIR

Les titulaires d'un diplôme de niveau IV (Bac, Bac pro, etc.) et les titulaires d'un diplôme du secteur sanitaire ou social de niveau V (BEP) sont dispensés de l'épreuve écrite de culture générale. Il en va de même des titulaires d'un diplôme étranger leur permettant de s'inscrire directement à des études universitaires dans le pays où il a été obtenu, ainsi que des étudiants IFSI ayant suivi une première année d'études sans succès.

• Pour se présenter à l'**épreuve orale d'admission**, les candidats doivent se trouver dans l'une des situations suivantes :
– avoir obtenu une note supérieure ou égale à 10 sur 20 à chacune des deux épreuves écrites d'admissibilité ;
– être dispensé de l'épreuve écrite d'admissibilité mais avoir obtenu une note égale ou supérieure à 10 sur 20 à l'épreuve de tests d'aptitude ;
– se trouver dans l'une des situations de dispense stipulées ci-dessus.

4. Le jury

• Les membres du jury sont nommés par le préfet du département ou de région (en fonction du choix opéré pour l'organisation du concours).
• Le jury est présidé par le directeur départemental ou régional des affaires sanitaires et sociales ou son représentant ; il est composé d'au moins 20 % de l'ensemble des correcteurs.
• L'épreuve d'admission est évaluée par un directeur d'IFSI (institution de formation en soins infirmiers) ou d'IFAP (institut de formation d'auxiliaires de puériculture) et un(e) cadre de santé infirmier(ère)/puéricultrice.

5. L'admission en école

• Lors des résultats aux épreuves de sélection, les candidats sont classés par listes :
– une liste principale d'admis ;
– une liste complémentaire.
Les résultats des épreuves de sélection sont affichés au siège de chaque institut de formation concerné, dans un lieu accessible à toute heure à la consultation. Tous les candidats sont personnellement informés par écrit de leurs résultats.
• **Si vous êtes classé sur la liste principale ou sur la liste complémentaire, vous devez dans les dix jours confirmer par écrit votre souhait d'entrer en formation.** Sinon, vous seriez présumé avoir renoncé à votre admission ou à votre classement sur la liste complémentaire et votre place serait proposée à un candidat de la liste complémentaire.
En cas d'épreuve organisée par plusieurs écoles au niveau départemental ou régional, les candidats choisissent leur école d'affectation en fonction de leur rang de classement.

Les résultats des épreuves de sélection ne sont valables que pour la rentrée au titre de laquelle elles ont été organisées. Cependant, un report d'admission d'un an, renouvelable une seule fois, est accordé de droit par le directeur départemental des affaires sanitaires et sociales, en cas de congé de maternité, de rejet d'une demande de mise en disponibilité ou pour la garde d'un enfant de moins de quatre ans.

• **L'admission dans une école est subordonnée :**

– à la production, au plus tard le premier jour de la rentrée, d'un certificat médical attestant que le candidat présente les aptitudes physiques et psychologiques nécessaires à l'exercice de la fonction ;

– à la production, au plus tard le jour de la première entrée en stage, d'un certificat médical de vaccinations conforme à la réglementation en vigueur fixant les conditions d'immunisation des professionnels de santé en France.

6. La formation

• La formation conduisant au **diplôme d'État d'aide-soignant ou d'auxiliaire de puériculture** comporte 1 435 heures de formation théorique et clinique qui se déroulent obligatoirement en institut de formation (« responsable de la progression pédagogique de l'élève », cf. annexe 1 du référentiel de formation) et en stages. Il s'agit donc d'une formation à temps complet sur 10 mois (41 semaines) à raison de 35 heures hebdomadaires.

• Huit modules sont consacrés à l'ensemble des apprentissages théoriques, pratiques et gestuels. Six stages sont réalisés en milieu professionnel : structures sanitaires, sociales ou médico-sociales (maternité, service hospitalier pédiatrique, aide sociale à l'enfance, crèche…).

• La rentrée scolaire en institut de formation est fixée en début d'année civile (janvier) ou en automne (1re semaine de septembre). Le référentiel de formation prévoit le bénéfice de congés pour les élèves en fonction des dates de début de la scolarité :

– 3 semaines pour les élèves débutant une scolarité en septembre ;

– 7 semaines pour les élèves débutant une scolarité en janvier.

Conseils pour une préparation efficace

1. Ce que sont les épreuves écrites d'admissibilité

Durée :
2 heures.

Notation :
sur 20 points.

• L'épreuve de culture générale comporte **trois domaines d'interrogation** :
– un domaine « culture générale » qui s'apparente à une épreuve de **français** avec pour base de travail un texte sur lequel vous devrez réfléchir ;
– un domaine « **biologie** » avec des questions qui trouveront leurs réponses dans le programme de biologie du BEP Carrières sanitaires et sociales. L'arrêté du 22 octobre 2005 prévoit « *des réponses courtes* » ; cela n'empêche pas l'annotation d'un schéma par exemple, ni des questions à choix multiples (QCM), ni des « vrai/faux » (une phrase vous est proposée, est-elle juste ou non ? : vous devez cocher une case pour répondre) ;
– un domaine « **mathématiques** » avec des questions portant sur les opérations et les conversions. Ici encore il faut envisager diverses possibilités : il peut s'agir de résoudre des multiplications ou des divisions (avec ou sans nombres décimaux), de passer d'une mesure de capacité à un volume, etc.

• L'épreuve de tests d'aptitude comporte trois **champs de connaissance** : les tests d'attention, d'organisation et de raisonnement logique. Il s'agit d'exercices en batterie que vous devez réaliser dans le temps imparti. Il n'y a pas de programme.

2. Ce que vérifient les épreuves écrites d'admissibilité

• L'épreuve de culture générale utilise de multiples entrées pour évaluer vos connaissances et vos aptitudes. Toutefois, il ne faut pas perdre de vue ses objectifs opérationnels.

• Les candidats reçus au concours d'entrée aux écoles d'AS et d'AP intégreront une formation au cours de laquelle on fera appel à leur compréhension et à leur réflexion, à leur capacité d'analyse, à leur logique.

• C'est pourquoi l'épreuve de culture générale vérifie aussi les connaissances mathématiques de base du candidat. En insérant quelques exercices de calcul simples, des questions intégrant des notions de temps (calcul sexagésimal), des mesures de capacité, etc., il est possible de vérifier que le candidat possède des connaissances basiques en mathématiques qui restent indispensables pour la suite de la formation.

• Dans une démarche similaire, les correcteurs attendent des **réponses claires, bien rédigées et sans erreurs orthographiques** aux questions posées. Le travail d'écriture à partir de la compréhension d'un texte simple leur permettra d'évaluer votre approche de la lecture avec représentation. En vous demandant de repérer les idées essentielles, ils vérifient ce que vous percevez d'un document initialement inconnu. L'exigence d'une syntaxe simple mais correcte découle également d'une perspective ultérieure : l'aide-soignant ou l'auxiliaire de puériculture sera amené à lire et à communiquer des informations, à transmettre des messages. Il est important que ceux-ci le soient en termes justes, choisis et bien orthographiés.

- L'épreuve de tests d'aptitude n'est absolument pas une épreuve de tests d'intelligence ; il ne s'agit pas de mesurer votre quotient intellectuel.

3. Comment acquérir ou parfaire ses connaissances ?

A. En biologie

- Cet ouvrage a pour but de vous permettre d'apprendre simplement, de ré-apprendre ou de parfaire vos connaissances. Chacun y trouvera la satisfaction de ses besoins.
- Vous devez connaître l'ensemble du programme. C'est donc en termes de **mémorisation** qu'il vous faut penser.
- Pour mieux retenir, il faut déjà avoir bien lu, bien compris, avoir une représentation de ce que vous devez imprimer dans votre mémoire.
- Ouvrez donc votre livre, installé dans un endroit calme, sans téléphone perturbateur (ou autre parasite !) et prévoyez systématiquement **stylo, crayons, papier**.
- Votre période d'acquisition des connaissances (ou de révision) doit débuter tôt, n'attendez pas le mois de décembre pour le concours de février ni celui de juillet pour le concours de septembre... Selon vos connaissances initiales, cinq, six, peut-être douze mois seront nécessaires.
- Programmez votre étude des fiches et **respectez vos prévisions**. Une régularité dans votre travail vous permettra d'une part de progresser peu à peu, d'autre part de mobiliser votre réflexion, votre attention, et vous obligera à reprendre des habitudes (au moins bi-hebdomadaires) de lecture, de repérage, de rédaction, etc.
- Avant d'aborder un thème d'étude, **interrogez-vous** : que connaissez vous sur ce sujet ? Vos connaissances sont-elles justes ou approximatives ? Les tests-diagnostics vous aideront partiellement à répondre à ces questions. Après une première lecture attentive du chapitre, reposez-vous les questions précédentes et faites le point.
- **L'apprentissage par cœur** n'est pas stupide lorsqu'il s'agit de mémoriser l'anatomie ou le nom des composants sanguins par exemple. Vous ne pouvez pas inventer la biologie, vous devez savoir.
- Intéressez-vous aux renseignements de qualité que vous pouvez trouver (ou chercher !), chez votre pharmacien par exemple : des fiches santé gratuites, bien argumentées, vous donneront souvent l'occasion de vous informer, de vous souvenir de telle question de prévention ou de tel problème d'actualité sanitaire. La formation livresque est essentielle mais elle doit s'ouvrir, être complétée. Faites le lien entre ce que vous lisez, écoutez... et ce que vous avez appris.

Attention !

> **Méfiez-vous** des fiches ou des exposés proposés par certaines presses grand public : c'est souvent bien léger dans l'écriture et dans le contenu.

• N'oubliez pas que **la mémoire se travaille au quotidien.** Il faut apprendre et laisser les choses se décanter pour enfin vérifier ce que l'on a retenu.

• Lorsque vous travaillez les schémas proposés dans l'ouvrage (il est indispensable d'en avoir une excellente représentation), annotez-les au crayon et gommez vos réponses après vérification. Vous pourrez ainsi recommencer l'exercice dans quelque temps.

Vous devrez en effet revenir très régulièrement sur les différentes fiches, jusqu'à ce que vous puissiez, livre fermé, retranscrire avec exactitude l'essentiel du thème concerné, schéma éventuel compris.

• Enfin, **entraînez-vous régulièrement** dans des conditions similaires à celles du jour J. Vous apprendrez ainsi à gérer le temps imparti pour l'épreuve de sélection.

B. En mathématiques

• Les questions faisant appel aux mathématiques concernent globalement des points bien ciblés et appellent des réponses courtes. D'une manière générale, il s'agit de vérifer votre aisance à **compter** et à **calculer** (quels que soient les nombres, unités, etc.), vous aurez donc à réfléchir sur les mesures (poids, taille, volume, temps, etc.). En réalité, on vérifie des **connaissances basiques** en calcul (les quatre opérations) et on prolonge en faisant appel à votre réflexion, votre logique (un pourcentage n'est jamais qu'un mode opératoire mettant en œuvre deux sortes d'opérations !).

• Bannissez dès à présent vos calculatrices : souvent, elles seront interdites le jour du concours. On vérifiera ainsi vos capacités à compter. Retrouvez dès à présent le réflexe du **calcul mental** !

N'hésitez pas à ressortir des tables de multiplication que vous lirez régulièrement si nécessaire. Là encore, il faut savoir... par cœur pour gagner du temps.

• Vous trouverez dans cet ouvrage des **fiches** vous permettant de réactiver, si besoin est, des connaissances anciennes en mathématiques.

• Pour vous **préparer efficacement**, faites le point sur ce que vous savez et notez vos oublis, vos carences : êtes-vous en mesure de faire rapidement une multiplication ou une division comprenant des nombres décimaux ? Savez-vous spontanément multiplier/diviser par 100, par 10 000 ? Pouvez-vous sans souci convertir des minutes en secondes ou en heures ? etc.

Le bilan effectué, il faudra ajuster vos révisions à vos besoins.

• **Exercez-vous** au quotidien. Oubliez définitivement vos éventuelles appréhensions face aux mathématiques... !

• Créez-vous des occasions dans la vie courante : une publicité annonce un rabais de 5 % sur tel produit, **faites-vous confiance** et calculez vous-même le prix que vous allez payer. Pensez également que les décimaux ne sont pas exclus des opérations.

C. En syntaxe et en orthographe

• C'est dans la partie « texte de culture générale » que la syntaxe et l'orthographe seront le plus facilement évaluables... mais pas seulement ! Lorsque vous répondez aux questions de biologie, il vous faudra également construire et rédiger correctement des phrases.

• Vous répondrez aux questions en rédigeant des **phrases complètes**. Rappelez-vous qu'une phrase comporte un sujet, un verbe et d'éventuels compléments. Une négation s'exprime à l'aide d'une locution complète que vous ne devez pas tronquer. Ainsi, vous écrirez par exemple : « la mœlle osseuse **n'**est **pas** logée dans le canal médullaire » ou encore « à ce jour, on **n'**a **guère** de moyens curatifs pour stopper l'épidémie de SIDA ».

- C'est en adoptant une expression orale correcte au quotidien que vous améliorerez réellement vos performances écrites… et que vous préparerez aussi l'oral ! Une lecture attentive (fréquentez les bibliothèques municipales ou autres) vous permettra de **repérer des tournures de phrases**, d'**enrichir votre vocabulaire.** Un bon apprentissage de la biologie vous permettra aussi d'acquérir les termes requis lors de l'épreuve de sélection, écrivez-les lorsque vous les rencontrez pour la première fois, mémorisez ainsi leur orthographe.
- Les **verbes du premier groupe** posent parfois problème quant à l'**accord de leur participe passé.** Vous trouverez dans la Fiche 3 – Orthographe et grammaire un rappel orthographique essentiel mais n'hésitez pas à ouvrir un livre de grammaire si besoin, puis exercez-vous grâce à des séries d'exercices. Ayez la même démarche avec la **préposition « à »** et le **verbe avoir** conjugué à la troisième personne du singulier du présent de l'indicatif. Tout autre souci grammatical sera traité de la sorte.
- **Lisez avec attention**, c'est-à-dire regardez bien les mots, les phrases, leur tournure : ne parcourez pas les textes, examinez-les au quotidien. Enfin, **n'attendez pas le jour du concours pour rédiger**, entraînez-vous régulièrement : vous acquerrez peu à peu l'habitude d'écrire… et pourquoi pas le plaisir de bien rédiger !
- Répondre à une interrogation sur un sujet donné impose une **construction** de votre écrit. Vous devez rédiger votre réponse en présentant le sujet : ce sera votre **introduction** (deux ou trois phrases). Vous **développerez** ensuite vos idées en pensant toujours à argumenter et à donner des exemples pertinents. Enfin, une **conclusion** (une ou deux phrases) résumera l'essentiel de ce que vous avez dit.

D. En tests d'aptitude

- Les tests d'aptitude n'exigent rien d'autre qu'une bonne lecture, une réflexion de qualité, un raisonnement harmonieux et du bon sens ; c'est dire qu'en vous préparant avec méthode à l'épreuve écrite de culture générale, vous vous exercez aussi, partiellement, à l'épreuve de tests. Parfois, ceux-ci réclament de façon impérative une bonne connaissance arithmétique de base. Au cours de ces tests, vous pourrez également rencontrer des figures géométriques, des progressions, des suites géométriques ou arithmétiques, etc. Très souvent, on vous proposera de compléter des dominos ou des cartes à jouer de manière logique : ces tests évalueront ainsi votre **rationalité**. Ne paniquez pas ! Il s'agit pour vous de bien lire la consigne, de **bien observer** afin de répondre logiquement.
- Soyez logique ! Il n'y a pas de solution miracle : il faut exercer votre attention, votre mémoire et **bien lire les consignes formulées** (c'est un critère essentiel de réussite quelle que soit l'épreuve).

Épreuve de culture générale

- Texte de culture générale
- Biologie humaine
- Mathématiques

Testez-vous !

Effectuez ce test puis consultez les réponses pour connaître vos forces et vos faiblesses.

Texte de culture générale

1 Que faut-il écrire ?

a) ❒ **A.** On ira pas au cinéma.
❒ **B.** On n'irat pas au cinéma.
❒ **C.** On n'ira pas au cinéma.

b) ❒ **A.** Je peints ma cuisine.
❒ **B.** Je peins ma cuisine.
❒ **C.** Je peinds ma cuisine.

c) ❒ **A.** Tous nos amis viendront.
❒ **B.** Tout nos amis viendront.
❒ **C.** Tous nos amis viendrons.

d) ❒ **A.** Quand il pleuvra…
❒ **B.** Qu'en il pleuvra…
❒ **C.** Quant il pleuvra…

e) ❒ **A.** À l'école, mon fils apprend a compter.
❒ **B.** À l'école, mon fils apprend a compté.
❒ **C.** À l'école, mon fils apprend à compter.

f) ❒ **A.** Les soignants se sont lavés les mains.
❒ **B.** Les soignants se sont lavé les mains.
❒ **C.** Les soignants ce sont lavé les mains.

g) ❒ **A.** Les pommes de terre sont germées.
❒ **B.** Les pommes de terres sont germées.
❒ **C.** Les pommes de terre sont germé.

2 Remplissez le tableau suivant.

	Antonyme	Synonyme
Taciturne		
Un enfant sauvage		
Prospérer		

Biologie humaine

3 Une nécrose désigne une mort tissulaire.

❒ **A.** Vrai ❒ **B.** Faux

4 Du père ou de la mère : qui définit le sexe de l'enfant à naître ?

❒ **A.** le père ❒ **B.** la mère

5 Il peut être moteur ou sensitif ou les deux à la fois. De quoi s'agit-il ?

....

6 Cochez la bonne réponse.

a) La dentition complète d'un jeune enfant (5 ans) compte :

❒ **A.** 12 dents ❒ **B.** 20 dents ❒ **C.** 22 dents

b) Celle d'un adulte compte :

❒ **A.** 28 dents ❒ **B.** 30 dents ❒ **C.** 32 dents

7 Quels réflexes innés connaissez-vous ?

....

8 Quel est l'intrus ?

❒ **A.** glaucome
❒ **B.** astigmatisme
❒ **C.** mastoïdite
❒ **D.** DMLA

9 « Mitose » et « méiose » sont deux termes synonymes parce qu'ils désignent une multiplication cellulaire.

❒ **A.** Vrai ❒ **B.** Faux

10 Donnez un synonyme de chacun des termes ci-dessous :

a) globule rouge : ....

b) globule blanc : ....

c) plaquette : ....

d) NFS : ....

11 Citez trois maladies cardio-vasculaires.

....

12 Quel est le nom des différentes parties du grêle ?

....

13 Sous quel nom générique désigne-t-on les mots suivants : lipase, maltase, trypsine, présure ?

....

14 Le liquide céphalo-rachidien est contenu dans le cervelet.

❐ **A.** Vrai ❐ **B.** Faux

15 La miction désigne :

❐ **A.** le broyage fin des aliments.
❐ **B.** la transformation du plasma en fibrine.
❐ **C.** l'évacuation naturelle de l'urine.

16 Donnez un synonyme des termes ci-dessous :

a) prolapsus : ....

b) énurésie : ....

c) coagulation : ....

17 Que sont les nucléotides ?

....

18 Le diaphragme est un muscle respiratoire.

❐ **A.** Vrai ❐ **B.** Faux

19 Entourez l'intrus.

a) salive, sueur, insuline, spermatozoïde
b) cardia, diastole, aorte, systole

20 Comment désigne-t-on la déviation en S de la colonne vertébrale ?

....

21 Nommez les différentes gonades.

....

22 La radiographie est une technique d'imagerie diagnostique qui utilise les rayons X. Pouvez-vous dire qu'une échographie rénale ou utérine est une radiographie ?

❐ **A.** Oui ❐ **B.** Non

23 Quel est l'intrus ?

❐ **A.** cheveu ❐ **B.** papille
❐ **C.** ongle ❐ **D.** poil

24 Les termes ci-dessous désignent des moyens contraceptifs hormonaux.

a) Stérilet
❒ A. Vrai ❒ B. Faux

b) Pilule
❒ A. Vrai ❒ B. Faux

c) Préservatif masculin
❒ A. Vrai ❒ B. Faux

d) Implant
❒ A. Vrai ❒ B. Faux

e) Coït interrompu
❒ A. Vrai ❒ B. Faux

25 Quel est l'intrus ?

❒ A. ischion
❒ B. pubis
❒ C. sternum
❒ D. ilion

26 Le diabète est une maladie du métabolisme qui exige une prévention diététique quotidienne.

❒ A. Vrai ❒ B. Faux

27 Cochez la bonne réponse.

a) La vaccination anti-tétanique assure une immunité active contre le tétanos.
❒ A. Vrai ❒ B. Faux

b) La vaccination BCG apporte à l'organisme des anticorps tout fabriqués pour lutter contre la tuberculose.
❒ A. Vrai ❒ B. Faux

c) La vaccination par le BCG assure une immunité active contre le bacille de Koch.
❒ A. Vrai ❒ B. Faux

28 Quel est le pourcentage d'eau dans un organisme humain ?

....

29 Les glucides, les lipides et les protides sont des composés minéraux.

❒ A. Vrai ❒ B. Faux

30 La colonne vertébrale se désigne aussi sous le nom de rachis.

❒ A. Vrai ❒ B. Faux

31 L'expiration est un phénomène actif.

❒ A. Vrai ❒ B. Faux

Mathématiques

Les tests de mathématiques sont à faire sans calculatrice.

32 **Quel est l'arrondi au dixième près de 172,098 ?**

❒ **A.** 72
❒ **B.** 172,09
❒ **C.** 172,1
❒ **D.** 170

33 **Quel est l'ordre de grandeur du résultat du calcul suivant ?**

$50{,}02 - 0{,}01 \times 5\,000{,}027 + 1\,000{,}027$

❒ **A.** 251 000
❒ **B.** 10
❒ **C.** 1 000
❒ **D.** 300 000

34 **Effectuez le plus rapidement possible les calculs suivants :**

a) $63{,}28 + 17{,}75 + 0{,}079$
b) $0{,}001 \times 100\,000 : 0{,}05$
c) $747{,}38 - 89{,}54$

35 La formule qui donne le pourcentage de perte ou de gain de poids est :

$\frac{P_1 - P_2}{P_1} \times 100$ (P_1 représente le poids initial et P_2 le poids final).

Appliquez cette formule pour un homme qui pesait 120 kg et qui en a perdu 30.

36 **Complétez les égalités suivantes :**

a) 283 hm = ... cm
b) 0,37 dam = ... km
c) 0,028 dg = ... g
d) 3,8 kg = ... cg

37 **Complétez les égalités suivantes :**

a) 83,27 cm^3 = ... L
b) 37 mm^3 = ... dL
c) 0,2 cL = ... cm^3

38 **Combien y a-t-il de secondes entre 15 h 20 min 13 s et 16 h 22 min 15 s ?**

39 **Une bouteille d'un litre contient 3/5 de lait. On en boit la moitié ; quelle quantité de lait (en L) reste-t-il ?**

40 **Si 12 mg représentent 15 % des besoins journaliers d'un patient pour un élément donné, quels sont ses besoins journaliers totaux (en mg) ?**

41 Une paire de chaussures est vendue 68 € après une réduction de 15 %. Quel était le prix avant réduction ?

Réponses

Après chaque réponse vous sont indiquées les fiches à consulter en priorité pour combler vos lacunes.

Texte de culture générale

1

a) Réponse C : On n'ira pas au cinéma.
→ *Voir Fiche 1 – Orthographe et grammaire.*

b) Réponse B : Je peins ma cuisine.
→ *Voir Fiche 2 – Autour du verbe.*

c) Réponse A : Tous nos amis viendront.
→ *Voir Fiche 1 – Orthographe et grammaire.*
→ *Voir Fiche 2 – Autour du verbe.*

d) Réponse A : Quand il pleuvra.
→ *Voir Fiche 1 – Orthographe et grammaire.*

e) Réponse C : À l'école, mon fils apprend à compter.
→ *Voir Fiche 1 – Orthographe et grammaire.*

f) Réponse B : Les soignants se sont lavés les mains.
→ *Voir Fiche 3 – Vocabulaire et expression.*

g) Réponse A : Les pommes de terre sont germées.
→ *Voir Fiche 3 – Vocabulaire et expression.*

2 Réponses :

	Antonyme	Synonyme
Taciturne	Loquace, communicatif	Morose
Un enfant sauvage	Sociable	Farouche
Prospérer	Péricliter, dépérir	Croître, se développer

→ *Voir Fiche 3 – Vocabulaire et expression.*

Biologie humaine

3 Réponse A : Vrai.
→ *Voir Fiche 4 - Les organes des sens.*

4 **Réponse A : Le père.**
Le père est responsable de la détermination chromosomique du sexe des enfants.
➔ *Voir Fiche 1 - L'organisation générale de l'être humain.*

5 **Réponse : Un nerf.**
➔ *Voir Fiche 3 - Le système nerveux.*

6 **La dentition**
a) **Réponse B : 20 dents.**
b) **Réponse C : 32 dents.**
➔ *Voir Fiche 6 - L'appareil digestif et la digestion.*

7 **Réflexes innés**
Sont innés les réflexes archaïques, réflexe pupillaire, réflexe cornéen, réflexe salivaire, etc.
➔ *Voir Fiche 3 - Le système nerveux.*

8 **Réponse C : Mastoïdite.**
La mastoïdite concerne l'oreille alors que les trois autres concernent la vision.
➔ *Voir Fiche 4 - Les organes des sens.*

9 **Réponse B : Faux.**
Ce ne sont pas des synonymes car la méiose concerne exclusivement les cellules sexuelles.
➔ *Voir Fiche 1 - L'organisation générale de l'être humain.*

10 **Synonymes**
a) globule rouge : **hématie.**
b) globule blanc : **leucocyte.**
c) plaquette : **thrombocyte.**
d) NFS : **hémogramme.**
➔ *Voir Fiche 5 - L'appareil circulatoire et la circulation sanguine.*

11 **Maladies cardio-vasculaires**
Infarctus du myocarde, angine de poitrine ou angor, artérite des membres inférieurs, athérosclérose, etc. sont des maladies cardio-vasculaires.
➔ *Voir Fiche 5 - L'appareil circulatoire et la circulation sanguine.*

12 **Réponse : Duodénum, jéjunum, iléon.**
➔ *Voir Fiche 6 - L'appareil digestif et la digestion.*

13 **Réponse : Les enzymes.**
➔ *Voir Fiche 6 - L'appareil digestif et la digestion.*

14 **Réponse B : Faux.**
➔ *Voir Fiche 3 - Le système nerveux.*

15 **Réponse C : L'évacuation naturelle de l'urine.**
➔ *Voir Fiche 7 - L'appareil excréteur et l'excrétion.*

16 **Synonymes**

a) prolapsus : **descente d'organe.**

b) énurésie : **incontinence.**

c) coagulation : **hémostase.**

➔ *Voir Fiche 5 - L'appareil circulatoire et la circulation sanguine.*

➔ *Voir Fiche 7 - L'appareil excréteur et l'excrétion.*

17 **Nucléotides**

Une molécule de sucre + une molécule d'acide phosphorique + une molécule basique azotée donnent un nucléotide.

➔ *Voir Fiche 1 - L'organisation générale de l'être humain.*

18 **Réponse A : Vrai.**

➔ *Voir Fiche 8 - L'appareil respiratoire et la respiration.*

19 **Intrus**

a) Réponse : Insuline.

L'insuline est une hormone secrétée par le pancréas, glande endocrine.

➔ *Voir Fiche 10 - Le système endocrinien et la stabilité du milieu intérieur.*

b) Réponse : Cardia.

Le cardia ne fait pas partie du système circulatoire.

➔ *Voir Fiche 6 - L'appareil digestif et la digestion.*

20 **Réponse : La scoliose.**

➔ *Voir Fiche 2 - Le système locomoteur et la locomotion.*

21 **Les différentes gonades**

Les gonades sont les glandes sexuelles, c'est-à-dire les ovaires chez la femme et les testicules chez l'homme.

➔ *Voir Fiche 9 - La fonction de reproduction.*

➔ *Voir Fiche 10 - Le système endocrinien et la stabilité du milieu intérieur.*

22 **Réponse B : Non.**

L'échographie utilise le principe des ultrasons : elle ne peut donc pas se nommer radiographie.

➔ *Voir Fiche 9 - La fonction de reproduction.*

23 **Réponse B : Papille.**

Une « papille » n'est pas un phanère.

➔ *Voir Fiche 4 - Les organes des sens.*

24 **Les moyens contraceptifs hormonaux**

a) Réponse B : Faux.

b) Réponse A : Vrai.

c) Réponse B : Faux.

d) Réponse A : Vrai.

e) Réponse B : Faux.

➔ *Voir Fiche 9 - La fonction de reproduction.*

25 **Réponse C : Sternum.**
Le sternum ne fait pas partie du bassin.
→ *Voir Fiche 2 - Le système locomoteur et la locomotion.*

26 **Réponse A : Vrai.**
→ *Voir Fiche 10 - Le système endocrinien et la stabilité du milieu intérieur.*

27 **Les vaccinations**
a) Réponse A : Vrai.
b) Réponse B : Faux.
c) Réponse A : Vrai.
→ *Voir Fiche 11 - Le système immunitaire et la résistance à l'infection microbienne.*

28 **Réponse : L'eau représente 70 % de la masse corporelle.**
→ *Voir Fiche 1 - L'organisation générale de l'être humain.*

29 **Réponse B : Faux.**
Les glucides, les lipides, les protides sont des composés organiques qui constituent les nutriments.
→ *Voir Fiche 1 - L'organisation générale de l'être humain.*

30 **Réponse A : Vrai.**
→ *Voir Fiche 2 - Le système locomoteur et la locomotion.*

31 **Réponse B : Faux.**
→ *Voir Fiche 8 - L'appareil respiratoire et la respiration.*

Mathématiques

32 **Réponse C : 172,1.**
L'arrondi se fait un chiffre après la virgule, au dixième supérieur car le deuxième chiffre après la virgule est supérieur à 4.
→ *Voir Fiche 1 – Numération et arrondi.*

33 **Réponse C : 1 000.**
En remplaçant les nombres par leur ordre de grandeur et tenant compte des priorités dans le calcul, on trouve : $50 - (0,01 \times 5\,000) + 1\,000 = 1\,000$.
→ *Voir Fiche 2 – Opérations.*

34 **Réponses : a) 81,109 ; b) 2 000 ; c) 657,84.**
→ *Voir Fiche 2 – Opérations.*

35 **Réponse : 25 %.**
$$\frac{P_1 - P_2}{P_1} \times 100 = \frac{120 - 90}{120} \times 100 = 25 \text{ soit } 25\ \%.$$
→ *Voir Fiche 3 – Appliquer une formule.*

36 **Réponses : a) 2 830 000 cm ; b) 0,003 7 km ; c) 0,002 8 g ; d) 380 000 cg.**
→ *Voir Fiche 4 – Les unités et les conversions dans le système métrique.*

37 **Réponses : a) 0,083 27 L ; b) 0,000 37 dL ; c) 2 cm³.**
→ *Voir Fiche 4 – Les unités et les conversions dans le système métrique.*

38 **Réponse : 3 722 s.**
16 h 22 min 15 s – 15 h 20 min 13 s = 1 h 2 min 2 s.
1 h = 60 min = 3 600 s.
2 min = 2 × 60 s = 120 s.
1 h 2 min 2 s = 3 600 s + 120 s + 2 s = 3 722 s.
→ *Voir Fiche 5 – La mesure du temps.*

39 **Réponse : 0,3 L.**
La bouteille contenait $\frac{3}{5} \times 1 = 0,6$ L de lait.
Il en reste la moitié soit 0,3 L.
→ *Voir Fiche 6 – Les fractions.*

40 **Réponse : 80 mg.**

12	15
x	100

$x \times 15 = 12 \times 100$

$x = \frac{12 \times 100}{15} = 80$ soit 80 mg

→ *Voir Fiche 7 – Calculs utilisant la proportionnalité.*

41 **Réponse : 80 €.**

68	85 (%)
x	100 (%)

$x \times 85 = 68 \times 100$

$x = \frac{68 \times 100}{85} = 80$ soit 80 €

→ *Voir Fiche 8 – Calculs utilisant un pourcentage.*

Fiche 1 – Vocabulaire et expression

1. Vocabulaire

A. Quelques définitions essentielles

Terme	Définition	Exemples
Antonyme	Mot dont le sens est opposé à celui d'un autre, autrement dit son contraire	*Laid* et *beau* ; *émanciper* et *asservir* ; *intermittence* et *continuité*, etc.
Homonyme	Mot qui a la même prononciation, parfois la même orthographe, qu'un autre mot, sans en avoir le même sens	*Laid/lait/laie/les/lai* ; *verre/vers/vair/ver* ; *quand/quant/qu'en*, etc.
Paronyme	Mot qui ressemble, dans le son et l'orthographe, à un autre mot avec lequel il ne faut pas le confondre car les deux termes ne signifient pas la même chose	*Prostré* et *prosterné* ; *affection* et *infection* ; *prescrire* et *proscrire*, etc.
Synonyme	Mot qui a un sens similaire ou très proche de celui d'un autre mot. Les synonymes sont des mots de même nature (nom, adjectif, verbe…).	*Joli/beau/splendide* ; *un malade* et *un patient* ; *se dépêcher/se hâter/s'empresser*, etc.
Radical	Base d'un mot, issue de sa racine	*Hurle*, *content*, *long*, etc.
Préfixe	Syllabe qui précède le radical, formant alors un autre mot	*Mécontent*, *prolonger*, etc.
Suffixe	Syllabe qui suit le radical, formant alors un autre mot	*Hurlement*, *longueur*, etc.

Remarque

Enrichissez votre vocabulaire grâce à la lecture (revues, journaux, livres) et n'hésitez pas à utiliser des synonymes dans vos écrits (pour éviter d'employer toujours les mêmes mots).

B. L'homonymie

- Les **homonymes** sont deux mots qui s'écrivent ou se prononcent de la même façon mais qui ont un sens différent.

Dans les homonymes, on distingue les **homophones** (même prononciation mais orthographe différente, ex. : *verre/vert*) et les **homographes** (même orthographe mais prononciation différente, ex. : *le couvent/elles couvent*).

• Les **homophones lexicaux** concernent les noms et adjectifs. Les **homophones grammaticaux** concernent les pronoms, verbes, prépositions et conjonctions.

Remarque

Faites attention aux homophones grammaticaux ! Pour bien les orthographier, repérez le contexte dans lequel ils se trouvent.

Exemples courants d'homophonie grammaticale

Homophones	Nature/sens	Exemples
a/à	« a » = verbe avoir à la 3e personne du singulier du présent de l'indicatif/« à » = préposition	*Il **a** un rendez-vous **à** fixer dès que possible.*
on/ont	« on » = pronom/« ont » = verbe avoir 3e personne du pluriel du présent de l'indicatif Attention : après « on », ne pas oublier le « n' » dans une phrase négative !	***On** regardait les enfants pendant : le spectacle : ils **ont** bien ri.* ***On n'**oublie **jamais** la négation complète.*
et/est	« et » = conjonction de coordination/« est » = verbe être 3e personne du singulier du présent de l'indicatif	*La biologie **et** les mathématiques.* *Le nouveau programme **est** appliqué.*
ces/ses/c'est/ s'est	« ces » = adjectif démonstratif pluriel (singulier = ce/cette)/« ses » = adjectif possessif pluriel (singulier = son ou sa)/ « c'est » : cela + verbe être/« s'est » = emploi de l'auxiliaire être (+ participe passé) aux temps composés des verbes pronominaux	***Ces** animaux sont épuisés.* *Il a taché **ses** vêtements.* ***C'est** à vous de jouer.* *Il **s'est** levé tôt et sa fille **s'est** dépêchée également.*
son/sont	« son » = adjectif possessif/« sont » = verbe être 3e personne du pluriel du présent de l'indicatif	***Son** chien et sa chatte **sont** très obéissants.*
ce/se/ceux	« ce » = adjectif démonstratif (devant un nom) ou pronom démonstratif/« se » = pronom personnel (verbes pronominaux)/ « ceux » = pronom démonstratif pluriel (il remplace un nom)	***Ce** médecin est réputé, c'est **ce qui** lui attire une telle clientèle.* *Il **se** rend à la consultation.* *On accompagne **ceux** qui ne sont pas autonomes.*
ni/n'y	« ni » = conjonction de coordination ou adverbe de négation/« n'y » = « ne + y » (y indique un lieu)	***Ni** lui, **ni** elle ne sont responsables.* *J'aime la mer mais je **n'y** vais pas souvent.*
quand/quant/ qu'en	« quand » = conjonction de temps/« quant » s'emploie devant « à » et « au » (préposition)/ « qu'en » = pronom interrogatif (que + en) pouvant être remplacé par « qu'est-ce que » ou partie d'une locution négative pouvant être remplacée par « seulement » à la forme affirmative	***Quand** viendrez-vous ?* ***Quant** à moi, j'arriverai bientôt.* ***Qu'en** pensez-vous ?* *(= que pensez-vous de cela ?)* ***Quant** aux enfants, ils ne comprennent pas **quand** on ne parle **qu'en** portugais.* (= quand on parle seulement en portugais)
près/prêt	« près » = adverbe (donc invariable)/ « prêt » = adjectif qualificatif	***Près** de moi, les sortants sont **prêts** à partir.*

Exemples courants d'homophonie grammaticale (suite et fin)

Homophones	Nature/sens	Exemples
sans/sang/ s'en/	« sans » = préposition ; s'emploie devant un nom ou un verbe à l'infinitif/« sang » = nom commun/« s'en » = signifie « de cela » et fait partie d'un verbe pronominal	***Sans*** *aide, il aurait perdu beaucoup de* ***sang*** *; par chance, le SAMU est arrivé* ***sans*** *tarder.* *Il aime les épinards, il ne* ***s'en*** *lasse pas.*
quel(le)/qu'elle	« quel » = adjectif interrogatif ou exclamatif (quelle au féminin)/« qu'elle » = pronom + elle, pronom personnel féminin/« qu'elle » peut être remplacé par « qu'il » (masculin)	***Quel*** *enthousiasme !* ***Quel*** *est votre nom ?* ***Quelle*** *heure est-il ?* *Le cours* ***qu'elle*** *a suivi hier était important.* (le cours qu'il a suivi)
quelque/ quel... que	« quelque » = adjectif indéfini ou adverbe (devant un nombre, donc invariable : il signifie « environ »)/« quel que » = adjectif en deux parties devant le verbe être (conjugué alors au mode subjonctif)	*Avec ce régime, vous perdrez* ***quelques*** *kilos.* *Il me reste* ***quelque*** *trente euros. (= environ 30 €)* ***Quelle que*** *soit la vie qu'il ait eu, il a droit au respect.* ***Quel que*** *soit son âge, vous le respecterez.*
quoi que/ quoique	« quoi que » = pronom, signifie « quelle que soit la chose »/« quoique » = conjonction ; signifie « bien que »	***Quoi qu'****il en soit.* ***Quoi que*** *vous en pensiez.* *Je vais partir à la montagne* ***quoique*** *cela m'ennuie.*
ou/où	« ou » = conjonction de coordination, signifie « ou bien »/« où » = pronom relatif ou adverbe, indique un lieu	*Partirez-vous à la campagne* ***ou*** *à la mer ? J'irai* ***où*** *vous voulez.*
ma/m'a	« ma » = adjectif possessif féminin/« m'a » = me (pronom personnel) + verbe avoir 3e personne du singulier du présent de l'indicatif	*Ma tante* ***m'a*** *emmen****é*** *au ski, dit le jeune* ***homme*** *; elle ne* ***m'a*** *pas regard****ée****, réplique la jeune* ***fille****.*
tout	« tout » = adjectif indéfini, il s'accorde avec le nom auquel il se rapporte/« tout » = nom, il est précédé d'un article/« tout » = adverbe, il est invariable et signifie « entièrement, complètement »/« tout » = pronom, il est placé devant un verbe	***Tous*** *les hommes sont égaux.* *Le* ***tout*** *est de savoir rire.* *C'est* ***tout*** *le contraire.* *Tes vêtements sont* ***tout*** *sales.* ***Tout*** *est fait pour le mieux ;* ***tout*** *devient limpide.*

C. Les familles de mots

• Les familles de mots ou « **mots de la même famille** » imposent de se reporter au radical, à la racine du mot. Les mots d'une même famille indiquent un ensemble de mots ayant la même origine, la même racine ; ils peuvent être de nature grammaticale différente (nom, adverbe, etc.).

• Les **préfixes** et les **suffixes** composent des mots différents du terme initial mais les nouveaux mots sont « apparentés » à ce premier mot.

EXEMPLES

paraître/disparaître/apparaître/disparition/parution
sang/saigner/ensanglanté/saignement
lait/laitier/allaiter/lacté

- Certains préfixes ont un sens privatif : « a- » ou « an- » ; « dés- » ; « il- » ; « mal- » ; « mé- » ; « in- » (« im- » devant « m » ou « p »), etc.

EXEMPLES

asocial, analphabète, désordonné, illogique, maladroit, méconnu, mécontent, indiscipliné, inconnu, impossible, immoral, etc.

REMARQUE

Lorsque vous devez expliquer un mot que vous ne connaissez pas bien, essayez de retrouver sa racine, ce qui vous mettra éventuellement sur la voie.

D. Les mots de liaison

- Les mots de liaison permettent d'articuler une phrase, un paragraphe, d'ordonner et de structurer un texte. On les utilise pour illustrer un propos ou préciser un argument.
- À l'écrit comme à l'oral, ce sont des aides précieuses pour une expression soutenue, facile et claire. Ces mots de liaison, parfois appelés « connecteurs logiques », ne connaissent pas de variations orthographiques.
- Certains mots de liaison sont réservés à l'expression de la cause, d'autres à l'expression de la conséquence, du but, etc. Ils peuvent être employés au même titre que des verbes.

Quelques mots de liaison importants

Fonction	Mots de liaison	Verbes équivalents
Exprimer l'ajout, l'adjonction	*Et, de plus, ainsi que, en outre, ensuite, en premier lieu… puis, d'abord… ensuite, aussi, d'une part… d'autre part*, etc.	*J'ajoute à ceci que…, Ces faits s'additionnent pour montrer…, accentuer*, etc.
Exprimer l'opposition	*Au contraire, en revanche, par contre, à l'opposé, quoique, malgré, alors que, tandis que, toutefois, néanmoins, mais*, etc.	*S'opposer à, on peut objecter que…, contester, être en désaccord avec*, etc.
Exprimer le but	*Afin de, afin que, dans le but de, pour, pour que ; de façon à, de sorte que, de manière à*, etc.	*Viser, se proposer de, atteindre, poursuivre*, etc.
Exprimer la cause	*Car, parce que, puisque, sous prétexte que, à cause de, à force de, s'il est exact que, alors, grâce à, faute de*, etc.	*Résulter, venir de, provenir, pour avoir*, etc.
Exprimer la conséquence	*En conséquence, c'est pourquoi, donc, dès lors, si bien que, ainsi, par conséquent*, etc.	*Prouver, induire, impliquer, entraîner, engendrer*, etc.

2. Expression

Quelques expressions courantes

Mieux vaut écrire	Plutôt que
Combien cela coûte-t-il ?	*Combien ça coûte ?*
Quand revient-il ? *Quand dîne-t-on ?* *Quand vas-tu manger ?*	*Quand est-ce qu'il revient ?* *Quand est-ce qu'on dîne ?* *Quand est-ce que tu vas manger ?*
Où a-t-il pris…, vu…, écouté… ?	*Où est-ce qu'il a pris…, vu…, écouté… ?*
Vous devez dire ou écrire	**Vous ne devez ni dire ni écrire**
J'habite Marseille, Roanne…	*J'habite à Marseille, à Roanne…*
Les notes de ma collègue, du directeur…	*Les notes à ma collègue, au directeur…*
Qui assure la permanence ?	*C'est qui qui assure la permanence ?*
Je n'ai ni papier, ni crayon.	*Je n'ai pas de papier et de crayon.*
Croire en…	*Croire à…*
Nous prenons notre temps/notre voiture.	*On prend notre temps/notre voiture.*
Rouler à bicyclette	*Rouler en bicyclette*
Je me lave les dents. *Va te laver les dents !*	*Je lave mes dents.* *Va laver tes dents !*
Vous me marchez sur le pied.	*Vous marchez sur mon pied.*

Entraînement 1 – Vocabulaire et expression

1 **Quel est l'intrus dans cette liste ?**

❒ **A.** aggraver ❒ **B.** gravité
❒ **C.** gravats ❒ **D.** gravement

2 **Quel terme définit le mot en italique ?**

a) Un repas *frugal* fut servi lors de cette réunion.
❒ **A.** un repas raffiné
❒ **B.** un repas diététique
❒ **C.** un repas simple et peu copieux
❒ **D.** un repas végétarien

b) Les résultats de l'élection *infirment* les prévisions.
❒ **A.** Les résultats ridiculisent les prévisions.
❒ **B.** Les résultats contredisent les prévisions.
❒ **C.** Les résultats vérifient les prévisions.
❒ **D.** Les résultats prouvent les prévisions.

3 **Complétez cette phrase par l'homonyme qui convient :**

C'est un témoin de bonne ....
❒ **A.** fois ❒ **B.** foi ❒ **C.** foie

4 **Choisissez un synonyme aux mots suivants :**

a) précaire
❒ **A.** instable ❒ **B.** stable ❒ **C.** prudent ❒ **D.** précautionneux

b) opportun
❒ **A.** intempestif ❒ **B.** fâcheux ❒ **C.** convenable ❒ **D.** désagréable

5 **Complétez les phrases suivantes par l'homonyme qui convient.**

a) La .... de la Beauce fait partie du Bassin parisien.
❒ **A.** plaine ❒ **B.** pleine

b) Le stationnement interdit est sanctionné par une ....
❒ **A.** amende ❒ **B.** amande

c) Nul n'est .... ignorer la loi.
❒ **A.** censé ❒ **B.** sensé

d) Au .... de ces pièces figure un profil de roi.
❒ **A.** verso ❒ **B.** verseau

e) Ce fut une séance à .... clos.
❒ **A.** huit ❒ **B.** huis

6 Quel mot de liaison faut-il employer pour relier ces phrases par un rapport de cause ?

a) Je n'ai pas pu assister au concert .... je n'avais pas acheté de billet.
❒ **A.** alors que ❒ **B.** même si ❒ **C.** parce que ❒ **D.** bien que

b) Tu dois rentrer assez tôt .... tu as un rendez-vous important.
❒ **A.** malgré que ❒ **B.** néanmoins ❒ **C.** tandis que ❒ **D.** car

c) Sa responsabilité est indéniable .... il a refusé une priorité.
❒ **A.** même si ❒ **B.** puisque ❒ **C.** c'est pourquoi ❒ **D.** alors que

7 Trouvez l'antonyme des mots suivants :

a) récalcitrant
❒ **A.** rétif ❒ **B.** rebelle ❒ **C.** docile ❒ **D.** décalcifié

b) sceptique
❒ **A.** convaincu ❒ **B.** incrédule ❒ **C.** dubitatif ❒ **D.** hésitant

c) incohérent
❒ **A.** absurde ❒ **B.** harmonieux ❒ **C.** décousu ❒ **D.** illogique

d) translucide
❒ **A.** divinatoire ❒ **B.** transparent ❒ **C.** opaque ❒ **D.** visible

e) désintéressement
❒ **A.** cupidité ❒ **B.** altruisme ❒ **C.** générosité ❒ **D.** indifférence

f) tributaire
❒ **A.** libre ❒ **B.** dépendant ❒ **C.** soumis ❒ **D.** assujetti

g) sédentaire
❒ **A.** âgé ❒ **B.** agité ❒ **C.** nomade ❒ **D.** buccal

h) obligatoire
❒ **A.** facultatif ❒ **B.** inévitable ❒ **C.** forcé ❒ **D.** indispensable

i) insolite
❒ **A.** excentrique ❒ **B.** inhabituel ❒ **C.** familier ❒ **D.** bizarre

j) stérile
❒ **A.** fécond ❒ **B.** aride ❒ **C.** improductif ❒ **D.** désertique

k) suspicieux
❒ **A.** soupçonneux ❒ **B.** silencieux ❒ **C.** suspect ❒ **D.** confiant

8 Reliez ces phrases avec le bon mot de liaison pour exprimer un rapport de but.

a) ils nettoient les combles/ils veulent en faire une chambre
❒ **A.** par conséquent ❒ **B.** car ❒ **C.** afin de ❒ **D.** puisque

b) je me dépêche/je veux partir plus tôt
❒ **A.** si ❒ **B.** de sorte à ❒ **C.** malgré ❒ **D.** alors que

c) vous préparez un examen/vous voulez entrer en institut
❒ **A.** en outre ❒ **B.** en conséquence ❒ **C.** parce que ❒ **D.** pour

Corrigé

1

Réponse C : Gravats.
A, B et D sont issus du radical commun « grave ».
Dans « aggraver », on remarque le préfixe « -ag ».
Dans « gravité », le suffixe « -ité ».
Dans « gravement », le suffixe « -ment ».

2

a) Réponse C : Un repas simple et peu copieux.
b) Réponse B : Les résultats contredisent les élections.

3

Réponse B : Foi.
« fois » marque la fréquence d'un événement.
« foie » est un organe de l'abdomen.

4

a) Réponse A : Instable.
b) Réponse C : Convenable.

5

a) Réponse A : Plaine.
b) Réponse A : Amende.
c) Réponse A : Censé.
d) Réponse A : Verso.
e) Réponse B : Huis.

6

a) Réponse C : Parce que.
b) Réponse D : Car.
De manière générale, évitez l'emploi de « malgré que ».
c) Réponse B : Puisque.

7

a) Réponse C : Docile.
b) Réponse A : Convaincu.
c) Réponse B : Harmonieux.
d) Réponse C : Opaque.
e) Réponse A : Cupidité.
f) Réponse A : Libre.
g) Réponse C : Nomade.
h) Réponse A : Facultatif.
i) Réponse C : Familier.
j) Réponse A : Fécond.
k) Réponse D : Confiant.

8

Reliez les phrases suivantes afin de construire une phrase qui exprime un but.
a) Réponse C.
Ils nettoient les combles afin d'en faire une chambre.
b) Réponse B.
Je me dépêche de sorte à pouvoir partir plus tôt.
c) Réponse D.
Vous préparez un examen pour entrer en institut.

Fiche 2 - Autour du verbe

1. Le verbe

A. Les différents types de verbes

Le verbe est un mot de forme variable composé d'un radical (qui indique le sens du verbe) et d'une terminaison variable (qui indique le mode, le temps, la personne et le nombre).

Exemple

Dans l'infinitif présent « courir », le radical est « cour » et la terminaison est « ir ».

1) Les verbes d'action et les verbes d'état

- On distingue les verbes d'action (l'action étant prise au sens large) des verbes d'état.

Exemples

La formation **commencera** en septembre. (*verbe d'action*)
Tu **chantes** beaucoup. (*verbe d'action*)
Cette femme **devient** maladroite. (*verbe d'état*)

Liste des verbes d'état : être, devenir, rester, demeurer, paraître, sembler, trouver, se montrer, etc.

- Un verbe peut être à la fois verbe d'action (à la forme active) et verbe d'état (à la forme passive).

Exemples

Le chat **a mangé** la souris. (*verbe d'action*)
La souris **a été mangée** par le chat. (*verbe d'état*)

2) Les formes active, passive et pronominale

Le verbe connaît trois formes : active, passive, pronominale.

- La forme est **active** quand le sujet fait l'action ou se trouve dans l'état indiqué par le verbe.

Exemples

Le malade avale une gélule. (*Le sujet fait l'action.*)
La vieille dame restait silencieuse. (*Le sujet se trouve dans l'état. « Rester » est un verbe d'état, ici à la forme active.*)

- La forme est **passive** quand le sujet subit l'action indiquée par le verbe qui est alors conjugué avec l'auxiliaire « être ».

Exemple

Il a été gracié par le président.

• La forme est **pronominale** quand le verbe est accompagné d'un pronom réfléchi à la même personne que le sujet (me/te/se/nous/vous) et placé devant le verbe.

Exemple

Elles **se promettent** une assistance mutuelle.

3) Les verbes impersonnels

Un verbe impersonnel est un verbe qui ne se conjugue qu'à la troisième personne du singulier.

Exemples

Il neige, il pleut, il faut.

B. Les groupes de verbes

Il existe trois groupes de verbes.

• Les verbes du **1er groupe** sont ceux dont l'infinitif se termine par « er ». Seule exception, le verbe « aller » (3e groupe) dont la conjugaison est irrégulière.

Exemples

Manger, créer, louer, réveiller

• Les verbes du **2e groupe** sont ceux dont l'infinitif se termine par « ir » et dont le participe présent se termine en « issant ».

Exemples

Finir, éclaircir, définir, obéir

• Tous les autres verbes font partie du **3e groupe**.

Exemples

Partir, croire, coudre, boire

C. L'interrogation et la négation

1) L'interrogation

• Lorsque vous souhaitez poser une question, demander un avis ou un renseignement, vous devez construire une phrase à la forme interrogative. Cette phrase est alors ponctuée par un point d'interrogation.

Exemples

Mangerez-vous du lapin ?
Étais-tu là la semaine dernière ?

• L'interrogation peut se faire à l'aide de la locution « est-ce que ». Il n'y a alors pas lieu d'inverser le sujet.

Exemples

Est-ce que vous mangerez du lapin ?
Est-ce que tu étais là la semaine dernière ?

Remarque

- Quand le verbe se termine par une voyelle, il faut ajouter un « t » devant les pronoms il ou elle.

Exemples

Comment va-**t**-elle ?
A-**t**-il neigé cet hiver ?
Marche-**t**-il avec des cannes ?

- Choisissez toujours la forme interrogative la plus simple et la plus directe, qui est souvent d'ailleurs la plus correcte.

Exemples

Écrivez « Où allez-vous ? » plutôt que « Où est-ce que vous allez ? »
« Comment t'appelles-tu ? » plutôt que « Comment est-ce que tu t'appelles ? »
« C'est encore loin ? » plutôt que « Est-ce que c'est encore loin ? »
« Que faites-vous ? » plutôt que « Qu'est-ce que vous faites ? »

2) La négation

Une phrase négative contient toujours un verbe entouré d'une locution complète : « ne… pas », « ne… jamais », « ne… guère », etc. « Ne » devient « n' » devant une voyelle.

Exemples

Ce vieillard **ne** peut **plus** se déplacer seul.
Je **ne** parviens **jamais** à partir à l'heure.
N'oubliez **pas** de signer votre contrat.

Remarque

N'oubliez pas le « n' » après le pronom « on » dans une phrase négative.

Exemple

On **n'**est **pas** à l'abri d'une erreur.

D. Quelques cas particuliers de conjugaison

1) Terminaison en « cer », « ger », « yer », « eler » et « eter »

- Les verbes en « **cer** » prennent une cédille devant « a » ou « o ».

Exemple

Je pla**ç**ais.

- Les verbes en « **ger** » prennent un « e » après le « g » devant « a » et « o ».

Exemple

Nous nag**e**ons.

- Les verbes en « **yer** » changent l'« y » en « i » devant un « e » muet. Mais les verbes en « **ayer** » peuvent conserver le « y » devant un « e » muet.

Exemples

Il déplo**i**e, il pa**i**e/il pa**y**e

Attention aux deux premières personnes du pluriel de l'imparfait, le « y » est suivi d'un « i ».

Exemples

Nous bala**yi**ons, vous débla**yi**ez

- Les verbes en « **eler** » et « **eter** » redoublent le « l » et le « t » devant une syllabe contenant un « e » muet.

Exemples

J'appe**ll**e, tu je**tt**eras

Exceptions

- Celer (et composés), ciseler, démanteler, écarteler, geler (et composés), marteler, modeler et peler changent leur « e » muet de l'avant-dernière syllabe de l'infinitif en « è » ouvert.

Exemples

Il écart**è**le, je surg**è**le, nous mod**è**lerons

- Acheter, corseter, fureter, haleter et racheter changent leur « e » muet en « è » ouvert.

Exemples

Je rach**è**terai, elle croch**è**tera, ils fur**è**teraient

2) Quelques verbes irréguliers du 3e groupe

Les verbes du 3e groupe présentent de nombreuses irrégularités lorsqu'ils sont conjugués.

Prendre : je prends, tu prends, il prend, nous prenons, vous prenez, ils prennent
Offrir : j'offre, tu offres, il offre, nous offrons, vous offrez, ils offrent
Recevoir : je reçois, tu reçois, il reçoit, nous recevons, vous recevez, ils reçoivent
Ouvrir : j'ouvre, tu ouvres, il ouvre, nous ouvrons, vous ouvrez, ils ouvrent
Cueillir : je cueille, tu cueilles, il cueille, nous cueillons, vous cueillez, ils cueillent
Acquérir : j'acquiers, tu acquiers, il acquiert, nous acquérons, vous acquérez, ils acquièrent
Vouloir : je veux, tu veux, il veut, nous voulons, vous voulez, ils veulent
Battre : je bats, tu bats, il bat, nous battons, vous battez, ils battent
Résoudre : je résous, tu résous, il résout, nous résolvons, vous résolvez, ils résolvent
Craindre : je crains, tu crains, il craint, nous craignons, vous craignez, ils craignent
Croître : je croîs, tu croîs, il croît, nous croissons, vous croissez, ils croissent
Paraître : je parais, tu parais, il paraît, nous paraissons, vous paraissez, ils paraissent
Asseoir : j'assieds/assois, tu assieds/assois, il assied/assoit, nous asseyons/assoyons, vous asseyez/assoyez, ils asseyent/assoient

Remarque

- Pour différencier la conjugaison de « croître » (grandir) de celle de « croire », n'oubliez pas l'accent circonflexe.

Exemple

Je crois que la mauvaise herbe croît plus vite.

- Les verbes se terminant par « dre » conservent le « d » au présent de l'indicatif.

Exemples

Je prends, tu entends, il confond

- Mais les verbes se terminant par « soudre » et « indre » perdent leur « d » au présent de l'indicatif et de l'impératif.

Exemples

L'eau dissout le sel, j'éteins la lumière, tu résous le problème.
Dissous ! Dissolvons ! Dissolvez ! Éteins ! Éteignons ! Éteignez ! Résous ! Résolvons ! Résolvez !

2. Les modes et les temps des verbes

Le mode et le temps reflètent l'action ou l'état exprimé par le verbe.
L'action peut être présente, passée ou future. Elle peut être réelle (indicatif), voulue (impératif), possible (conditionnel), désirée mais incertaine (subjonctif).

A. Les modes

Les modes personnels sont l'indicatif, le conditionnel, le subjonctif et l'impératif.
Les modes impersonnels sont le participe et l'infinitif.

1) Les modes personnels

- L'**indicatif** exprime une action ou un état réels (réel ne signifie pas forcément vrai).

Exemples

Je finis, il jouera, nous avons pris

- Le conditionnel exprime une action qui dépend dans sa réalisation de certaines conditions. On distingue le **conditionnel présent** (qui exprime une action possible dans l'avenir ou impossible dans le présent) et le **conditionnel passé** (qui exprime une action qui n'a pu se réaliser).

Exemples

Conditionnel présent : je sortirais ce soir. (*si j'avais le temps*)
Conditionnel passé : j'aurais pris cette décision. (*si j'avais su*)

Remarque

La **concordance des temps** est ici essentielle :
« si + imparfait » entraîne un conditionnel présent ;
« si + plus-que-parfait » entraîne un conditionnel passé ;
« si + présent » entraîne un futur.

- Le **subjonctif** exprime l'obligation, l'interdiction, le souhait, la supposition, l'incertitude, la possibilité.

Exemples

Subjonctif présent : que je parte (*il faut que…, il se peut que…*)
Subjonctif passé : que je sois parti (*il suffit que…, il est impossible que…*)

L'imparfait et le plus-que-parfait du subjonctif sont très peu employés aujourd'hui dans notre quotidien.

- L'**impératif** exprime un ordre ou un conseil.

Exemples

Finis ! Range ! Asseyez-vous !

2) Les modes impersonnels

- L'**infinitif présent** indique une action qui se produit en même temps que celle du verbe principal.

Exemples

Nous demandons une heure pour **déjeuner**.
Je n'arrive jamais à **finir** à l'heure.
Se taire aide à la réflexion.

- L'**infinitif passé** indique une action qui s'est produite avant celle qui est exprimée par le verbe principal.

Exemples

Le malade s'est endormi après **avoir dîné**.
Je m'en veux d'**être parti**.
Cela ne nous a pas servi d'**avoir démissionné** avant les épreuves.

- Le **participe présent** peut être employé comme forme verbale toujours terminée par « ant ». Il peut aussi être employé comme adjectif (on parle alors d'adjectif verbal) pour exprimer une action ou un état ; il s'accorde dans ce cas avec le nom auquel il se rapporte.

Exemples

aimant, croyant, finissant

Attention, ne pas confondre :
Au XXe siècle, les films parlant**s** ont connu un vif succès. (*participe présent à valeur d'adjectif*)
Les assistants parlan**t** russe sont difficiles à recruter. (*participe présent à forme verbale*)

• Le **participe passé** est une forme verbale exprimant une action passée ou un état présent.

EXEMPLES

terminé, ayant terminé
cru, ayant cru

B. LES TEMPS DE L'INDICATIF

• Le **présent** exprime une action qui se produit ou un état existant au moment où on parle.

EXEMPLES

Je mange.
Je suis fatiguée.

• Le **futur** exprime une action qui doit ou peut se produire dans l'avenir.

EXEMPLE

Je partirai en vacances en mars.

• L'**imparfait** indique une action passée qui dure.

EXEMPLE

Les invités discutaient et riaient de bon cœur.

• Le **passé simple** indique une action achevée qui s'est passée à un moment bien déterminé du passé.

EXEMPLE

Je pris la décision de partir.

• Le **passé composé** exprime une action terminée à un moment non précisé du passé.

EXEMPLE

J'ai reçu son cadeau.

• Le **passé antérieur** exprime une action passée qui s'est produite immédiatement avant une autre action passée.

EXEMPLE

Dès qu'il eut fini son travail, il rentra chez lui.

• Le **plus-que-parfait** exprime une action qui s'est produite avant une autre action passée, mais, contrairement au passé antérieur, il peut s'être écoulé un temps assez long entre les deux actions.

EXEMPLE

J'avais pris mon bain avant de sortir.

• Le **futur antérieur** exprime une action future qui doit ou peut se produire avant une autre action future.

EXEMPLE

J'aurai pris mon petit-déjeuner quand tu arriveras.

Entraînement 2 – Autour du verbe

1 **Conjuguez les verbes suivants au temps et à la forme demandés.**

a) créer à la 2e personne du passé composé
b) décrire à la 1re personne du présent de l'indicatif
c) débattre à la 3e personne du pluriel du conditionnel présent
d) nuire à la 2e personne du pluriel du plus-que-parfait de l'indicatif

2 **Parmi ces formes verbales, laquelle correspond à un indicatif présent ?**

❒ **A.** nous peignions ❒ **B.** vous pensez ❒ **C.** elle prit ❒ **D.** vous vouliez

3 **Parmi ces formes verbales, laquelle correspond à la deuxième personne du pluriel de l'impératif présent ?**

❒ **A.** payons ❒ **B.** remuez ❒ **C.** réveille ❒ **D.** bois

4 **Parmi ces formes verbales, laquelle n'est pas à l'indicatif ?**

❒ **A.** tu conduis ❒ **B.** vous avez conduit
❒ **C.** je conduirai ❒ **D.** il conduirait

5 **Mettez les verbes suivants à la 3e personne du singulier du présent du subjonctif.**

a) soigner
b) résoudre
c) acquérir
d) devoir

6 **Écrivez les phrases suivantes aux formes passive, interrogative, négative.**

a) Les personnes âgées font souvent la sieste.

....

b) On emmène les écoliers au gymnase.

....

c) L'établissement fermera ses portes à la fin de la semaine.

....

d) Tu as blessé involontairement cet oiseau.

....

e) Ce père accompagnait quotidiennement son bébé à la crèche.

....

7 **Relevez les conjugaisons pronominales dans les phrases ci-dessous et donnez leur infinitif.**

a) Alors que nous partions vers l'école, les nuages s'amoncelaient au-dessus de nos têtes : nous nous sommes dépêchés pour éviter l'averse.

....

b) Le petit garçon s'est blessé avec un couteau. Il a fallu suturer la plaie ; il s'est montré honteux devant le médecin qui s'étonna de cette réaction.

....

c) Ne te focalise pas sur la stérilisation des biberons mais n'hésite pas à afficher la consigne : « vous vous rappellerez que l'asepsie est obligatoire dans cette pièce ».

....

8 **Complétez les phrases suivantes à l'aide du verbe entre parenthèses : vous utiliserez soit un participe présent soit un adjectif verbal.**

a) Cette lotion est riche en principes (revitaliser) ....

b) (trembler) .... sur ses deux jambes, la petite fille ne parvenait pas à se calmer ; elle parlait d'une voix (trembler) ....

c) Ce livre contient des chapitres vous (intéresser) ....

d) Les lumières et les spots (aveugler) .... des enseignes l'empêchaient de se repérer.

e) La neige (former) .... des congères, les véhicules étaient bloqués.

9 **Conjuguez correctement les verbes entre parenthèses dans les phrases suivantes.**

a) Si nous (encourager) .... les jeunes, ils (reprendre) .... confiance.

b) Nous (avantager) .... les abonnés à notre journal.

c) Pendant que l'eau (dissoudre) .... le médicament, vous (nettoyer) .... les verres.

d) Demain, tu (asseoir) .... les enfants devant toi, tu (peler) .... les pommes et tu leur en (distribuer) .... des quartiers.

10 **Quelle est la forme correcte dans les phrases ci-après ?**

❒ **A.** J'ai cassé le jouet que tu m'auras offert.
❒ **B.** Si j'avais su, vous prendriez le train.
❒ **C.** Je regrette qu'il ne vienne pas.
❒ **D.** J'espère qu'il a terminé demain.

Corrigé

1

Réponses :
a) tu as créé.
b) je décris.
c) ils/elles débattraient.
d) vous aviez nui.

2

Réponse B : Vous pensez.

3

Réponse B : Remuez.

4

Réponse D : Il conduirait.

5

Réponses :
a) qu'il soigne.
b) qu'il résolve.
c) qu'il acquiert.
d) qu'il doive.

6

Réponses :

a) La sieste est souvent faite par les personnes âgées.
Les personnes âgées font-elles souvent la sieste ?
Les personnes âgées ne font pas souvent la sieste.

b) Les écoliers sont emmenés au gymnase.
Emmène-t-on les écoliers au gymnase ?
On n'emmène pas les écoliers au gymnase.

c) Les portes de l'établissement seront fermées à la fin de la semaine.
L'établissement fermera-t-il ses portes à la fin de la semaine ?
L'établissement ne fermera pas ses portes à la fin de la semaine.

d) Cet oiseau a été involontairement blessé par toi.
As-tu blessé involontairement cet oiseau ?
Tu n'as pas blessé involontairement cet oiseau.

e) Le bébé était quotidiennement accompagné à la crèche par son père.
Ce père accompagnait-il quotidiennement son bébé à la crèche ?
Ce père n'accompagnait pas quotidiennement son bébé à la crèche.

7

Réponses :
a) s'amonceler, se dépêcher.
b) se blesser, se montrer, s'étonner.
c) se focaliser, se rappeler.

8

Réponses :
a) Cette lotion est riche en principes revitalisants.
b) Tremblant sur ses deux jambes, la petite fille ne parvenait pas à se calmer ; elle parlait d'une voix tremblante.
c) Ce livre contient des chapitres vous intéressant.

d) Les lumières et les spots aveuglants des enseignes l'empêchaient de se repérer.
e) La neige formant des congères, les véhicules étaient bloqués.

9

Réponses :
a) Si nous encourageons/encouragions les jeunes, ils reprendront/reprendraient confiance.
b) Nous avantageons les abonnés à notre journal.
c) Pendant que l'eau dissout le médicament, vous nettoierez les verres.
d) Demain, tu assiéras/assoiras les enfants devant toi, tu pèleras les pommes et tu leur en distribueras des quartiers.

10

Réponse C : Je regrette qu'il ne vienne pas.

Fiche 3 – Orthographe et grammaire

Une **phrase** est formée d'une succession ordonnée de mots. Elle commence toujours par une majuscule et se termine toujours par un point (ou point d'interrogation, d'exclamation, points de suspension). Toute phrase qui contient un verbe conjugué se nomme **proposition**.
La **nature d'un mot** ne varie pas ; en revanche, le rôle qu'il joue dans une phrase, c'est-à-dire sa **fonction**, peut changer.

1. Le nom et le verbe

A. Le nom commun

- Un nom commun est un mot qui est précédé d'un déterminant (article, adjectifs possessif, démonstratif, indéfini). Il nomme un être ou une chose. Il est du genre masculin ou féminin. Un adjectif qualificatif peut accompagner le nom ; il indique alors une qualité, donne une précision par rapport à ce nom.

- Lorsqu'il fait ou subit une action, le nom est **sujet** du verbe.

Exemple

Le **ciel** devient menaçant, un gros **orage** grondera bientôt.

- Lorsque le nom précise un objet, un fait, une circonstance, il est **complément** (d'objet ou de lieu, de manière, de temps, etc.).

Exemples

Il attrape une casserole. (*« casserole » est le nom complément d'**objet direct** (COD) du verbe « attraper » car il n'existe pas de préposition entre le verbe et le nom*)
La ménagère part au marché. (*« marché » est complément circonstanciel de lieu du verbe « partir »*)
Le client s'adresse au commerçant. (*« commerçant » est complément d'objet indirect (COI) du verbe « s'adresser »*)

Remarque

Un pronom remplace souvent un nom ; le pronom est donc également un mot qui désigne un être ou une chose mais sans les nommer. Il existe des pronoms personnels (je, tu, il, elle, nous, etc.), des pronoms possessifs (le mien, le tien, etc.), des pronoms démonstratifs (ce, ceux, celui, celle-ci, etc.), et des pronoms indéfinis (on, plusieurs, chacun, etc.).

B. Le verbe

Le verbe exprime généralement une action. Il peut aussi indiquer un état.
➔ *Voir Fiche 2 – Autour du verbe, p. 32.*

• Le verbe **s'accorde** en genre (masculin/féminin) et en nombre (singulier/pluriel) **avec son sujet**. Un verbe à l'infinitif prend les mêmes fonctions qu'un nom.

Exemples

Lire est essentiel. (« *lire est sujet du verbe être* »)
Vous préférez marcher. (« *marcher* » *est COD du verbe* « *préférer* »)

• Le sujet d'un verbe peut parfois être inversé, c'est-à-dire se trouver après le verbe.

Exemple

Les contraintes qu'impose le **métier** sont à prendre en considération.

• Pour trouver le sujet d'un verbe, il faut :
– repérer le verbe conjugué ;
– se poser la question : « qui est-ce qui ? » ou « qu'est-ce qui ? » fait l'action exprimée par le verbe.

Exemples

L'automobiliste et le motard (rouler) à vive allure, l'accident (être) prévisible.
« Qui est-ce qui roule à vive allure ? » La réponse permet d'écrire le verbe à la troisième personne du pluriel (ils) : « roulent ».
« Qu'est-ce qui est prévisible ? » Réponse : l'accident, donc « il », le verbe est à la troisième personne du singulier : « est ».

2. Le pluriel des noms

• Le pluriel des noms se forme généralement en ajoutant un « **s** » au singulier.

Exemples

un toit/des toits
la trousse/les trousses

Toutefois, plusieurs **règles spécifiques** existent.

• Les noms se terminant par un « **s** », « **x** », « **z** » s'écrivent de la même façon au singulier et au pluriel.

Exemples

un nez/des nez
la souris/les souris
le houx/les houx

• Les noms se terminant en « **au** », « **eau** », « **eu** » prennent un « x » au pluriel.

Exemples

un tuyau/des tuyaux
un seau/des seaux
un neveu/des neveux

Exceptions

Landau, sarrau, bleu, lieu (poisson) et émeu (autruche) prennent un « s ».

- Les noms se terminant en « **ou** » prennent un « s » au pluriel.

Exceptions

Bijou, caillou, chou, genou, hibou, joujou et pou prennent un « x ».

- Les noms se terminant en « **al** » forment leur pluriel en « aux ».

Exemples

un cheval/des chevaux
un canal/des canaux

Exceptions

Aval, bal, cal, carnaval, cérémonial, chacal, festival, régal et santal prennent un « s ».

- Les noms se terminant en « **ail** » forment leur pluriel en « ails ».

Exemple

le chandail/les chandails

Exceptions

Bail, corail, émail, soupirail, travail, ventail et vitrail se terminent par « aux ».

Remarque

Certains noms ne s'emploient qu'au pluriel.

Exemples

des arrhes, des catacombes, des bestiaux, des environs, des funérailles, des dépens, des mœurs, des gravats, des obsèques, des fiançailles, des floralies.

3. Le pluriel des noms composés

- Les noms composés formés de deux mots accolés forment leur pluriel comme un nom simple.

Exemples

le portefeuille/les portefeuilles
un contremaître/des contremaîtres

- Lorsque le nom est composé de deux noms ou d'un adjectif et d'un nom, les deux mots se mettent au pluriel.

Exceptions

mesdames, mesdemoiselles, messieurs, bonshommes, gentilshommes

Exemples

un coffre-fort/des coffres-forts
un chef-lieu/des chefs-lieux

Toutefois, certains noms ne prennent pas la marque du pluriel en raison du sens.

Exceptions

les noms composés avec « demi », « saint » et « sang » : une demi-heure/des demi-heures, un pur-sang/des pur-sang

Exemples

un timbre-poste/des timbres-poste (*pour la Poste*)
un abat-jour/des abat-jour (*qui abattent le jour*)

Par ailleurs, lorsqu'une préposition sépare les deux noms, seul le premier prend la marque du pluriel.

Exemples

la pomme de terre/les pommes de terre
un arc-en-ciel/des arcs-en-ciel

• Lorsque le nom est composé d'un verbe et d'un nom, seul le nom prend la marque du pluriel, le verbe est invariable. Toutefois, si le verbe désigne une personne, il peut s'accorder.

Exemples

un ouvre-bouteille/des ouvre-bouteilles
un aide-soignant/des aides-soignants

4. Le pluriel des adjectifs

A. L'adjectif qualificatif

• L'adjectif qualificatif s'accorde en genre et en nombre avec le(s) nom(s) au(x)quel(s) il se rapporte. En règle générale, le pluriel de l'adjectif se forme en ajoutant un « s » au singulier ; certains adjectifs dérogent à cette règle.
Lorsque l'adjectif se rapporte à des noms de genres différents, c'est le masculin qui domine.

Exemples

La fillette porte une nouvelle robe et un manteau neuf.
La fillette porte une robe et un manteau neufs.

• Les adjectifs qualificatifs se terminant par « **s** » ou par « **x** » au singulier ne changent pas au pluriel.

Exemples

un cheval gris/des chevaux gris
un dessert exquis/des desserts exquis

- Les adjectifs qualificatifs se terminant par « **au** » forment leur pluriel en « aux ».

EXEMPLE

un beau matelot/des beaux matelots

- Les adjectifs qualificatifs se terminant par « **al** » forment leur pluriel en « aux ».

EXEMPLE

un regroupement familial/des regroupements familiaux

EXCEPTIONS

Bancal, banal, fatal, final, glacial, naval, natal et tribal prennent un « s » au pluriel.

- Lorsqu'un adjectif qualificatif est formé de deux adjectifs, les deux prennent la marque du pluriel.

EXEMPLE

un enfant sourd-muet/des enfants sourds-muets

- Lorsqu'un adjectif qualificatif composé contient un adverbe ou quand le premier adjectif a le sens d'un adverbe, seul le second adjectif prend la marque du pluriel.

EXEMPLES

un café extra-fin/des cafés extra-fins
une onde ultra-courte/des ondes ultra-courtes
un enfant nouveau-né/des enfants nouveau-nés

REMARQUE

Les adjectifs « ci-joint » et « ci-inclus » sont invariables lorsqu'ils sont placés avant le nom auquel ils se rapportent. Ils s'accordent s'ils sont placés après le nom.

EXEMPLES

Ci-joint les certificats de naissance.
Vous trouverez les copies ci-incluses.

- Les adjectifs de couleur suivent la règle générale sauf si à l'origine, le mot désignant la couleur était un nom.

EXEMPLES

des volets rouges et roses
des vêtements marron (*de la couleur du marron*)

EXCEPTIONS

Sept adjectifs de couleur provenant d'un nom font exception : écarlate, fauve, incarnat, mauve, pourpre, rose, vermeil.

- L'adjectif de couleur composé est invariable.

EXEMPLES

des bagues vert turquoise
des murs bleu ciel

B. Les adjectifs numéraux

• Lorsque les adjectifs numéraux désignent un ordre : le premier, le quatrième, etc., ils sont appelés « adjectifs ordinaux ». L'adjectif ordinal s'accorde en genre et en nombre avec le nom auquel il se rapporte ; un adjectif ordinal peut aussi être employé comme un nom.

Exemples

Les premiers résultats sont prometteurs.
cinq centièmes de seconde

• Lorsqu'ils indiquent un nombre (trois, mille, etc.), les adjectifs numéraux sont appelés cardinaux. L'adjectif numéral cardinal est invariable, toutefois, certains obéissent à des règles particulières : « vingt » et « cent » prennent un « s » au pluriel s'ils sont multipliés par un nombre mais ne sont pas suivis d'un autre nombre.

Exemples

Sept jours forment une semaine.
Vingt-quatre heures forment une journée.
quatre-vingts gouttes (4×20)
trois cents candidats et deux cent huit candidates

5. L'accord du participe passé

A. Règle générale

La règle

Le participe passé employé **sans auxiliaire** (« être » ou « avoir ») s'accorde comme un adjectif, c'est-à-dire en genre et en nombre avec le nom auquel il se rapporte.

Exemples

La chanson paraît connu**e**.
Visites interdit**es** après vingt heures.

B. L'accord du participé passé employé avec l'auxiliaire « être »

La règle

Employé avec l'auxiliaire « être », le participe passé s'accorde en genre et en nombre avec le sujet du verbe.

Exemple

Les équipes du matin sont arriv**ées**.

REMARQUE

- Les règles d'accord du participe passé avec l'auxiliaire « être » s'appliquent aussi pour les verbes d'état (➔ voir p. 32).
- Lorsque le sujet du verbe « être » est « on », le participe passé s'écrit au masculin singulier sauf si le sens de la phrase permet un accord différent.

EXEMPLES

On est étonn**é** de l'ampleur du phénomène.
Alors Marie, on est étonn**ée** ?
Hier, on était tous étonn**és**.

C. L'accord du participe passé employé avec l'auxiliaire « avoir »

LA RÈGLE

Employé avec l'auxiliaire « avoir », le participe passé reste invariable s'il n'y a pas de complément d'objet direct ou si celui-ci est placé après le verbe.

- Le participe passé s'accorde en genre et en nombre avec son complément d'objet direct **lorsque ce complément le précède**.

EXEMPLES

Tu m'as donn**é** une bibliographie.
La bibliographie que tu m'as donn**ée**.

- Le participe passé conjugué avec l'auxiliaire « avoir » reste **invariable** si **le COD qui le précède** est le pronom « **en** ».

EXEMPLE

J'ai ramassé des pommes et j'**en** ai donn**é** à mon voisin.

REMARQUE

Posez-vous toujours la question « qui » ou « quoi » après le verbe. Dans l'exemple ci-dessus : « *j'ai donné quoi à mon voisin ?* » Réponse : « en » mis pour « pommes ».

D. L'accord du participe passé avec les verbes pronominaux

- Un verbe pronominal est un verbe qui ne peut jamais être conjugué sans un pronom de la même personne que le sujet.

EXEMPLES

Il	se lève tôt	Je	m'abstiens de boire
⇑	⇑	⇑	⇑
sujet	pronom personnel réfléchi	sujet	pronom personnel réfléchi

ATTENTION !

Certains verbes peuvent avoir deux formes : active et pronominale avec des sens différents.

EXEMPLES

Nous apercevons le sommet.
Nous nous apercevons qu'il est tard.

• Les temps composés des verbes pronominaux se forment toujours à l'aide de l'auxiliaire « être ».

Pour l'accord de leur participe passé, il est essentiel de savoir :
– si le verbe pronominal est réfléchi, c'est-à-dire si le pronom représente le sujet du verbe et n'a alors pas de fonction (elle s'est levée : « s'/se » représente le sujet « elle ») ;
– si le verbe pronominal est réciproque, c'est-à-dire que l'action est exercée par plusieurs sujets les uns sur les autres (ils se sont battus) ;
– où se trouve le complément d'objet direct du verbe.

LA RÈGLE

Le participe passé des verbes pronominaux s'accorde avec le sujet du verbe puisqu'ils sont conjugués avec l'auxiliaire être.

Sauf :
– lorsque le verbe est suivi d'un complément d'objet direct ;
– lorsque le verbe est suivi d'un infinitif et que le sujet ne fait pas l'action exprimée par cet infinitif ;
– lorsque le verbe pronominal ne peut pas avoir de complément d'objet direct.

EXEMPLES

Elle s'était **lavée**. *Le verbe est réfléchi, mais on écrit « elle s'était* ***lavé les mains*** *» : ce sont les mains qui sont lavées !*
Les participants se sont beaucoup exprimé**s**.
Les participants se sont beaucoup parl**é**.
Dans le premier cas, il s'agit d'un pronominal réfléchi alors que dans le second cas, il s'agit d'un pronominal réciproque.
Les manifestants se sont introduit**s** aux urgences.
Nous nous sommes fait épeler tous les termes.

6. Quelques astuces orthographiques

• Les noms se terminant par le son « **zon** » s'écrivent « son ».

EXEMPLES

une oraison, une saison, une maison

EXCEPTIONS

gazon, horizon

- Les noms se terminant par « **-ement** » qui sont formés à partir d'un verbe ont toujours un seul « m ».

Exemples

un enterrement (*du verbe « enterrer »*)
un lavement (*du verbe « laver »*)

- Les noms féminins qui se terminent par le son « **i** » prennent généralement un « e ».

Exemples

la vie, une partie, une manie

Exceptions

une brebis, une fourmi, la nuit, une perdrix, une souris…

- Les mots contenant les sons « **iff** », « **ouff** », « **uff** » prennent deux « f ».

Exemples

siffler, souffler, bluffer

Exceptions

bifurcation, boursoufler, emmitoufler, gifle, manufacture, moufle, pantoufle, soufre

- Les verbes se terminant par « **aper** », « **iper** », « **oper** » prennent un seul « p ».

Exemples

doper, anticiper

Exceptions

agripper, développer, échapper, envelopper, frapper, stopper

- Les noms se terminant en « **ape** » prennent un seul « p ».

Exemples

étape, cape

Exceptions

frappe, grappe, nappe, trappe

- Les mots commençant par « **ac** » prennent deux « c ».

Exemples

accuser, accueil, accord

Exceptions

acacia, académie, acajou, acariâtre, acolyte, acompte, acoustique, acrobate, âcre, acuité

• Les mots commençant par « **ap** » prennent deux « p ».

Exemples

une applique, apprivoiser

Exceptions

apaiser, apercevoir, apéritif, apitoyer, aplatir, aplanir

7. La ponctuation

La ponctuation est un système de signes permettant de séparer les phrases, les propositions, les mots d'un texte. Ces signes conventionnels ont pour but de marquer des pauses, donc de respirer lors de la lecture. La ponctuation sert aussi à marquer des nuances de la pensée ou des intonations. Elle peut parfois modifier le sens d'une phrase.

Exemples

Je regarde la côte des falaises de Normandie.
Je regarde la côte, des falaises de Normandie.

Dans le premier cas, le regard se porte sur la côte des falaises alors que dans le second cas, la côte est regardée depuis les falaises.

• Le **point** (.) marque la fin de la phrase. Après un point, vous devez toujours mettre une majuscule.

• La **virgule** (,) sépare les éléments d'une énumération et marque une courte pause. Elle s'emploie aussi pour intercaler une phrase dans le discours indirect.

Exemples

L'association a fourni des livres, des jeux, des instruments de musique.
Nous contestons, affirma-t-il, que ces soins sont efficaces.

• Le **point-virgule** (;) sépare **deux aspects d'une même idée** et marque une pause plus importante que la virgule. Il faut cependant veiller à ne pas abuser de ce signe de ponctuation et éviter de l'utiliser en série.

Exemple

Le train part à midi ; vous devez prendre votre titre de transport dès le matin.

• Les **deux points** (:) précèdent une citation ou un développement explicatif. Dans une énumération ou une explication, les deux points ne doivent pas se rencontrer deux fois de suite.

Exemples

Les propos du chef de service ont été clairs : « il est interdit de fumer ».
Il est en retard : sa voiture n'a pas démarré.

• Le **point d'interrogation** (?) se place à la fin des phrases exprimant une interrogation directe.
Après un point d'interrogation, on met une majuscule.

Exemples

> Quel temps fait-il ?
> Je te demande : « que souhaites-tu pour ton anniversaire ? »

- Le **point d'exclamation** (**!**) s'écrit après des interjections. Il exprime un sentiment vif (colère, surprise, souhait, etc.) ou un ordre.

Après un point d'exclamation, on met une majuscule.

Exemples

> Silence !
> Quel dommage de taire une si jolie chanson !

- Les **points de suspension** (**...**) indiquent que la pensée n'est pas tout à fait exprimée ou marquent une pause dans le discours. Le nombre de points de suspension est de trois (point final d'une phrase compris).

On ne doit pas mettre des points de suspension après « etc. ».

Exemples

> Votre absence de ces derniers jours me paraît... suspecte.
> Je ne déjeunerai pas à la cantine, j'ai apporté de la viande, des légumes, etc.

- Les **guillemets** (« ... ») se mettent au début et à la fin d'une citation, d'une expression étrangère ou lorsque sont citées des paroles rapportées. Les guillemets s'utilisent aussi pour employer un mot ou une expression dans un sens inhabituel.

Si la phrase citée entre les guillemets est complète, elle commence par une majuscule et se termine par un point suivi du guillemet fermant. Si elle est incomplète (ou tronquée), le point se met après le guillemet.

Exemples

> Le « houmous » est un mets israélien.
> Il soliloque en répétant : « je dois réfléchir ».

- Les **parenthèses** (...) servent à isoler un mot ou groupe de mots. Elles indiquent souvent une phrase ou une réflexion accessoire ou que l'on souhaite isoler.

- Le **tiret** (–) marque le début d'un dialogue, le changement d'interlocuteur. Il peut également viser à mettre en valeur un mot ou une expression.

Remarque

- On met une majuscule :
  - en début de phrase ;
  - aux noms propres quelle que soit leur place dans la phrase (personnes, lieux, d'habitants, etc.) (*Ex. : Les Australiens habitent loin de la France*) ;
  - aux titres précédés de Monsieur ou Madame ;
  - au premier mot d'une citation.
- On ne met pas de majuscule :
  - aux adjectifs de nationalité (*Ex. : La langue française*) ;
  - aux jours ;
  - aux mois.

Entraînement 3 – Orthographe et grammaire

1 **Mettez au pluriel les phrases suivantes.**

a) La stagiaire a loué une chambre à l'internat. Elle peut cuisiner : elle a cuit tout son pain.
b) La chambre qu'elle a louée donne sur le boulevard qui est un peu bruyant.
c) Il a regardé attentivement l'exposition de peintures et il en a fait un compte rendu.
d) Tout ce courrier, la vieille dame l'a écrit elle-même.

2 **Quel mot est mal orthographié ?**

❒ **A.** cent quatre-vingt-douze
❒ **B.** intra-utérin
❒ **C.** mi-mot
❒ **D.** porte-feuille

3 **Quelle est l'expression correctement orthographiée ?**

❒ **A.** des arc-en-ciel
❒ **B.** des gardes-malades
❒ **C.** des portes-bonheurs
❒ **D.** des gouttes-à-gouttes

4 **Écrivez les phrases suivantes au plus-que-parfait de l'indicatif.**

a) Tu te nettoies bien les ongles avant de commencer.
b) Nous nous piquons régulièrement avec cette aiguille.
c) Ces amies se retrouvent tous les jours.

5 **Une seule phrase est correctement orthographiée dans chaque groupe de quatre : laquelle ?**

a) ❒ **A.** Son chapeau était décoré de papillons bleus.
❒ **B.** À midi, ils ont mangé des haricots extra-fin.
❒ **C.** Voici les livres choisi par le professeur.
❒ **D.** Les ouvertures de ce bâtiment sont semies-circulaires.

b) ❒ **A.** Je fais partie d'une nouvelle équipe de commercials.
❒ **B.** Des vents glaciaux balaient la campagne.
❒ **C.** Ses amis sont tous très jovials.
❒ **D.** Il est une heure et demie.

c) ❒ **A.** Ce sont des rayons infrarouge.
❒ **B.** Ces clients sont ivre-mort.
❒ **C.** Elle a les cheveux châtains.
❒ **D.** Des fleurs jauni ornaient la table.

d) ❒ **A.** Des rayures blanc et noir décoraient le mur.
❒ **B.** Elle porte des jeans bleus clairs.
❒ **C.** L'euro est divisé en centièmes.
❒ **D.** Toutes ses Ferrari sont rouge.

6 **Construisez et orthographiez correctement les parties de phrase entre parenthèses.**

a) Au casino, le croupier (crier + les + jeu + être + faire).

....

b) Bien que nous demeurions à proximité d'un haras, je (ne… jamais + se résoudre à + aller + voir + les + cheval) ; en revanche, je (se rendre) volontiers dans l'église afin de (regarder + les + détail + des + vitrail).

....

7 **Vérifiez les phrases ci-après et corrigez les erreurs.**

a) Nous aurions besoin de landaux pour promenez les nourrissons de la crèche.

b) Quant on arrive dans l'établissement, il y a trop de panneaux acolés, on arrive pas à se repérer. Ce serait mieu de flécher correctement.

8 **Écrivez le pluriel des mots suivants.**

Singulier	Pluriel	Singulier	Pluriel
Une chauve-souris		Un œil bleu clair	
L'esquimau		Un chandail	
Le réfectoire		Un pneu	
Une haie		Un couvre-pieds	
Un bleu (ecchymose)		Un collier royal	
Le verrou		Un va-et-vient	
Une demi-portion		Un enfant nouveau-né	
Un gant rouge		Un soupirail	
Un pou		Une plate-bande	

9 **À l'aide des éléments ci-après, écrivez, en toutes lettres, un petit paragraphe en utilisant uniquement les informations données pour comparer ces sports d'équipe.**

Football : 2 équipes opposées × 11 joueurs ; 2 mi-temps = 2 × 45 minutes ; jeu au pied uniquement ; place repérée : un joueur qui garde le but.
Rugby : 2 équipes opposées × 15 joueurs (possible rugby à 7 ou à 13) ; pas de but gardé ; jeu : pied et main ; durée = 2 × 40 minutes.

Corrigé

1

Réponses :

a) Les stagiaires ont loué des chambres à l'internat. Elles peuvent cuisiner : elles ont cuit tout leur pain.

b) Les chambres qu'elles ont louées donnent sur le(s) boulevard(s) qui est (sont) un peu bruyant(s).

Remarque : le participe passé prend la marque du pluriel (COD avant le verbe), la deuxième partie de la phrase pouvait rester au singulier ; au pluriel il faut accorder le verbe et l'adjectif.

c) Ils ont regardé attentivement les expositions de peintures et ils en ont fait des comptes rendus.

d) Tous ces courriers, les vieilles dames les ont écrits elles-mêmes.

Remarque : le pronom personnel COD (l') devient « les » au pluriel, le participe passé s'accorde avec ce pronom mis pour « les courriers » ; ce sont les courriers qui ont été écrits.

2

Réponse D : Porte-feuille.

Portefeuille s'écrit en un seul mot.

3

Réponse B : Des gardes-malades.

Remarque : goutte-à-goutte et porte-bonheur sont invariables.

4

Réponses :

a) Tu t'étais bien nettoyé les ongles avant de commencer.

b) Nous nous étions régulièrement piqués(ées) avec cette aiguille.

Remarque : le participe passé prendra la marque du masculin ou du féminin pluriel selon qui est « nous ».

c) Ces amies s'étaient retrouvées tous les jours.

5

a) Réponse A : Son chapeau était décoré de papillons bleus.
b) Réponse D : Il est une heure et demie.
c) Réponse C : Elle a les cheveux châtains.
d) Réponse C : L'euro est divisé en centièmes.

6

a) Au casino, le croupier crie « les jeux sont faits » !

b) Bien que nous demeurions à proximité d'un haras, je ne me résous pas à aller voir les chevaux ; en revanche, je me rends volontiers dans l'église afin de regarder les détails des vitraux.

7

a) Nous aurions besoin de landau**s** pour promene**r** les nourrissons de la crèche.

b) Quan**d** on arrive dans l'établissement, il y a trop de panneau**x** acc**o**lés, on **n'**arrive pas à se repérer. Ce serait mieu**x** de flécher correctement.

8 **Réponses :**

Singulier	Pluriel	Singulier	Pluriel
Une chauve-souris	Des chauves-souris	Un œil bleu clair	Des yeux bleu clair
L'esquimau	Les esquimaux	Un chandail	Des chandails
Le réfectoire	Les réfectoires	Un pneu	Des pneus
Une haie	Des haies	Un couvre-pieds	Des couvre-pieds
Un bleu (ecchymose)	Des bleus	Un collier royal	Des colliers royaux
Le verrou	Les verrous	Un va-et-vient	Des va-et-vient
Une demi-portion	Des demi-portions	Un enfant nouveau-né	Des enfants nouveau-nés
Un gant rouge	Des gants rouges	Un soupirail	Des soupiraux
Un pou	Des poux	Une plate-bande	Des plates-bandes

9 **Réponse :** ce corrigé est un exemple ; l'essentiel étant de respecter la consigne et de bien rédiger. Il fallait bien orthographier les chiffres… et le reste ! Il fallait utiliser des mots de liaison, respecter la ponctuation et éviter les répétitions.

Le football et le rugby sont des sports d'équipe. **Toutefois**, des différences importantes existent entre ces deux activités sportives. **En effet**, le football se joue exclusivement au pied, **alors qu'**au rugby les joueurs peuvent prendre le ballon avec leurs mains. Onze footballeurs composent une équipe qui s'oppose à une autre pendant deux mi-temps de quarante-cinq minutes **tandis que** les rugbymen sont quinze de chaque côté pendant deux fois quarante minutes. Les gardiens de but protègent leur cage pendant un match de football, cela n'existe pas dans l'autre sport.

Entraînement à l'épreuve n° 1

Attention !

- Le travail proposé dans les pages suivantes vous permettra d'aborder **différentes formes de questions** envisageables pour la partie « culture générale/français » de l'épreuve d'admissibilité.
- Le texte de l'arrêté du 22 octobre 2005 prévoit une interrogation sur les idées principales du document, suivie de deux questions au maximum. Nous vous en proposons plusieurs sur le même texte afin d'aborder de multiples entrées possibles et de vous aider à affiner votre compréhension.

UNE RENOMMÉE INTERNATIONALE

« Traiter les eaux usées, c'est bien. Le faire sans porter atteinte aux sites et sans gêne pour les riverains c'est mieux encore. [...] Plusieurs réalisations le long de la côte méditerranéenne apportent une démonstration éloquente de cette capacité à concevoir des ouvrages compacts respectant les paysages et d'où n'émanent ni bruit, ni mauvaises odeurs. À Marseille, ce concept a permis de dissimuler une station sous un stade, à Monaco dans un immeuble du centre-ville. Fruit de véritables prouesses techniques, la dernière née a été édifiée sur le site protégé du Cap Sicié près de Toulon. Totalement invisible depuis la terre, harmonieusement blottie au creux d'une falaise plongeant dans la mer, elle constitue un exemple d'osmose entre architecture, technologie et nature.

De telles réalisations contribuent aux succès de « l'école française de l'eau » sur les marchés internationaux. En 1996, les industriels français du traitement et de l'assainissement des eaux usées ont réalisé un chiffre d'affaires supérieur à quatre milliards de francs à l'étranger, soit plus de la moitié du total. La France jouissant d'une position mondiale de premier plan dans ce domaine, les investissements consentis nationalement n'induisent qu'une très faible part d'importations et de main-d'œuvre extérieure. La construction d'installations et, plus durablement leur gestion, se révèle créatrice d'emplois locaux. Une activité supplémentaire de l'ordre de 13 milliards de francs par an, correspondant aux investissements nécessaires pour tenir les délais communautaires et protéger le patrimoine de l'obsolescence, permettrait l'embauche de vingt-cinq mille personnes. La protection de l'eau peut aussi apporter une contribution positive à l'environnement économique et social ».

Pierre Parisot, *ENA mensuel*, octobre 1997.

Questions

1 Quelle phrase complète du texte pouvez-vous recopier pour justifier le titre de ce document ?

2 Définissez « eaux usées », « prouesses techniques ».

3 Quelles sont les idées essentielles de ce texte ?

4 *« Elle [station d'épuration] constitue un exemple d'osmose entre architecture, technologie et nature » :* que pensez-vous d'une telle réalisation ? Développez et structurez votre réponse en une vingtaine de lignes.

Proposition de réponses

1 **Phrase du texte justifiant le titre**

« De telles réalisations contribuent aux succès de l'école française de l'eau sur les marchés internationaux ».

REMARQUE

Intéressez-vous toujours au titre des textes proposés. Souvent, il représente une « clé » pour la compréhension de ce qui suit ; parfois il indique une idée principale du document.

2 **Définitions**

- **Eaux usées :** cette expression désigne l'eau rejetée par les installations et qui circule dans le réseau d'évacuation. Ce sont les eaux souillées soit par l'usage domestique (vaisselle, douches, etc.) soit par l'usage industriel.
- **Prouesses techniques :** le terme « prouesse » désigne un exploit ; il s'agit ici d'un exploit qui met en œuvre des savoir-faire spécialisés et une grande habileté dans un domaine (pointu) de compétences.

REMARQUE

Pour les définitions, il est essentiel de toujours se rapprocher du contexte dans lequel les termes sont à expliquer.

3 **Idées essentielles du texte**

- La France est en capacité de traiter les eaux usées en respectant l'environnement grâce à une technologie de pointe.
- La France est reconnue mondialement pour ses capacités d'épuration de l'eau.
- Les activités d'assainissement devraient créer des emplois.

4 **Rédaction d'une réponse organisée (éléments de réponse non exhaustifs)**

REMARQUE

Structurer, organiser une réponse, impose au candidat de réfléchir à la meilleure façon de proposer une réponse adaptée. Cela implique toujours une construction de la réponse, c'est-à-dire qu'il est nécessaire d'élaborer un plan et de le respecter. Votre travail est personnel, votre avis respectable, encore faut-il que vous l'étayiez, c'est-à-dire que vous devez proposer des idées argumentées, exemplifiées à bon escient, les affirmations n'ayant aucun intérêt pour le correcteur si aucun argument ne les explique ni ne les renforce.

Le traitement des eaux usées se réalise aujourd'hui aisément grâce à des procédés techniques à hautes performances. La coordination entre divers corps de métiers permet parfois l'édification d'une station d'épuration dans le respect de l'environnement local.

I - La nécessité de traiter les eaux souillées par les particuliers et celles souillées par les rejets industriels

– Les rejets domestiques sont essentiellement des matières organiques (savons, crèmes, etc.) mais leur quantité est telle qu'une auto-épuration est impossible par le milieu naturel (cours d'eau).

– Notre propre participation à la pollution des eaux (ex. : produits de bricolage rejetés dans les égouts) ajoutée à la pollution industrielle et agricole impose des traitements biochimiques importants pour éviter le déversement des eaux usées dans le milieu naturel.

II - L'importance de concilier paysage, nature et assainissement

– L'épuration des eaux usées requiert des dispositifs multiples : différents bassins conçus pour extraire les multiples polluants contenus dans ces eaux, traitements chimiques des agents polluants, etc. Cela implique des espaces importants pour construire les bassins et bâtiments nécessaires. S'ils sont extérieurs, le paysage peut être dénaturé.

– Les exemples du texte sont intéressants pour leur construction souterraine, toutefois toutes les régions françaises ne bénéficient pas de ces aménagements très coûteux.

– Le lagunage est un autre procédé d'épuration notamment utilisé en milieu rural : c'est une méthode biologique intéressante et moins coûteuse que les constructions précédentes, mais les lagunes imposent des surfaces au sol très importantes et les performances sont fonction des conditions climatiques.

La protection de l'environnement et de l'eau passe par une prise de conscience individuelle. Il est indispensable aussi que les stations d'épuration régénèrent les eaux usées dans un cadre d'hygiène publique et avec le souci de respecter le milieu naturel et les paysages dans lesquels les générations à venir évolueront.

- Les deux phrases d'introduction vous permettent de montrer au correcteur que vous avez compris la phrase du texte et, grâce à l'adverbe « parfois », vous laissez sous-entendre que c'est possible mais pas toujours réalisé ainsi.
- Définition des lagunes d'après l'Agence de développement et de maîtrise de l'énergie (ADEME) : les lagunes sont constituées de plans d'eau peu profonds, en général au nombre de trois. L'apport d'oxygène naturel, par échange avec l'atmosphère ou par photosynthèse des algues de surface, peut être complété exceptionnellement par des aérateurs pour stimuler l'activité biologique et diminuer les surfaces.

Entraînement à l'épreuve n° 2

Pour la première fois en France, une exposition nous raconte l'art des Indiens du Brésil, dans toute la splendeur d'un univers de plumes chatoyantes, de masques, de vanneries, de statuettes funéraires, d'objets rituels. Pour parodier la devise du général Custer, célèbre massacreur de Peaux-Rouges, il faut croire qu'au pays du foot et de la samba, un bon Indien est un Indien « muséifié », tant il paraît exotique que le Brésil exporte comme emblème culturel ces « primitifs » – que la Constitution considère toujours comme mineurs –, bafouant leurs droits, sourd à leurs revendications, aveugle sur les massacres qu'ils subissent encore aujourd'hui.

Il y a cinq siècles, l'Amazonie brésilienne comptait 5 millions d'Indiens répartis en 1 000 groupes différents. Ils ne sont plus que 350 000, pour 220 ethnies, dont certaines comptent moins de 10 membres. Et l'Amazonie est leur territoire : ces 7 millions de kilomètres carrés de fantasmes édéniques, où se dissimulent une cinquantaine de groupes non contactés, recèlent 50 % de la biodiversité de la planète, 20 % de ses réserves en eau douce et continuent de subir une déforestation sauvage, un saccage écologique ahurissant. Et sans forêt, plus d'Indiens. Car, au-delà d'un espace vital, la nature structure leurs sociétés dans une relation au vivant, au cosmos, à leurs ancêtres, bien loin des clichés écologiques – un mot, un concept inexistant dans les 170 langues encore parlées en Amazonie.

Aussi ce numéro propose-t-il de prolonger cette exposition en campant sans complaisance ni naïveté le paysage géographique, politique et ethnologique d'une cause qui nous concerne tous, l'acceptation et la protection de la diversité humaine. Car, écrivait déjà Claude Lévi-Strauss dans *Tristes Tropiques* en 1955 : « *L'humanité s'installe dans la monoculture, elle s'apprête à produire la civilisation en masse, comme la betterave.* »

Bernard Mérigaud, *Télérama hors-série*, mars 2005.

Questions

1 Vous rédigerez une phrase bien construite qui résume l'idée dominante de ce texte.

2 Recopiez le second paragraphe de ce texte en écrivant en lettres toutes les données chiffrées.

3 Pendant quatre mois, de mars à juin 2005, une exposition sur « l'art des Indiens du Brésil » était visible dans un musée de Paris. D'après vous, que pouvait apporter cette exposition aux visiteurs d'une part, aux Indiens du Brésil d'autre part ?

Proposition de réponses

1

Idée dominante du texte

Les Indiens d'Amazonie demeurent sans droits fondamentaux et disparaissent peu à peu, au même rythme que la déforestation, alors que dans les sociétés occidentales retentissent des alarmes écologiques.

Remarque

On vous demande une phrase bien construite. Cela implique une phrase complète : un sujet, un verbe et un ou des compléments. La réponse proposée ici est rédigée sous la forme d'une longue phrase. La mise entre virgules d'un groupe de mots permet de renforcer le parallèle avec l'idée précédente ; la locution (*alors que*) qui relie les deux propositions de la phrase indique une simultanéité des événements.

2

Réécriture du deuxième paragraphe

Il y a cinq siècles, l'Amazonie brésilienne comptait cinq millions d'Indiens répartis en mille groupes différents. Ils ne sont plus que trois cent cinquante mille, pour deux cent vingt ethnies, dont certaines comptent moins de dix membres. Et l'Amazonie est leur territoire : ces sept millions de kilomètres carrés de fantasmes édéniques, où se dissimulent une cinquantaine de groupes non contactés, recèlent cinquante pour cent de la biodiversité de la planète, vingt pour cent de ses réserves en eau douce et continuent de subir une déforestation sauvage, un saccage écologique ahurissant. Et [...] dans les cent soixante-dix langues encore parlées en Amazonie.

3

Rédaction (éléments de réponse non exhaustifs)

Aller voir une exposition constitue une distraction, un plaisir. C'est aussi un accès à de nouvelles connaissances. En France, l'année 2005 a été l'année du Brésil et ce fut l'occasion de montrer des productions artistiques des Indiens d'Amazonie. Quelles retombées pouvait avoir cette exposition ?

I - Les apports culturels de l'exposition

– *Géographiques : le Brésil, la forêt vierge, etc. ;*
– *écologiques : la prise de conscience de la déforestation sans borne ;*
– *ethniques et artistiques : qui sont les Indiens d'Amazonie, leur diversité culturelle à travers les vanneries, statuettes, objets divers, etc.*

La découverte de cette partie de la population brésilienne permet un questionnement sur leur non-considération. Ces hommes et ces femmes sont dépourvus de droits fondamentaux : les droits de l'Homme.

II - Une mobilisation éventuelle/potentielle en faveur des populations indigènes d'Amazonie

– *Possibilité/espoir d'un autre regard, d'une autre considération de l'Indien qui n'apparaîtrait plus comme le « Peau-Rouge primitif » ;*
– *une meilleure connaissance de ces ethnies partagée par plus de monde en France et pourquoi pas en Europe ;*
– *la protection possible de leur patrimoine artistique ;*

– *une mobilisation de l'Occident pour la protection de la forêt amazonienne (écologie), lieu de vie et de diversité humaine.*

Au-delà du plaisir des yeux et de l'accès à la connaissance d'une autre forme d'art, la visite d'une telle exposition peut permettre la prise de conscience « qu'ailleurs » certains humains ont besoin d'une large mobilisation des populations favorisées pour l'obtention de droits humains fondamentaux.

Entraînement à l'épreuve n° 3

BOUTEILLES SOUS SURVEILLANCE

Eaux minérales et eaux de source doivent sortir parfaitement pures d'une source profonde et ne subir aucun traitement avant embouteillage. Un exploit à une époque où l'on constate avec effroi la pollution des sols, et où chacun connaît, grâce à sa facture, le prix du traitement pour rendre l'eau du robinet potable. Comment font Évian, Perrier, Vittel, Cristaline, Quézac, Ogeu, Hépar et les autres pour que leurs eaux jaillissent, depuis parfois un siècle, vierges de toute impureté, et qu'elles se conservent pendant des semaines avant que le consommateur n'ouvre sa bouteille ?

La meilleure preuve de leur pureté originelle est la présence d'une flore normale. Il a été démontré que cette flore représente une défense naturelle contre une contamination microbienne et qu'elle protège l'eau en bouteille. C'est donc sur ce trésor que veillent les entreprises qui exploitent ces sources. Elles sont soumises à une réglementation spécifique, effectuent quotidiennement leurs propres contrôles microbiologiques et physico-chimiques. Elles sont surveillées par les services publics *via* le laboratoire d'hydrologie rattaché à l'Afssa, Agence française de la sécurité sanitaire alimentaire de la Direction générale de la Santé. Ce laboratoire spécialisé dans l'analyse microbiologique et physico-chimique des eaux en bouteille vérifie la stabilité de l'eau, étudie son état d'équilibre par rapport aux phases d'exploitation, et s'assure qu'aucune pollution accidentelle n'est survenue. Il n'est en effet pas question de modifier la microbiologie d'une eau minérale. En revanche, le laboratoire peut évaluer l'opportunité de séparer les éléments instables, tels que les composés du fer, du manganèse et du soufre, par filtration ou décantation. On peut aussi éliminer totalement ou en partie le gaz carbonique, ou bien réincorporer du gaz venant du gisement ou ajouter du gaz d'une autre origine que celle du gisement. C'est le cas de Vittelloise. Le laboratoire d'hydrologie centralise tous les résultats des contrôles réglementaires effectués par les laboratoires régionaux agréés sur toutes les eaux minérales depuis 1937 ! L'eau minérale est donc tenue d'offrir une qualité constante qui ne varie ni en fonction des débits, ni en fonction des années. Une contrainte qui ne pèse pas sur l'eau de source.

Il n'est pas obligatoire d'afficher la composition des eaux de source puisque celle-ci peut varier avec le temps et qu'elles n'ont pas d'effet sur la santé. Elles sont donc banalisées par rapport aux eaux minérales, et se vendent à des prix un tiers moins élevés. Le nom de la source a parfois même été estompé par celui d'une marque de distributeur ou par un nom de marque. Par exemple, la marque Cristaline s'affiche sur les bouteilles des eaux de dix-sept sources situées aux quatre coins de la France. Aujourd'hui, cependant, la législation exige que le nom de la source soit inscrit en caractères une fois et demie plus gros que le nom de la marque commerciale.

▸▸▸

▸▸▸

On trouve aussi ces eaux sous forme de bonbonnes de 18,9 litres sur des fontaines, dans des lieux publics ou dans les bureaux. Le nom de la source, à ce moment-là, n'apparaît même pas, et pour les contenants de plus de 10 litres l'appellation est « eau de boisson », bien qu'il s'agisse de la même eau de source que celle vendue en bouteille d'un litre et demi ! Des considérations de marché qui n'enlèvent rien à leur pureté naturelle.

Car les eaux de source sont aussi d'origine souterraine, microbiologiquement saines et protégées contre les risques de pollution, aptes à la consommation humaine sans traitement, hormis, à l'instar de ce qui est permis pour les eaux minérales, l'aération, la décantation et la filtration, qui ne doivent pas modifier leur composition. En revanche, l'eau de source doit être potable et répondre à tous les critères définis par la directive régissant l'eau d'adduction. Ce qui n'est pas le cas pour l'eau minérale. L'eau minérale n'est en effet pas potable au sens strict. Sa teneur en minéraux et oligo-éléments peut être supérieure à celle définie par la directive européenne relative à la qualité des eaux destinées à la consommation humaine. Vichy-Célestins, par exemple, présente un taux de sodium de 1 172 mg/l, Vichy-St-Yorre de 1 708 mg/l, alors qu'une eau potable ne devra pas dépasser 150 mg/l. Pour le fluor, la norme est de 1,5 mg/l, alors que Vichy-Célestins en affiche 6 mg/l et Vichy-St-Yorre 9 mg/l. C'est pour cette raison qu'elles ne sont pas jugées « potables », c'est-à-dire consommables aveuglément et sans limite. Des étiquettes indiquent d'ailleurs ces taux, pour avertir le consommateur qui, selon ses besoins, devra veiller à ne pas abuser de telle ou telle eau. Ou au contraire se verra prescrire telle ou telle autre.

Eaux minérales ou eaux de source, elles sont donc toutes interdites de traitement. On imagine bien que les exploitants font tout pour protéger le pouvoir épurateur du sol aux alentours de leur zone de captage. Le sous-sol joue en effet pour eux le rôle de moyen de production.

Le Particulier pratique, n° 237, juin 1999.

Questions

1 Qu'est-ce que la flore ?

2 Quelles sont les différences essentielles entre les eaux minérales et les eaux de source ?

3 Énoncez les deux idées principales de ce texte.

4 Est-il préférable de boire de l'eau en bouteille plutôt que de l'eau du robinet ? Justifiez votre réponse.

Proposition de réponses

1 **Définition**

La flore désigne l'ensemble des fleurs, des plantes ; c'est l'ensemble des espèces végétales.

2 **Différences entre eaux minérales et eaux de source**

- L'eau minérale a une provenance unique, une qualité et une composition qui restent invariables, non soumises au débit de la source. Elle peut avoir un effet thérapeutique, ce qui n'est jamais le cas de l'eau de source. Les eaux de source se vendent moins cher que les minérales. Pour une même eau de source, la composition varie selon son lieu de provenance.
- L'eau de source est toujours potable, sans risque de teneur excessive en minéraux ou oligo-éléments, alors que certaines eaux minérales peuvent contenir des ions préjudiciables (ex. : sodium) pour la santé de certains consommateurs (qui doivent donc être attentifs).

3 **Deux idées principales du texte**

- Les eaux en bouteille sont toutes pures et jamais traitées.
- La flore constitue une barrière naturelle contre la pollution des sources : sa protection reste donc essentielle.

4 **Rédaction (éléments de réponse non exhaustifs)**

Nous avons le choix de consommer différents types d'eau : minérale, de source, du robinet. Doit-on privilégier la bouteille d'eau à l'eau du robinet ?

I - Comment effectuer son choix ?

a) *Les inconvénients de la consommation des différentes eaux :*

– *coût de l'eau en bouteille ;*

– *obligation de portage des bouteilles (réel problème pour les personnes âgées, handicapées, etc.) ;*

– *difficulté du choix de l'eau minérale selon sa composition (bébés/taux de sodium élevé/enfant et fluor, etc.) ;*

– *goût parfois désagréable de l'eau de robinet du fait des traitements chlorés ;*

– *risque de conduites d'eau contenant du plomb dans les vieilles constructions (avant 1950) ;*

– *l'eau du robinet peut ne pas être potable dans certains pays.*

b) *Les avantages des différentes eaux :*

– *certaines eaux minérales peuvent être recommandées par un médecin au cas par cas ;*

– *l'eau de source est moins onéreuse que l'eau minérale ;*

– *l'eau de source est préconisée pour les nourrissons, les eaux faiblement minéralisées également ;*

– *sécurité alimentaire assurée quelle que soit l'eau ;*

– *l'eau du robinet est potable et accessible à tous dans notre pays où des contrôles sanitaires réguliers sont effectués (affichage municipal/DDASS).*

II - Chacun selon son choix…

Boire de l'eau en bouteille ou de l'eau du robinet reste une question de choix personnel. Celui-ci ne relève pas, ***dans notre pays****, d'une considération sanitaire. Les sels minéraux contenus dans l'eau apportent des éléments indispensables à notre organisme. La chloration de l'eau du robinet assure une protection notable de l'eau qui passe par les tuyaux de distribution. Le goût parfois désagréable, provoqué par le chlore, peut disparaître si l'on aère l'eau du robinet, c'est-à-dire si on ne la consomme pas immédiatement après l'avoir faite couler. La dépense ménagère est moins importante et la disponibilité de l'eau est continue.*

Aucune étude n'indique la préférence à donner à la consommation d'eaux en bouteille en France. Dans les pays occidentaux, l'eau du robinet peut être consommée sans crainte. Des précautions doivent être prises lors de voyages à l'étranger lorsqu'on n'est pas certain de la qualité sanitaire de l'eau ; il est alors préférable d'acheter de l'eau en bouteille.

Entraînement à l'épreuve n° 4

Dormir du sommeil du juste, beaucoup en rêvent. Un français sur cinq prendrait chaque soir un somnifère ou un tranquillisant – un record du monde ! – pour tenter de plonger dans les bras de Morphée. Les plaintes d'insomnie gagnent du terrain, tout comme le simple « mal dormir » que nous avons tous connu ou connaîtrons au moins une nuit dans notre vie. Mais ce que chacun d'entre nous se doit surtout d'expérimenter et de comprendre, c'est qu'un sommeil de qualité s'apprend, se gagne et se gère. Et ce, que l'on fasse partie des petits ou des gros dormeurs, des couche-tôt ou des couche-tard.

Le sommeil a longtemps été considéré comme « du temps perdu ». À tort. D'une part, il nous est nécessaire ; d'autre part, il constitue une autre forme d'activité de notre organisme. « *Sa fonction exacte est encore inconnue. Les chercheurs approchent cette question en étudiant les situations de privation de sommeil et ses effets* », explique Damien Léger, directeur du centre de sommeil de l'Hôtel-Dieu à Paris. Le sommeil influerait sur notre équilibre immunitaire, la régulation de la température de notre corps mais aussi de notre métabolisme. Sur le plan physique, il sert à restaurer les énergies pour le jour. Il permet aussi de récupérer mentalement. Les experts soulignent encore l'importance de son rôle dans la mémorisation et l'assimilation des connaissances, dans la croissance et la maturation du système nerveux chez l'enfant. Et puis, il fait travailler l'imaginaire… Bref, il participe à notre équilibre physique et psychologique. Impossible de s'en priver.

Nos nuits sont la succession de plusieurs cycles de sommeil (3 à 6), qui durent chacun entre une heure et deux heures. Ces cycles correspondent à trois états très différents :

– le sommeil lent, plutôt situé en début de nuit et qui comprend quatre stades en fonction de la profondeur du sommeil (1 et 2 = sommeil lent léger, 3 et 4 = sommeil lent profond) ;

– le sommeil paradoxal (le moment des rêves), plus en fin de nuit ;

– l'éveil (« *il y a un certain nombre d'éveils au cours du sommeil et, quand on dort bien, on est bien réveillé* », précise Damien Léger).

Les deux phases les plus « réparatrices » : le sommeil lent profond et le sommeil paradoxal, le premier au niveau physique, le second sur le plan mental. À eux deux, ils représentent quasiment la moitié de la durée d'une nuit.

C'est notre horloge biologique qui nous dit quand dormir. Cette constante génétique « *tourne normalement sur 24 heures, mais pour la plupart des gens elle se situe un peu au-dessus, entre 24,2 et 24,8* », souligne le Dr Léger. Et puisqu'elle détermine le sommeil et l'éveil ainsi que de nombreux autres rythmes biologiques de l'organisme, mieux vaut l'écouter le plus possible. Autrement dit, se coucher ni trop tôt ni trop tard (avant ou après son heure habituelle) pour ne pas rater le train du sommeil. Comme à la SNCF, pas de qualité sans régularité ! Au rayon des principales recommanda-

▸▸▸

tions du Dr Léger, se lever et se coucher à heures régulières figure d'ailleurs en tête de gondole. Autres conseils, dans l'ordre, pour emprunter le chemin adéquat sur l'itinéraire des bonnes nuits :

– Dès que les signes de fatigue (picotements des yeux, bâillements, frissons) apparaissent, dirigez-vous vers votre lit.

– Ne passez pas trop de temps au lit, sinon vous risquez d'être plus fatigué que reposé : pas plus de 8 heures par 24 heures. « *Essayer de récupérer sur une journée n'a pas grand intérêt ; la récupération se fait sur une semaine.* »

– Ne débordez pas d'activité dans les heures qui précèdent l'endormissement. « *Il faut descendre en fonctionnement, privilégier des activités de repos, chacun ayant les siennes.* » À rechercher : la détente, la relaxation physique et mentale, tout ce qui atténue stress et anxiété. Faites le vide dans votre tête. Réviser ses cours pour les élèves ou corriger des copies pour les profs juste avant le sommeil n'est pas recommandé. L'activité physique en fin de journée non plus car elle relance les mécanismes de l'éveil.

– Ne dînez pas trop copieusement. Évitez les surcharges en graisse et en protéine (viande), préférez les sucres lents (pâtes, pommes de terre). Évitez aussi les excitants (café, thé, vitamine C, alcool). Prévoyez au moins une heure entre la fin du repas et le coucher.

– Diminuez au maximum les bruits (ne laissez pas votre téléphone dans votre chambre, ni votre ordinateur y ronronner, etc.), veillez à ce que la température ambiante ne dépasse pas 20 °C, essayez de faire le noir le plus possible (mettez un masque si besoin).

– Ne prenez pas une douche ou un bain chaud le soir, surtout si vous avez des problèmes de sommeil, car ils augmentent la température du corps qui doit au contraire baisser pour favoriser l'endormissement.

Le confort et l'environnement psychologique (literie, oreiller dur ou mou, cadre de la chambre, nounours ou doudou, petits rituels, position du corps) comptent également car ils contribuent au bien-être. « *Mais, il n'y a pas de règles* », affirme le Dr Damien Léger. Une dernière tout de même : le lit est essentiellement fait pour dormir, non pour manger, travailler ou regarder la télévision !

Séverine Baunhol, *Valeurs mutualistes*, n° 238, juillet-août 2005.

Questions

1 **Découpez ce texte en quatre parties.**

La première représentera l'introduction. Vous donnerez un titre aux trois suivantes compte tenu de l'idée principale de chacune de ces parties.

2 **Expliquez les expressions suivantes :**

– « dormir du sommeil du juste »,
– « plonger dans les bras de Morphée »,
– « en tête de gondole ».

3 **Écrivez le premier paragraphe au conditionnel présent.**

4 **Que répondriez-vous à quelqu'un qui vous interroge sur l'importance du sommeil chez l'enfant ?**

Proposition de réponses

1

Découpage du texte

- Le premier paragraphe constitue la « première partie » que vous deviez dénommer introduction.
- La seconde partie va de : « Le sommeil a longtemps été considéré… » à « Impossible de s'en priver ».

Titres possibles :
- Dormir est essentiel à la vie
- Le sommeil est essentiel à notre équilibre
- On ne peut pas vivre bien sans dormir

- La troisième partie va de « Nos nuits sont la succession… » à « pas de qualité sans régularité ! ».

Titres possibles :
- Connaître son sommeil
- Les rythmes (biologiques) du sommeil

- La quatrième partie va de « Au rayon des principales recommandations » à « regarder la télévision ! ».

Titres possibles :
- Des conseils élémentaires pour de bonnes nuits
- Sommeil et hygiène de vie
- Quelques règles à respecter pour bien dormir

2

Explication d'expressions

- « **Dormir du sommeil du juste** » signifie avoir un sommeil calme, tranquille, paisible.
- « **Plonger dans les bras de Morphée** » **:** cette métaphore (image littéraire) signifie s'endormir. Morphée était le dieu grec de la nuit, du sommeil.
- « **En tête de gondole** » **:** c'est une expression empruntée au langage commercial. Dans un supermarché, la gondole est un meuble de présentation des produits dont une extrémité est la tête. Ici, l'auteur compare le « rayon des principales recommandations » à une gondole de magasin.

3

Conditionnel présent

Dormir du sommeil du juste, beaucoup en rêveraient. Un français sur cinq prendrait chaque soir un somnifère ou un tranquilisant – un record du monde ! – pour tenter de plonger dans les bras de Morphée. Les plaintes d'insomnie gagneraient du terrain, tout comme le simple « mal dormir » que nous aurions tous connu ou connaîtrions au moins une nuit dans notre vie. Mais ce que chacun d'entre nous se devrait surtout d'expérimenter et de comprendre, c'est qu'un sommeil de qualité s'apprendrait, se gagnerait et se gèrerait. Et ce, que l'on fasse partie des petits ou des gros dormeurs, des couche-tôt ou des couche-tard.

4

Rédaction (éléments de réponse non exhaustifs)

Le sommeil est un besoin physiologique pour chaque individu. A-t-il une importance particulière chez les enfants ?

I - Pourquoi faut-il qu'un enfant dorme suffisamment ?

– Besoin essentiel chez tous les individus et quantité nécessaire de sommeil plus importante chez les enfants selon leur âge : les très jeunes ont besoin de 11 à 13 heures de sommeil par jour et la sieste est souvent nécessaire jusqu'à 5 ou 6 ans ;
– le sommeil permet à l'enfant de récupérer des forces après une journée d'éveil ;
– bien dormir permet à l'enfant une meilleure concentration à l'école ;
– un bon sommeil facilite l'attention, améliore les résultats scolaires, permet une vie plus harmonieuse.

II - Conditions nécessaires à un sommeil réparateur pour l'enfant

– Régularité des heures de coucher ;
– être attentif à la fatigue de l'enfant (signes annonciateurs : bâillements, humeur qui se dégrade, etc.) et le coucher sans attendre ;
– chambre calme et non surchauffée ;
– privilégier la détente et les jeux calmes avant le coucher, bannir la télévision qui énerve ;
– lorsque l'enfant est petit : une peluche, une histoire ou une comptine avant le coucher peuvent favoriser l'endormissement.

Chez l'enfant, le sommeil reste donc un besoin vital qu'il faut favoriser pour lui permettre un bon équilibre de santé physique et mentale. Chaque enfant aura, comme l'adulte, un rythme biologique dont il faudra tenir compte.

Fiche 1 - L'organisation générale de l'être humain

1. L'organisation du corps humain

A. Les niveaux d'organisation

Le corps humain est organisé selon plusieurs niveaux (**Fig. 1**) : les **appareils**, eux-mêmes constitués d'**organes**, eux-mêmes constitués de **tissus**, eux-mêmes constitués de **cellules**.

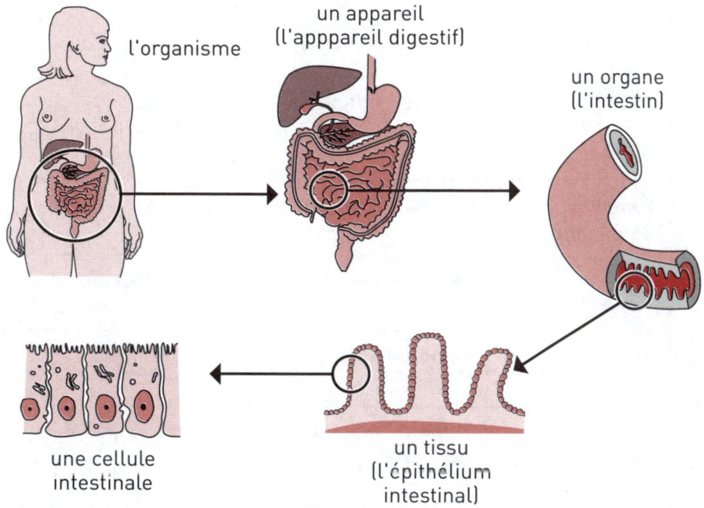

Fig. 1 - L'organisation du corps humain

Les différents niveaux d'organisation du corps humain

Élément anatomique	Définition	Exemple
Appareil	Ensemble d'organes qui accomplissent une même fonction	L'appareil circulatoire, qui comprend le cœur et les vaisseaux sanguins
Organe	Ensemble de tissus qui assurent une fonction spécifique	Le cœur, formé de tissus musculaires, nerveux...
Tissu	Ensemble de cellules qui accomplissent une fonction spécifique. Il existe plusieurs sortes de tissus.	La peau dans sa partie superficielle est formée de cellules juxtaposées (tissu épithélial).
Cellule	Unité de base de l'organisme	Une cellule musculaire

Question

La peau est un tissu.

❐ Vrai ❐ Faux

Solution à la fin de la fiche.

B. Les fonctions de l'organisme

Trois grandes **fonctions**, assurées par les appareils, permettent à l'organisme de vivre.

Fonctions et appareils de l'organisme

Fonction assurée	Appareil ou système participant à la fonction	Principaux organes constitutifs de l'appareil ou du système	Rôle de l'appareil ou du système
Fonction de nutrition	**Appareil respiratoire**	Fosses nasales, pharynx, larynx, bronches, poumons	Permet les échanges gazeux.
	Appareil digestif	Estomac, intestin	Permet la transformation des aliments en nutriments et leur absorption.
	Appareil circulatoire	Cœur, vaisseaux sanguins	Assure la distribution des produits apportés par les appareils respiratoire et digestif.
	Appareil urinaire	Reins, vessie	Assure l'élimination d'une grande partie des déchets.
Fonction de relation	**Système nerveux**	Cerveau, nerf, moelle épinière	Ordonne et coordonne les activités de l'organisme.
	Organes des sens	Yeux, oreilles, peau	Permettent d'entrer en contact.
	Appareil locomoteur	Os, muscles	Permet le déplacement.
Fonction de reproduction	**Appareil génital masculin**	Testicules, pénis	Assure la production de spermatozoïdes et de testostérone.
	Appareil génital féminin	Utérus, ovaires	Assure la production d'ovules, d'œstrogènes et de progestérone.

Questions

1) Les reins sont des organes des appareils génitaux.

❐ Vrai ❐ Faux

2) Nommez la sécrétion composée essentiellement d'eau éliminée au niveau de la peau.

Solutions à la fin de la fiche.

2. Les constituants de la matière vivante

La matière vivante, matière qui constitue les êtres vivants, comprend trois catégories d'éléments : l'**eau**, des **éléments minéraux** et des **éléments organiques**.

A. L'eau

L'**eau** (**70 %** de la masse corporelle) participe à la **constitution** des cellules et liquides de l'organisme (sang), au **transport** des substances (circulation sanguine) et à la **décomposi-**

tion de certains composés chimiques (hydrolyse). Les apports d'eau journaliers doivent couvrir les pertes. On estime à environ **2,5 litres** les pertes journalières (sueur, urines, vapeur d'eau pulmonaire) et à environ **2,5 litres** les apports journaliers (boissons, aliments).

B. Les éléments minéraux

Les **éléments minéraux** (fer, calcium, sodium...) participent à l'**édification** du squelette (calcium des os) mais interviennent aussi dans divers phénomènes : influx nerveux, coagulation, contraction musculaire...

C. Les composés organiques

1) Les protides, lipides, glucides

Les protides, lipides et glucides sont tous composés d'atomes d'**hydrogène** (H), d'**oxygène** (O), de **carbone** (C), ainsi que d'atomes d'**azote** (N) pour les protides.

2) Les acides nucléiques

Les acides nucléiques sont formés de **nucléotides** (molécules résultant de l'union d'une molécule de **sucre**, d'une molécule d'**acide phosphorique** et d'une molécule de **base azotée**) :
– si le sucre est du **désoxyribose**, l'acide nucléique est de l'**ADN (acide désoxyribonucléique présent dans le noyau** de la cellule et support de l'information génétique) ;
– si le sucre est du **ribose**, l'acide nucléique est de l'**ARN** (acide ribonucléique présent dans le noyau de la cellule et transporteur de l'information génétique).

3) Les vitamines

L'organisme ne peut pas les fabriquer. Présentes dans l'alimentation, elles lui sont nécessaires.

Questions

1) Les éléments minéraux sont des composés organiques.
❐ Vrai ❐ Faux

2) Qu'est-ce qu'une vitamine ?

3) La membrane de la cellule permet les échanges cellulaires.
❐ Vrai ❐ Faux

Solutions à la fin de la fiche.

3. La cellule

La cellule (**Fig. 2**) est l'unité de base de tous les êtres vivants. L'être humain est un organisme pluricellulaire formé de milliards de cellules de forme et de taille variables.

A. Structure de la cellule

1) La membrane cellulaire

- La membrane cellulaire est une membrane continue constituée de trois feuillets (phospholipides et protéines). Elle est élastique et perméable.
- Elle enveloppe, délimite la cellule et contrôle les échanges cellulaires.

2) Le cytoplasme et ses organites

- Le **cytoplasme** est la partie comprise entre la membrane et le noyau cellulaire. On y trouve des organites au rôle particulier.
- Les **mitochondries** (petits bâtonnets allongés dont la membrane forme des crêtes) fournissent l'**énergie** à la cellule et assurent la **respiration** cellulaire.
- Les **ribosomes** (petits organites sphériques) synthétisent les **protéines**.
- Le **réticulum endoplasmique lisse** (réseau de canaux à l'aspect de labyrinthe) synthétise les lipides et les transporte à travers le cytoplasme.
- Le **réticulum endoplasmique granuleux** (réticulum lisse portant des ribosomes) reçoit les protéines fabriquées par les ribosomes et les transporte vers l'appareil de Golgi.
- L'**appareil de Golgi** (sacs aplatis à l'aspect de labyrinthe) stocke et distribue les protéines.
- Les **2 centrioles** (qui ont l'aspect de 2 cylindres) jouent un rôle lors de la multiplication cellulaire.
- Les **lysosomes** (petits sacs sphériques) détruisent par digestion enzymatique les éléments indésirables à la cellule.
- Les **inclusions** sont des réserves de lipides et de glycogène.

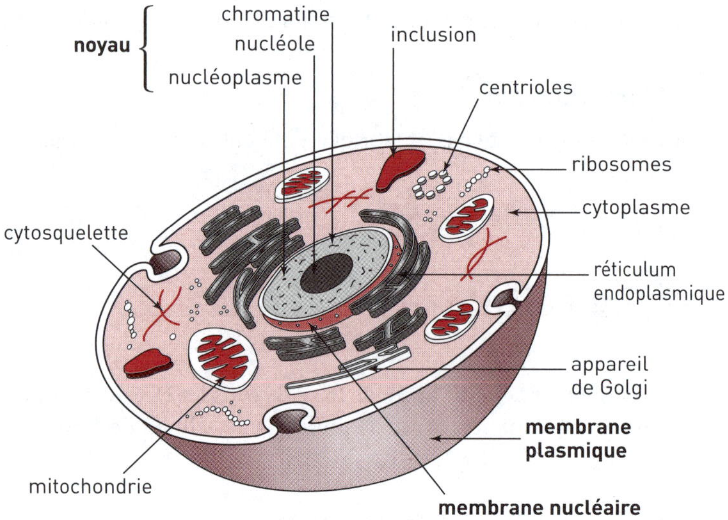

Fig. 2 - L'organisation générale de la cellule

3) Le noyau cellulaire

Constituant	Caractéristiques et rôles
Membrane nucléaire	Elle délimite le noyau et assure les échanges entre le noyau et le cytoplasme
Chromatine	Substance constituée de filaments d'ADN formant les chromosomes
Nucléole	Petit organite sphérique riche en ARN
Nucléoplasme	Il contient les organites cellulaires et des enzymes.

B. Les échanges membranaires

Des **échanges** se produisent entre la cellule et son milieu, dans lequel elle trouve des substances nutritives et rejette ses déchets ou les produits qu'elle fabrique.

1) Le passage des solutés

Le passage de l'eau se fait par **osmose** (du milieu le moins concentré vers le milieu le plus concentré).

2) Le passage des petites particules

Par phénomène **simple**, les **petites** particules hydrosolubles **diffusent** au travers de la membrane cytoplasmique.

3) Le passage des grosses particules

Par phénomène **actif** de la membrane (déformation), les grosses particules peuvent être captées (**endocytose**) ou rejetées (**exocytose**).

4. L'information génétique et la multiplication cellulaire

Au moment de la reproduction cellulaire, la molécule d'ADN contenue dans le noyau se scinde en un certain nombre de fragments : les **chromosomes**.

A. Les supports de l'hérédité

1) Les chromosomes

- Un chromosome (**Fig. 3**) est un ruban d'ADN contenu dans le noyau cellulaire, qui peut être observé au cours de la division cellulaire. En effet, à ce moment-là, les chromosomes sont ramassés, condensés en petits bâtonnets suffisamment épais pour être vus au microscope.

Question

Indiquez le rôle du noyau cellulaire.

Solution à la fin de la fiche.

Dans des conditions d'observation favorables, on remarque que chaque chromosome est formé de **deux unités** semblables (**chromatides**) unies par un centre (**le centromère**).

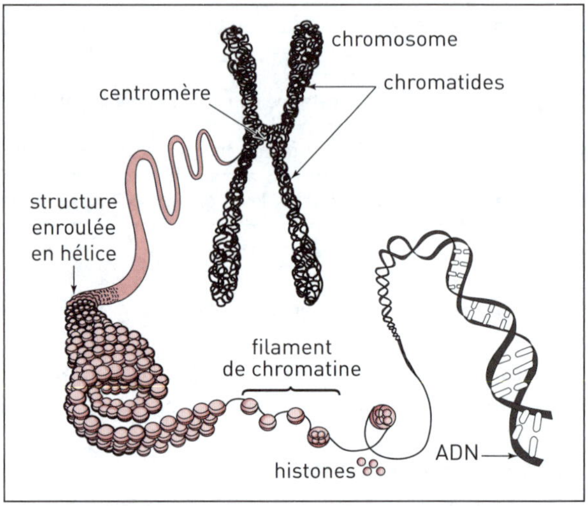

Fig. 3 - Un chromosome

- Chaque cellule du corps humain (**cellule somatique**) contient **23 paires** de chromosomes, sauf les cellules sexuelles (**gamètes**) qui contiennent **23 chromosomes**.
- Les deux chromosomes des paires 1 à 22 sont **identiques** et appelés **chromosomes homologues**. Les **caryotypes** (= photographie des chromosomes d'une cellule) de l'homme et de la femme diffèrent par une seule paire de chromosomes appelés **chromosomes sexuels**. Ils sont identiques chez la femme : ce sont les **chromosomes XX**, et différents chez l'homme : ce sont les **chromosomes XY**.
- L'ensemble des chromosomes chez un individu est représenté par sa **formule chromosomique** : chez l'**homme 44 + XY** (22 paires de chromosomes homologues et une paire de chromosomes sexuels XY) et chez la femme **44 + XX** (22 paires de chromosomes homologues et une paire de chromosomes sexuels XX).

2) Les gènes

- Les unités portées par les chromosomes, responsables des caractéristiques des individus (couleur des yeux, des cheveux…) sont appelées les **gènes**. Ils sont des petites portions de chromosomes.
- Un même gène peut exister sous différentes versions, appelées **allèles**. Pour un même gène, nos cellules peuvent posséder deux allèles identiques, ou deux allèles différents.

Questions

1) Qu'est-ce qu'un caryotype ?

2) Les cellules somatiques contiennent 44 chromosomes.

❒ Vrai ❒ Faux

Solutions à la fin de la fiche.

B. La transmission de l'hérédité

C'est au moment de la **fécondation** que sont transmises les informations génétiques. En effet, les 23 chromosomes de l'ovule et les 23 chromosomes du spermatozoïde se réunissent pour former les 23 paires de chromosomes de la cellule-œuf. La moitié des chromosomes d'un individu provient donc de son père, l'autre moitié de sa mère.

1) L'hérédité liée au sexe

Les caractères héréditaires s'expriment de façon particulière concernant les chromosomes sexuels (X et Y). Lors de la fusion des gamètes, plusieurs combinaisons sont possibles.

Les différentes combinaisons possibles

Père	Mère	Enfant
Spermatozoïde	Ovule	Caryotype
22 Chr + X	22 Chr + X	44 Chr + XX = une fille
22 Chr + Y	22 Chr + X	44 Chr + XY = un garçon

Remarque : C'est donc le père qui est responsable de la détermination chromosomique du sexe de l'enfant.

2) L'hérédité dominante et récessive

Pour un même caractère, par exemple la couleur des yeux, si les allèles issus de la mère et du père codent tous deux pour la couleur bleue, l'enfant aura les yeux bleus. En revanche, si l'un de ces allèles code pour la couleur marron, c'est le marron qui l'emportera, et l'enfant aura les yeux marron. Dans ce cas, l'allèle codant pour la couleur marron est dit **allèle dominant**. L'autre allèle qui n'apparaîtra pas (l'allèle codant pour le bleu dans notre exemple) est dit **récessif.** Seule la présence simultanée de deux allèles récessifs permet au caractère pour lequel ils codent de s'exprimer.

3) Les étapes de l'expression de l'information génétique de la cellule

L'information génétique stockée dans la molécule d'ADN sait produire des répliques d'elle-même.

- La **réplication** correspond à une **copie** de la molécule d'ADN à l'identique.
- La **transcription** correspond au **transfert** de la molécule d'ADN (présente dans le noyau cellulaire) à la molécule d'ARN messager (présente dans le cytoplasme de la cellule).
- La **traduction** correspond à la **fabrication**, au niveau des ribosomes, d'acides aminés à partir du message génétique porté par la molécule d'ARN messager.

C. La multiplication cellulaire

1) La multiplication des cellules somatiques : la mitose

- La **mitose** (**Fig. 4**) se caractérise par une duplication du matériel génétique et par une division de la cellule.
- Chaque cellule mère à 23 paires de chromosomes donne naissance à **2 cellules filles identiques** à 23 paires de chromosomes.
- Au cours du processus découpé en 4 phases (**prophase, métaphase, anaphase, télophase**), plusieurs phénomènes sont observés dans le noyau et dans le cytoplasme.

Entre les périodes de division cellulaire, la cellule est au repos (**interphase**).

Questions

1) Définissez l'hérédité liée au sexe.

2) Qu'est-ce que la réplication ?

Solutions à la fin de la fiche.

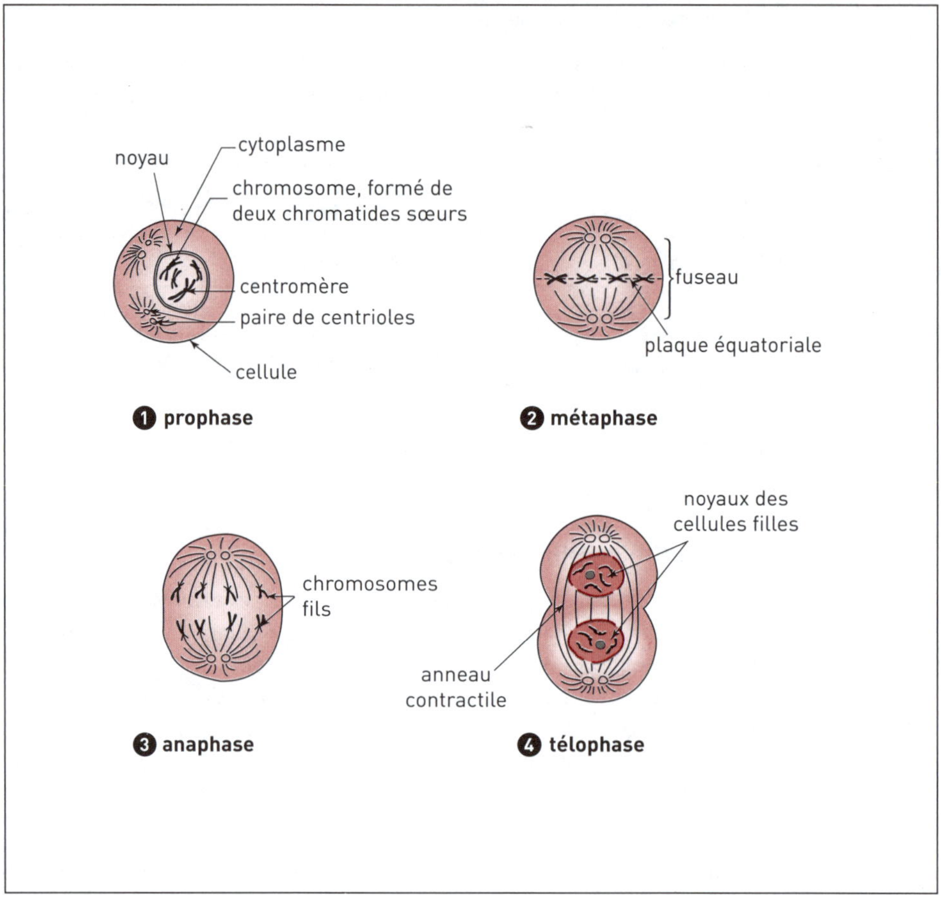

Fig. 4 - La mitose

– Pendant la prophase : l'enveloppe nucléaire disparaît, les chromosomes s'individualisent, les centrioles se séparent, des fibres rayonnantes apparaissent.
– Pendant la métaphase : le fuseau achromatique est mis en place, les chromosomes sont rassemblés sur la plaque « équatoriale ».
– Pendant l'anaphase : les chromosomes se fissurent au niveau du centromère en 2 chromatides qui migrent vers les 2 pôles de la cellule.
– Pendant la télophase : le fuseau disparaît, l'enveloppe nucléaire se reconstitue, les chromosomes s'épaississent, la membrane cytoplasmique s'étrangle, ce qui conduit à la formation de 2 nouvelles cellules filles rigoureusement identiques.

Questions

1) Qu'est-ce que la mitose ?

2) Indiquez le nombre de cellules résultant de la méiose.

Solutions à la fin de la fiche.

2) La multiplication des cellules sexuelles : la méiose

• Au cours de leur développement, les cellules sexuelles (spermatozoïdes et ovules) présentent une **méiose** (**Fig. 5**) qui aboutit à la formation de cellules ne possédant que la moitié du nombre de chromosomes des cellules dont elles dérivent.

• Au moment de la **spermatogenèse** (fabrication des spermatozoïdes), chaque spermatogonie donne naissance à 4 spermatozoïdes dont le noyau possède *n* chromosomes.

• Au moment de l'**ovogenèse** (fabrication des ovules), chaque ovogonie donne naissance à 1 ovule (noyau à *n* chromosomes) et 3 globules polaires.

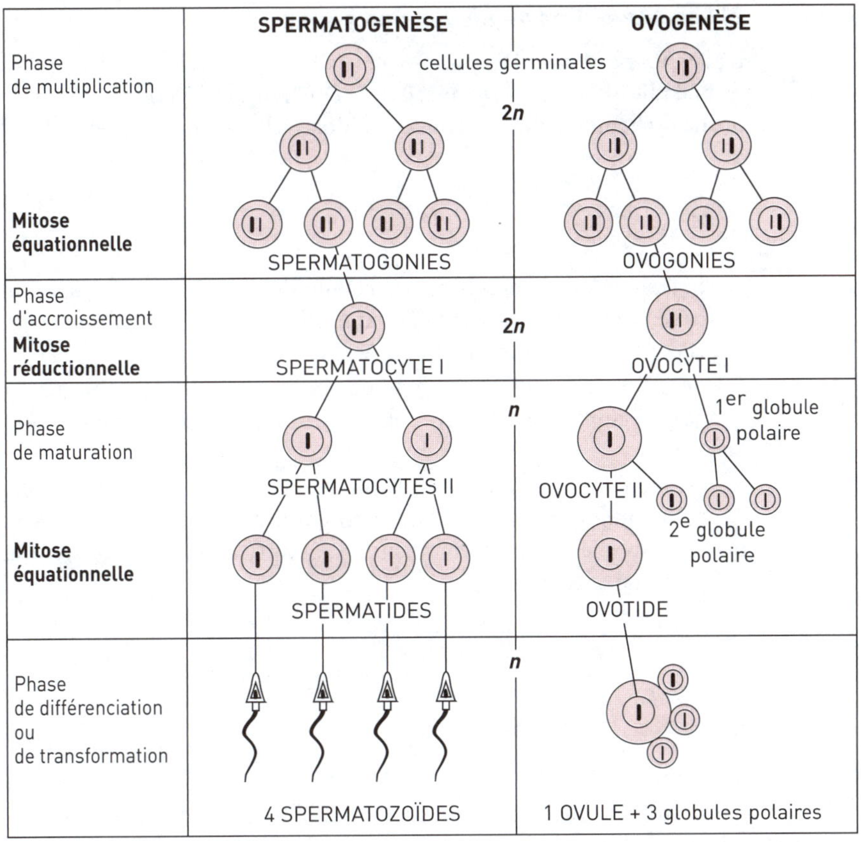

Fig. 5 - La méiose

5. Les anomalies du fonctionnement de la cellule

A. Les maladies génétiques

1) Les anomalies du nombre de chromosomes

- La **trisomie 21** (mongolisme) est une maladie génétique due à la présence d'un chromosome surnuméraire dans la 21e paire. Les individus porteurs de ce chromosome supplémentaire présentent un retard mental et un certain nombre d'anomalies physiques (insuffisance de tonus musculaire, visage plat et rond…).
- Le **syndrome de Turner** est caractérisé par l'absence, chez le sujet féminin, du second chromosome X. Le phénotype est féminin (puisqu'il n'y a pas non plus de chromosome Y) : l'aspect et les organes génitaux du sujet sont de type féminin.

2) Les anomalies au niveau des gènes

Des gènes porteurs d'une anomalie (un ou deux allèles atteints) peuvent être à l'origine de maladies, comme la **myopathie de Duchenne** (dégénérescence des muscles), l'**hémophilie A** (hémorragies), la **mucoviscidose** (altération du mucus digestif et bronchique).

B. Le cancer

- Une cellule cancéreuse est une cellule dont la croissance et la mitose ne sont plus contrôlées. Elle se divise de façon **anarchique** et produit alors des milliards de cellules qui constituent une **tumeur maligne**.
- Une cellule cancéreuse possède des caractéristiques spécifiques : un noyau volumineux, un cytoplasme plus granuleux et une membrane cytoplasmique présentant des anomalies.
- La tumeur va se développer et s'infiltrer dans les tissus voisins. Les cellules cancéreuses vont alors migrer par la circulation sanguine et lymphatique vers les ganglions lymphatiques. Puis elles envahissent ensuite les tissus sains pour former des **métastases**. À ce stade, le cancer est généralisé.

6. Les tissus

Un **tissu** est un assemblage de cellules différenciées de même type, liées pour l'accomplissement d'une fonction.

A. Les tissus de type épithélial

- Un tissu de type épithélial (**Fig. 6**) est un tissu constitué de cellules **juxtaposées.** Ces cellules peuvent être associées les unes aux autres comme un dallage (**épithéliums simples**) ou se présenter en couches superposées (**épithéliums composés**).

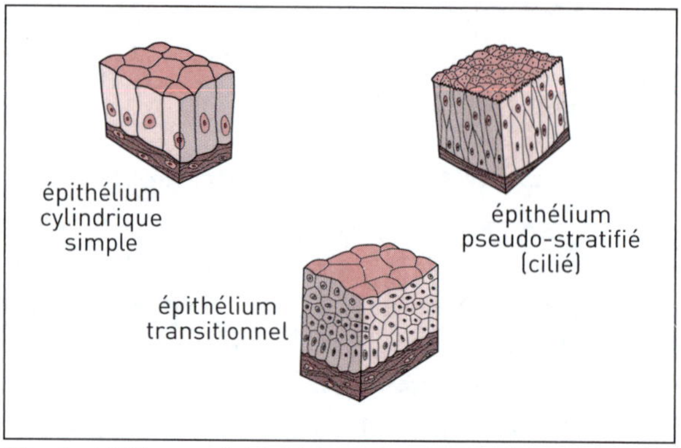

Fig. 6 - Différents épithéliums

Questions

1) Qu'est-ce qu'une maladie génétique ?

2) Qu'est-ce qu'une métastase ?

Solutions à la fin de la fiche.

- Les tissus épithéliaux recouvrent ou limitent le corps et les cavités de l'organisme (épithéliums de revêtement : tissu épidermique de la peau, par exemple).
- Les cellules peuvent sécréter un produit (**épithéliums glandulaires** ➔ *Voir Fiche 10*).

B. Les tissus de type conjonctif

- Le tissu **conjonctif** (**Fig. 7**) est un tissu de soutien, de remplissage, d'emballage des organes, constitué de cellules **disjointes**, éparpillées dans une **substance** fondamentale.
- La substance est composée de fibres de collagène et de fibres élastiques disposées en faisceaux; les espaces entre les fibres sont remplis d'un liquide ayant la consistance d'un gel.
- La substance peut également être **semi-liquide** dans le tissu conjonctif lâche (derme de la peau), **ferme** (dans les cartilages osseux), ou **très rigide** (dans l'os).

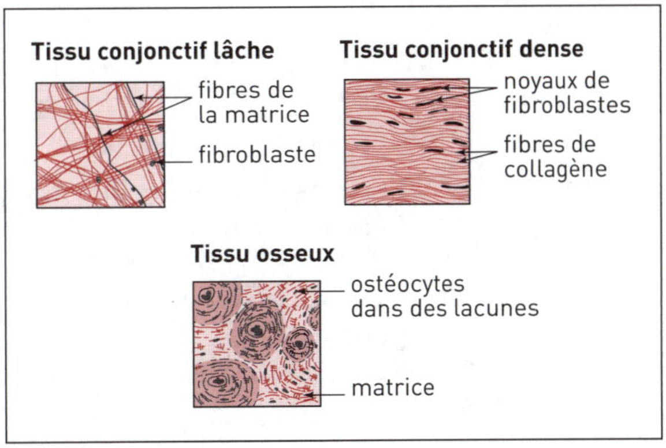

Fig. 7 - Les tissus conjonctifs

C. Les muqueuses et les séreuses

1) La muqueuse

- Une **muqueuse** est un tissu constitué par l'association d'un épithélium de revêtement comportant des cellules sécrétrices (qui sécrètent du **mucus**) et d'un tissu conjonctif sous-jacent.
- Une muqueuse tapisse les cavités de l'organisme qui sont en contact ou en relation avec le milieu extérieur (ex. : muqueuse nasale, muqueuse bronchique).

2) La séreuse

- Une **séreuse** est une membrane constituée uniquement d'un épithélium.
- Une séreuse recouvre certains organes mobiles, ainsi que la paroi des cavités dans lesquelles ils se trouvent, permettant ainsi les mouvements de l'organe (ex. : la plèvre entoure les poumons et tapisse la cavité thoracique).
- Une séreuse est donc constituée de deux feuillets qui délimitent un espace rempli de **liquide séreux** sécrété par les cellules épithéliales.

Questions

1) Indiquez la composition d'un tissu épithélial et d'un tissu conjonctif.

2) La plèvre est une muqueuse.

❐ Vrai ❐ Faux

Solutions à la fin de la fiche.

Corrigé des questions

Page 73

La peau est un tissu.
Réponse : Faux.

Page 74

1 **Les reins sont des organes des appareils génitaux.**
Réponse : Faux.

2 **Nommez la sécrétion composée essentiellement d'eau éliminée au niveau de la peau.**
Réponse : La sueur.

Page 75

1 **Les éléments minéraux sont des composés organiques.**
Réponse : Faux.

2 **Qu'est-ce qu'une vitamine ?**
Réponse : Une vitamine est une substance organique apportée par l'alimentation et indispensable au bon fonctionnement de l'organisme.

3 **La membrane de la cellule permet les échanges cellulaires.**
Réponse : Vrai.

Page 77

Indiquez le rôle du noyau cellulaire.
Réponse : Le noyau forme les chromosomes et détient les informations génétiques qui commandent le fonctionnement de la cellule.

Page 78

1 **Qu'est-ce qu'un caryotype ?**
Réponse : Un caryotype est la présentation photographique de la forme et du nombre des chromosomes d'une cellule.

2 **Les cellules somatiques contiennent 44 chromosomes.**
Réponse : Faux.

Page 79

1 **Définissez l'hérédité liée au sexe.**
Réponse : L'hérédité liée au sexe se définit par les caractères déterminés par les gènes des chromosomes sexuels.

2 **Qu'est-ce que la réplication ?**
Réponse : La réplication correspond au doublement de la quantité d'ADN avant chaque division cellulaire.

Page 80

1 **Qu'est-ce que la mitose ?**
Réponse : La mitose correspond à une division de la cellule au cours de laquelle l'ADN est dupliqué.

2 **Indiquez le nombre de cellules résultant de la méiose.**
Réponse : 4 cellules.

Page 82

1 **Qu'est-ce qu'une maladie génétique ?**
Réponse : Une maladie génétique est une maladie due à une anomalie de la structure ou du fonctionnement d'un gène. Elle se caractérise par des anomalies de la structure des tissus ou du métabolisme cellulaire.

2 **Qu'est-ce qu'une métastase ?**
Réponse : Une métastase est un ensemble de cellules cancéreuses disséminées par voie sanguine ou lymphatique, loin du foyer initial.

Page 83

1 **Indiquez la composition d'un tissu épithélial et d'un tissu conjonctif.**
Réponse : Un tissu épithélial est composé de cellules jointives ; un tissu conjonctif est composé de cellules non jointives noyées dans une substance fondamentale renfermant des fibres.

2 **La plèvre est une muqueuse.**
Réponse : Faux.

Entraînement 1 - L'organisation générale de l'être humain

1 Complétez la légende du schéma de la cellule observée au microscope électronique.

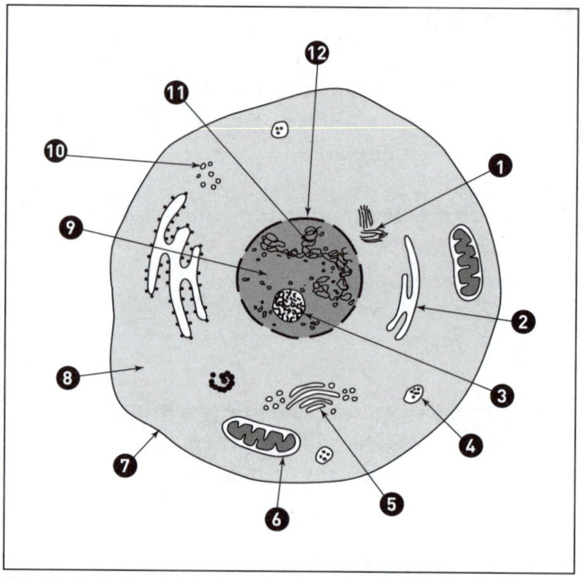

Fig. 1 Cellule observée au microscope électronique

....

....

....

....

....

....

2 Indiquez le rôle des éléments , , et .

....

....

....

3 Donnez un titre au document ci-dessous et nommez chaque phase.

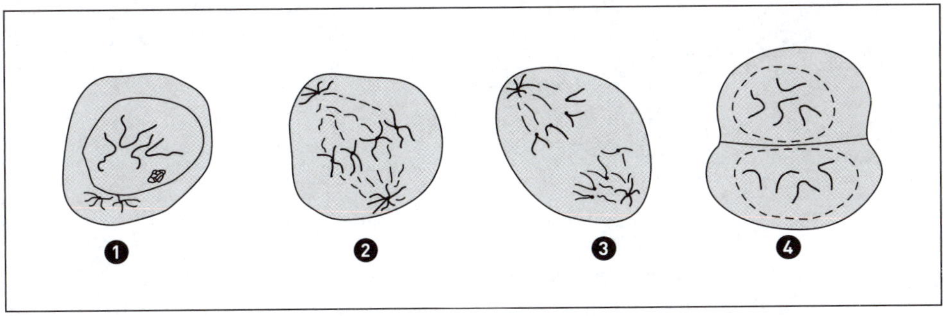

Fig. 2 - ....

....

4 Cochez les réponses exactes.

a) Les cellules somatiques possèdent :

❒ **A.** 46 chromosomes.
❒ **B.** 23 chromosomes.
❒ **C.** 46 paires de chromosomes.

b) La mitose est le mode de reproduction :

❒ **A.** des cellules sexuelles.
❒ **B.** des cellules somatiques.

5 Définissez la méiose.

....

....

6 Citez deux caractéristiques d'une cellule tumorale.

....

7 Indiquez par une croix si les affirmations suivantes sont vraies ou fausses.

a) La trisomie 21 est due à un gène anormal.

❒ **A.** Vrai ❒ **B.** Faux

b) Un caryotype permet de repérer le fonctionnement du cœur.

❒ **A.** Vrai ❒ **B.** Faux

c) La trisomie 21 est une maladie héréditaire.

❒ **A.** Vrai ❒ **B.** Faux

d) Les cellules d'un tissu conjonctif sont jointives.

❒ **A.** Vrai ❒ **B.** Faux

Corrigé

1

Réponses :

Centriole (centrosome)
Réticulum endoplasmique
Nucléole
Vacuole (ou lysosome)
Appareil de Golgi (dictyosome)
Mitochondrie
Membrane plasmique
Cytoplasme
Nucléoplasme
Ribosome
Chromatine
Membrane nucléaire

2

Réponses :

Mitochondrie : produit de l'énergie.
Membrane plasmique : permet les échanges cellulaires.
Chromatine : support de l'information génétique.

3

Réponses :
Titre : La mitose.

Prophase
Métaphase
Anaphase
Télophase

4

a) Réponse A : 46 chromosomes.
b) Réponse B : Des cellules somatiques.

5

Réponse : La méiose est le mode de reproduction des cellules sexuelles. Elle est caractérisée par 2 divisions nucléaires successives : on obtient 4 cellules filles à 23 chromosomes.

6

Réponses :
– Noyau volumineux ;
– cytoplasme plus granuleux.

7

a) Réponse B : Faux.
b) Réponse B : Faux.
c) Réponse B : Faux.
d) Réponse B : Faux.

Fiche 2 - Le système locomoteur et la locomotion

1. Le squelette

A. L'anatomie du squelette

Le squelette est formé d'un ensemble d'os (206 os) qui constituent la **charpente** du corps humain. Le squelette articulé et les muscles qui le recouvrent constituent l'appareil locomoteur et permettent les mouvements.

→ *Voir schéma du squelette humain sur le rabat.*

1) La boîte crânienne

La boîte **crânienne** est formée de 28 os soudés ensemble. C'est elle qui protège le cerveau. Le **crâne** se compose d'un os **frontal**, de deux os **pariétaux**, de deux os **temporaux**, d'un os **occipital**, d'un os **ethmoïde** et d'un os **sphénoïde.** La **face** se compose de deux **maxillaires supérieurs** soudés, d'une **voûte palatine**, de deux os **propres** du **nez**, de deux os **malaires**, de deux os **lacrymaux**, de deux os **cornets inférieurs**, du **vomer** et d'un **maxillaire inférieur**.

2) La colonne vertébrale

• **La colonne vertébrale** (**Fig. 1**) est formée d'un assemblage de **33 os courts** appelés **vertèbres.**

Elle comporte **5 régions** :

– la région **cervicale** composée de **7** vertèbres ;

– la région **thoracique** composée de **12** vertèbres sur lesquelles s'articulent les côtes ;

– la région **lombaire** composée de **5** vertèbres ;

– le **sacrum** composé de **5** vertèbres sacrées soudées les unes aux autres et reliées au bassin ;

– le **coccyx** composé de **4** vertèbres coccygiennes atrophiées.

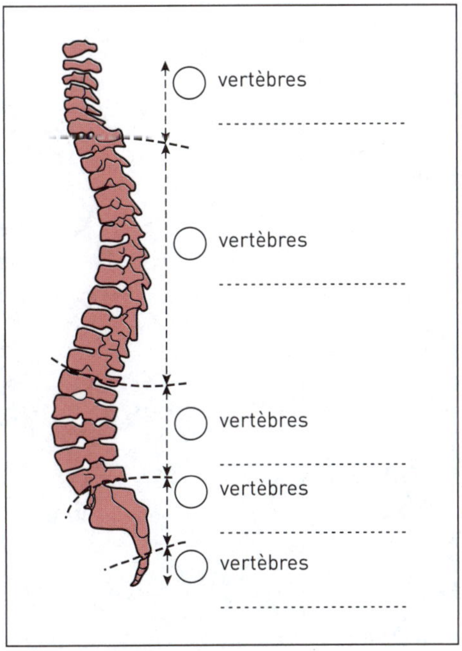

Fig. 1 - La colonne vertébrale

Questions

1) Légendez le schéma de la colonne vertébrale (**Fig. 1**) en indiquant le nom et le nombre de vertèbres.

2) Nommez les os de la face.

3) Qu'appelle-t-on le sacrum ?

Solutions à la fin de la fiche.

• Chaque vertèbre (**Fig. 2**) se compose d'une partie massive (le **corps vertébral**), en arrière de laquelle se trouve l'**arc vertébral** qui délimite le **trou vertébral**. La superposition des trous vertébraux forme le **canal rachidien** renfermant la **moelle épinière**. En arrière de l'arc vertébral, on trouve les **apophyses épineuses**, et sur les côtés les **apophyses transverses**. La vertèbre porte de plus 4 **apophyses articulaires**.
Ce sont par les apophyses articulaires et par le **disque intervertébral**, que les vertèbres sont articulées entre elles.

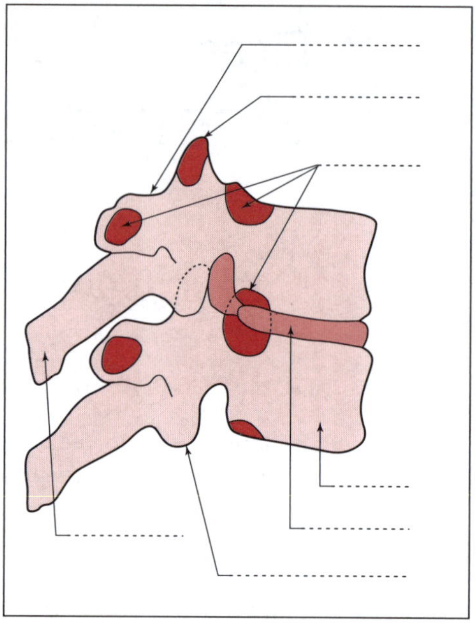

Fig. 2 - Une vertèbre

3) La cage thoracique

La cage thoracique (**Fig. 3**) se compose du **sternum** (os plat), de 7 paires de **vraies côtes** reliées au sternum, de 3 paires de **fausses côtes** et de 2 paires de **côtes flottantes**.

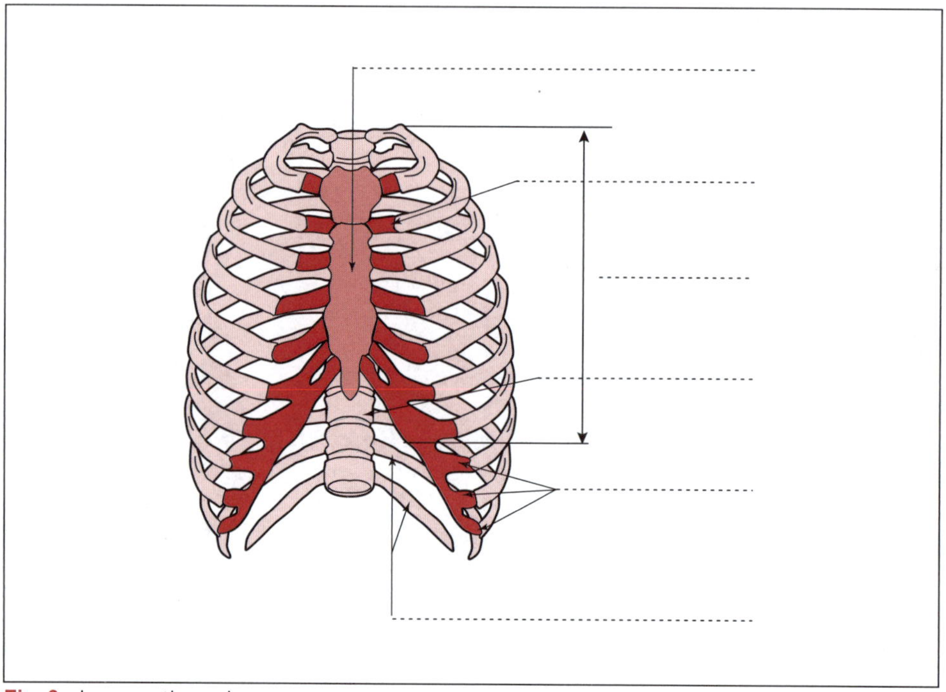

Fig. 3 - La cage thoracique

Questions

1) Légendez le schéma d'une vertèbre (**Fig. 2**).

2) Légendez le schéma de la cage thoracique (**Fig. 3**).

3) Qu'appelle-t-on le corps vertébral ?

4) Qu'appelle-t-on le canal rachidien ?

Solutions à la fin de la fiche.

4) Le squelette des membres

Le squelette des membres se compose d'os longs et d'os courts.

Membres supérieurs	Membres inférieurs
Ceinture scapulaire – clavicule : os en forme de S ; – omoplate : os en forme de triangle.	**Ceinture pelvienne** – 2 os iliaques ; – 2 ischions.
Membre proprement dit – bras : humérus ; – avant-bras : radius qui peut tourner autour du cubitus (forme de clé).	**Membre proprement dit** – cuisse : fémur ; – jambe : tibia et péroné.
Main : 27 os – carpe : 8 os disposés en 2 rangées ; – métacarpe : 5 os ; – phalanges : 2 pour le pouce et 3 pour les autres.	**Pied : 26 os** – tarse : 7 os ; – métatarse : 5 os ; – phalanges : 2 pour le pouce et 3 pour les autres.

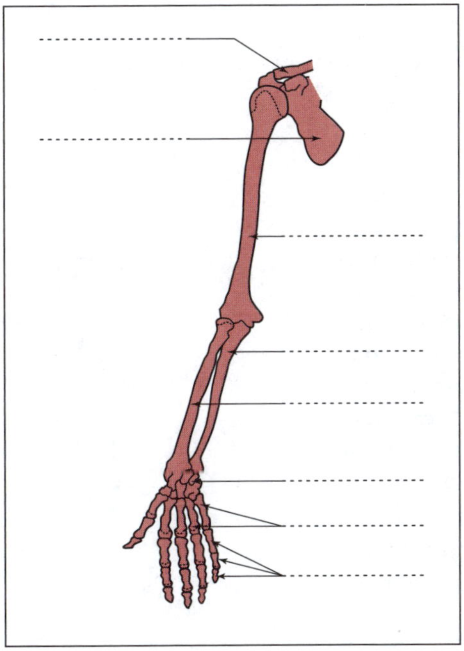

Fig. 4 - Le membre supérieur

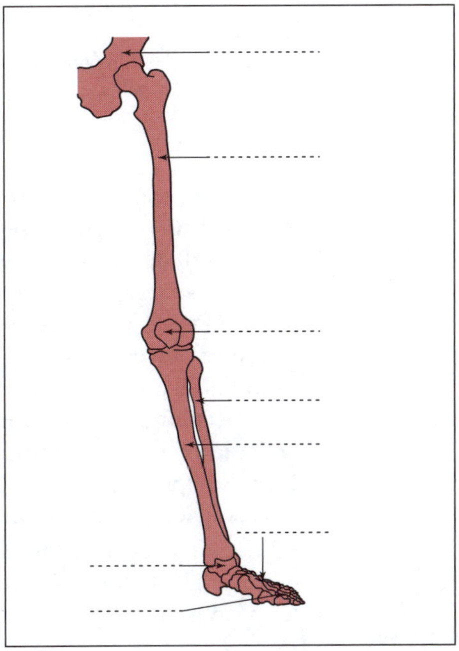

Fig. 5 - Le membre inférieur

Questions

1) Légendez les schémas du membre inférieur et du membre supérieur (**Fig. 4** et **Fig. 5**).

2) Quels os composent l'avant-bras ? La ceinture pelvienne ?

Solutions à la fin de la fiche.

B. Les os

1) La structure osseuse

- L'os, structure vivante, est composé de trois types de tissus :

– le tissu **cartilagineux** est composé d'une substance fondamentale et de trois types de cartilages (hyalin, élastique, fibreux) qui permettent le mouvement des surfaces articulaires et la croissance en longueur des os longs ;

– le tissu **osseux** se présente sous deux formes : le tissu osseux **compact** (composé des canaux de Havers où sont logés les vaisseaux nourriciers de l'os) et le tissu **spongieux** (constitué de cavités dans lesquelles se trouve la moelle rouge qui produit les cellules sanguines) ;
– le tissu **périostique** recouvre l'os et permet sa croissance en épaisseur.
Il existe trois types d'os : les os longs, les os plats et les os courts.

Les trois types d'os

Forme	Caractéristiques	Exemples
Os longs	Forme allongée avec deux parties aux extrémités : les têtes ou épiphyses	– .... – ....
Os plats	Épaisseur faible constituée de deux lames d'os compact	– .... – ....
Os courts	Os de petite taille, de longueur et d'épaisseur sensiblement égales	– .... – ....

→ *Voir schéma de la structure d'un os long sur le rabat.*

• En coupe transversale, l'os long (**Fig. 6**) est constitué du **périoste** (couche fine extérieure), de l'**os compact** (renfermant les vaisseaux sanguins et des filaments nerveux) et de la **moelle osseuse** jaunâtre enfermée au centre de l'os dans le **canal médullaire**. En coupe longitudinale, dans la tête (**épiphyse**), on trouve le **cartilage articulaire** et l'**os spongieux** ; dans le corps (**diaphyse**), on trouve le périoste, l'os compact et la moelle jaune.

• L'os est composé de **sels de calcium** formant les 2/3 de son poids et d'**osséine** qui forme le 1/3 restant.

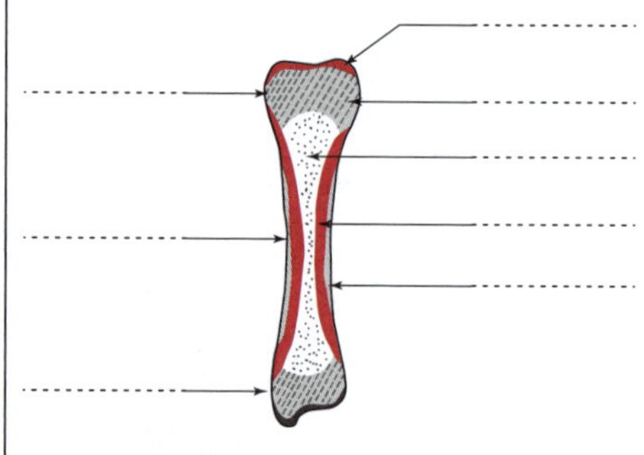

Fig. 6 - L'os long

Questions

1) Complétez le tableau ci-dessus en citant deux exemples d'os longs, d'os plats, d'os courts.

2) Légendez le schéma de l'os long (**Fig. 6**).

Solutions à la fin de la fiche.

2) La croissance osseuse

• À la naissance, les os de la tête ne sont pas soudés. Deux tissus membraneux appelés **fontanelles** occupent les parties antérieure et postérieure du crâne du nouveau-né. Vers l'âge de 18 mois, la suture osseuse est achevée.

• Croissance de l'os **en longueur** : à la naissance, les os sont mous et cartilagineux, il y a présence de points d'ossification. Chez l'enfant et l'adolescent, il ne reste plus que des disques cartilagineux à chaque extrémité des os longs, ce sont les **cartilages de conjugaison**. Chez les adultes, les cartilages de conjugaison se sont complètement ossifiés.

• Croissance de l'os en **épaisseur** : l'activité du périoste pendant toute la vie permet cette croissance. Des couches d'os se forment sous le périoste.

C. Anomalies, risques, prévention

• Le squelette peut présenter différentes déformations telles une **cyphose** (courbure naturelle caractérisée par un dos rond), une **scoliose** (déviation latérale) ou une **lordose** (courbure concave).

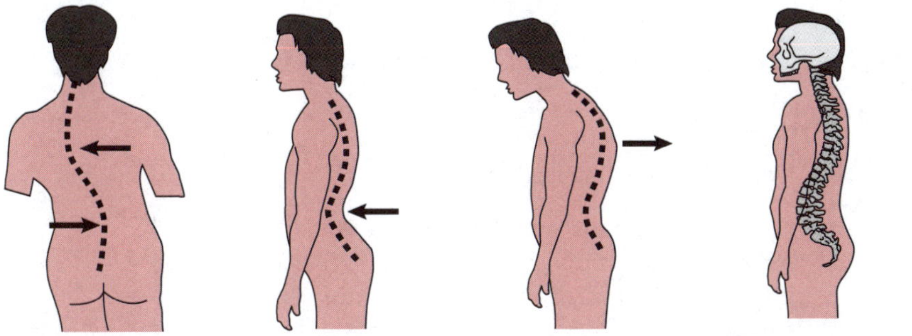

Fig. 7 - Les déviations du rachis

• Le squelette peut être le siège d'accidents osseux : la **fracture simple** (l'os n'est pas déplacé), la **fracture avec déplacement osseux** (déformation locale du membre) et la **fracture ouverte** (déplacement de l'os et déchirure de la peau).

• Pendant la croissance, la grossesse, le troisième âge, il faut veiller à avoir une bonne hygiène alimentaire. Le **calcium** (laitages) et le **phosphore** (poissons) donneront aux os leur dureté. Le manque de **vitamine D** (lait, beurre) provoque des troubles de l'ossification. Le manque de **vitamine A** (lait, carottes) entraîne des troubles de la croissance. Il ne faut pas oublier que l'action des rayons UV du soleil permet à la peau de synthétiser la vitamine D, à partir du déhydrocholestérol, une substance contenue dans l'organisme.

• Le **rachitisme** est dû principalement à un manque de calcium. Cette affection atteint surtout l'enfant dans les pays pauvres. Elle se caractérise par des os mous, des déformations au niveau des jambes et du crâne.

• L'**ostéoporose** correspond à une diminution progressive et généralisée de la masse osseuse. Elle est à l'origine de nombreux tassements vertébraux et fractures entre 55 et 70 ans.

Questions

1) Quelles sont les déformations possibles de la colonne vertébrale ?

2) Indiquez le rôle de la vitamine D sur les os.

Solutions à la fin de la fiche.

2. Les articulations

A. Les différents types d'articulations

• Les articulations unissent deux (ou plus) pièces du squelette et permettent généralement (mais pas obligatoirement) des mouvements entre elles.

• Les **articulations fixes** (synarthroses) sont immobiles (**Fig. 8**).
Exemple : les sutures des os du crâne.

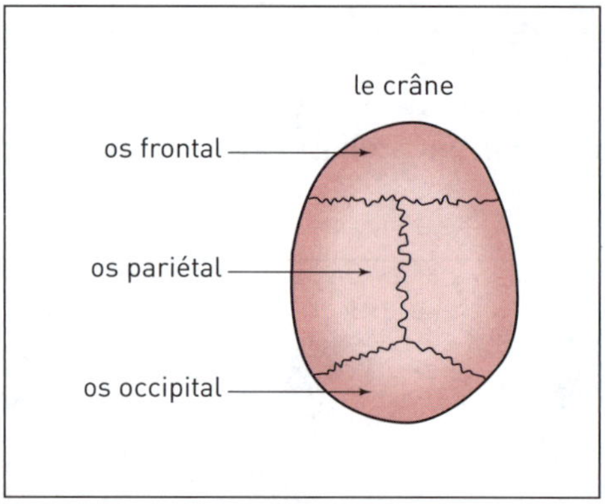

Fig. 8 - Les articulations fixes

• Les **articulations semi-mobiles** (amphiarthroses) permettent des mouvements peu accentués (**Fig. 9**). Elles possèdent des cartilages qui réunissent les os entre eux.
Exemple : les vertèbres.

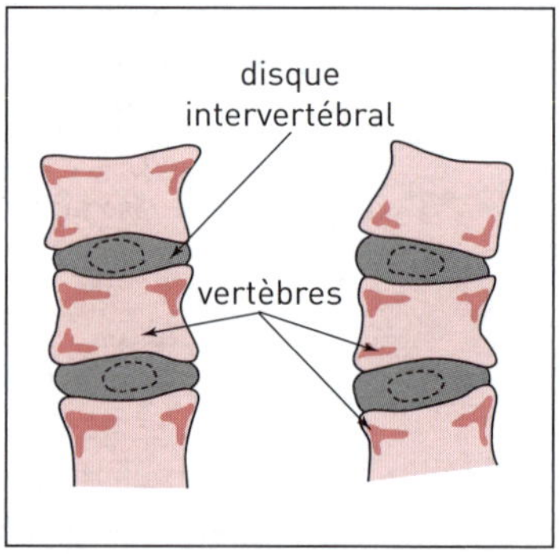

Fig. 9 - Les articulations semi-mobiles

• Les **articulations mobiles** (diarthroses) permettent des mouvements divers et étendus (**Fig. 10**). Elles sont recouvertes de cartilage articulaire assurant le rôle d'amortisseur. Entre les deux membranes osseuses, la **synoviale** (une membrane) secrète la **synovie** (liquide visqueux) qui sert de lubrifiant. Les os sont maintenus par une série de ligaments articulaires.
Exemple : les membres (genou, coude…).

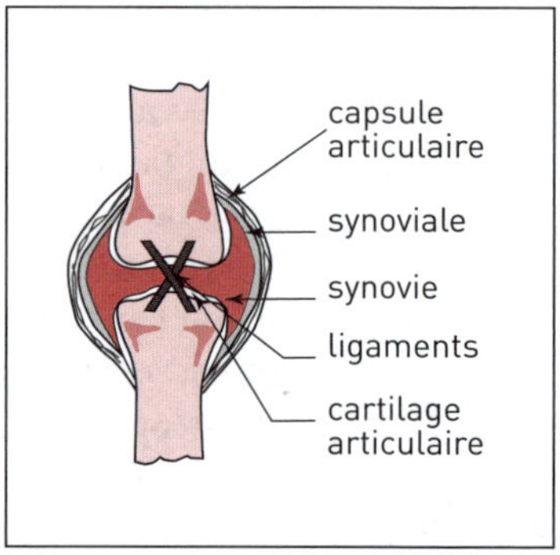

Fig. 10 - Les articulations mobiles

Questions

1) Citez les différents types d'articulations et donnez un exemple.

2) Qu'appelle-t-on une entorse ?

Solutions à la fin de la fiche.

B. Les accidents articulaires

• Les articulations peuvent être le siège d'accidents. L'**entorse** est caractérisée par un déchirement des ligaments, mais les surfaces articulaires restent en contact, alors qu'en cas de **luxation** elles sont disjointes.

• Les **arthroses** sont dues au vieillissement des articulations alors que les **arthrites** sont d'origine infectieuse.

3. Les muscles

A. L'anatomie musculaire

• Le corps humain compte environ 650 muscles qui contrôlent essentiellement les mouvements des os.

• Il existe deux sortes de muscles :

– les muscles **striés squelettiques** ou **rouges** qui mettent en mouvement les os du squelette;

– les muscles **blancs** ou **lisses** qui sont les muscles des viscères.

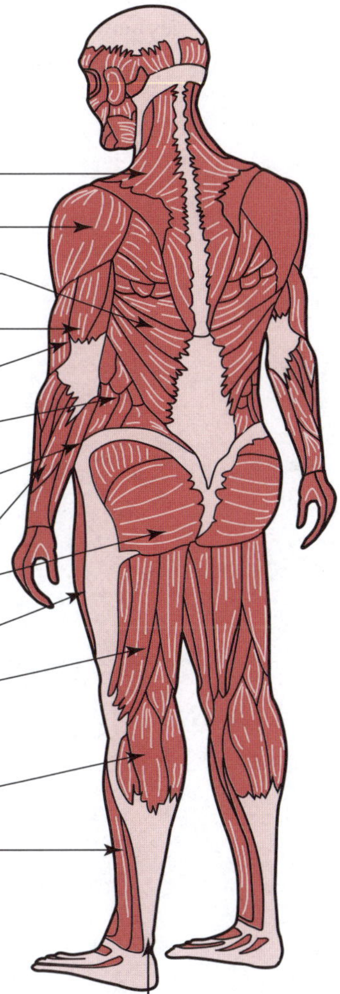

Fig. 11 - Le système musculaire squelettique

Question

Indiquez le rôle des muscles squelettiques.

Solution à la fin de la fiche.

B. Les caractéristiques des muscles

• Les muscles striés sont composés d'une multitude de longues **fibres** élastiques qui se contractent et s'étirent grâce aux **myofibrilles** (filaments épais de myosine et filaments fins d'actine). Ces fibres allongées sont réunies en **faisceaux**, qui eux-mêmes sont groupés en **gros faisceaux** enveloppés dans un tissu conjonctif (**aponévrose**) où passent des nerfs et des vaisseaux sanguins.

• Les muscles rouges sont **élastiques** (ils peuvent s'allonger et reprendre leur longueur), **excitables** (sensibles à la chaleur, à la douleur…), **contractiles** (quand ils sont stimulés, leur longueur se réduit et leur grosseur augmente) et **toniques** (ils sont dans un état de tension légère et constante).

• La combustion du glucose s'accompagne de production de déchets toxiques qui peuvent s'accumuler dans les muscles après un travail intense (c'est l'origine des crampes).

• Les muscles peuvent être le siège de divers traumatismes : les **élongations** (étirements du muscle) et les **déchirures musculaires** (ruptures du muscle).

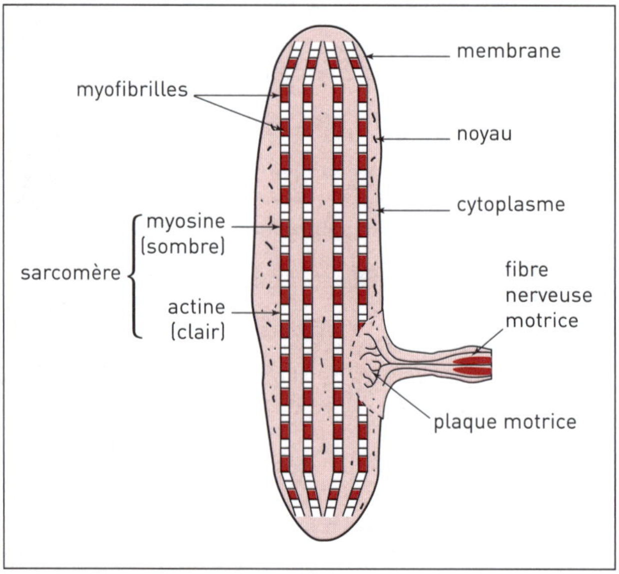

Fig. 12 - Une fibre musculaire

Question

Nommez les 2 myofilaments qui composent un sarcomère.

Solution à la fin de la fiche.

Corrigé des questions

Page 89

1 **Légendez le schéma de la colonne vertébrale (Fig. 1) en indiquant le nom et le nombre de vertèbres.**
Réponse : Voir schéma.

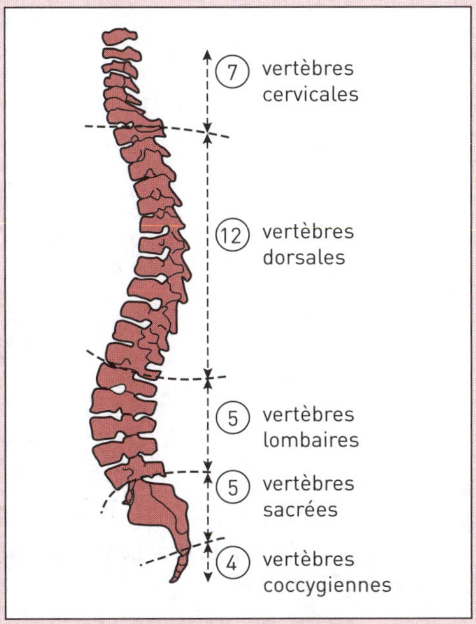

Fig. 1 - La colonne vertébrale

2 **Nommez les os de la face.**
Réponse : 2 maxillaires supérieurs, 1 voûte palatine, 2 os du nez, 2 os malaires, 2 os lacrymaux, 2 os cornets inférieurs, le vomer et le maxillaire inférieur.

3 **Qu'appelle-t-on le sacrum ?**
Réponse : Le sacrum est un os formé par la soudure des cinq vertèbres sacrées et s'articulant avec les os iliaques pour former le bassin.

Page 90

1 **Légendez le schéma d'une vertèbre (Fig. 2).**
Réponse : Voir schéma.

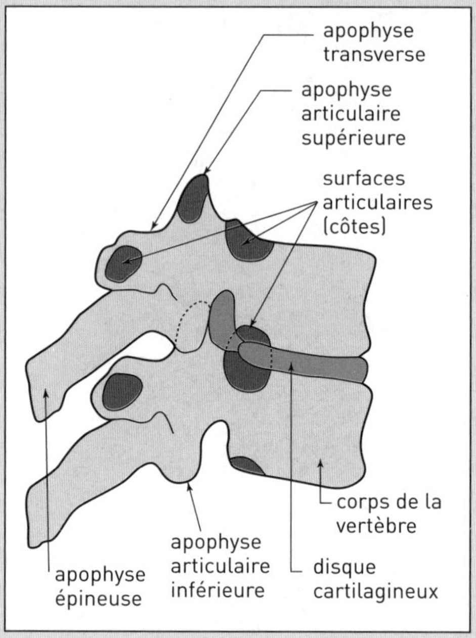

Fig. 2 - Une vertèbre

2 **Légendez le schéma de la cage thoracique (Fig. 3).**
Réponse : Voir schéma.

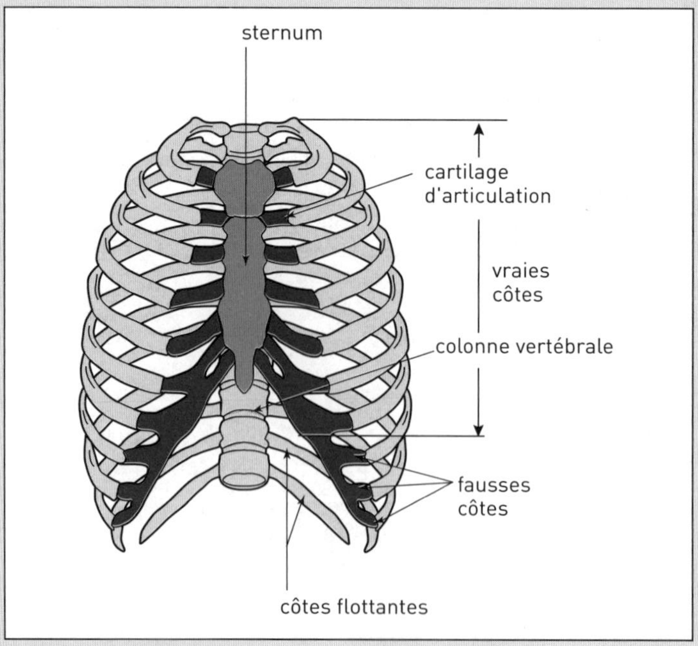

Fig. 3 - La cage thoracique

3 **Qu'appelle-t-on le corps vertébral ?**
Réponse : Le corps vertébral est la partie principale de la vertèbre.

4 **Qu'appelle-t-on le canal rachidien ?**
Réponse : Le canal rachidien, formé par la superposition des vertèbres, renferme la moelle épinière.

Page 91

1 **Légendez les schémas du membre inférieur et du membre supérieur (Fig. 4 et Fig. 5).**
Réponse : Voir schéma.

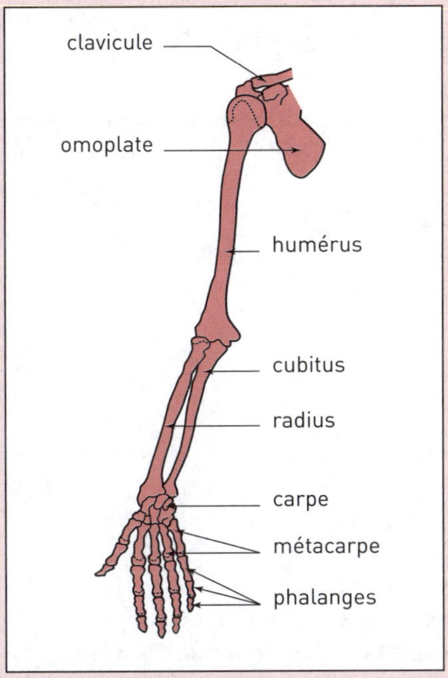

Fig. 4 - Le membre supérieur

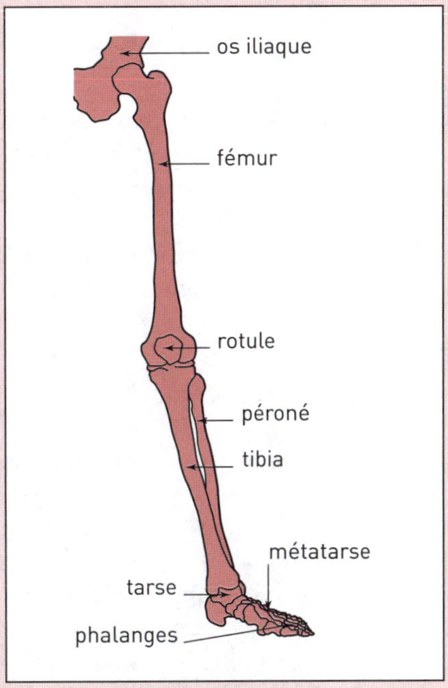

Fig. 5 - Le membre inférieur

2 **Quels os composent l'avant-bras ? La ceinture pelvienne ?**
Réponse : Les os de l'avant-bras sont le radius et le cubitus ; ceux de la ceinture pelvienne sont les deux os iliaques et les ischions.

Page 92

1 **Complétez le tableau ci-dessus en citant deux exemples d'os longs, d'os plats, d'os courts.**
Réponse : Exemples d'os longs : le tibia et le péroné ; exemples d'os plats : l'omoplate et le pariétal ; exemples d'os courts : les phalanges et les carpiens.

2 **Légendez le schéma de l'os long (Fig. 6).**
Réponse : Voir schéma.

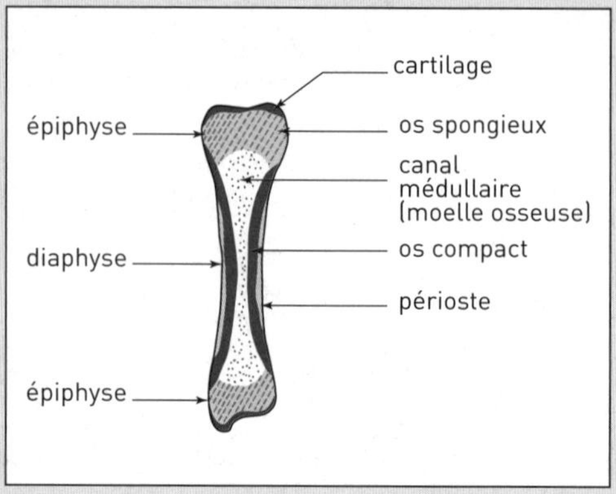

Fig. 6 - L'os long

Page 93

1 **Quelles sont les déformations possibles de la colonne vertébrale ?**
Réponse : Scoliose (déviation latérale), cyphose (dos arrondi), lordose (courbure lombaire accentuée).

2 **Indiquez le rôle de la vitamine D sur les os.**
Réponse : La vitamine D permet la fixation du calcium sur les os.

Page 94

1 **Citez les différents types d'articulations et donnez un exemple.**
Réponse : Articulation mobile (hanche, genou), articulation semi-mobile (vertèbre), articulation fixe (crâne).

2 **Qu'appelle-t-on une entorse ?**
Réponse : Une entorse est une élongation ou rupture des ligaments de l'articulation. Les mouvements sont possibles mais douloureux.

Page 95

Indiquez le rôle des muscles squelettiques.
Réponse : Les muscles squelettiques sont les muscles attachés sur les os ou la peau qui permettent les mouvements.

Page 96

Nommez les 2 myofilaments qui composent un sarcomère.
Réponse : Les moyfilaments d'actine (filaments fins) et les myofilaments de myosine (filaments épais).

Entraînement 2 - Le système locomoteur et la locomotion

1 Légendez le schéma du squelette.

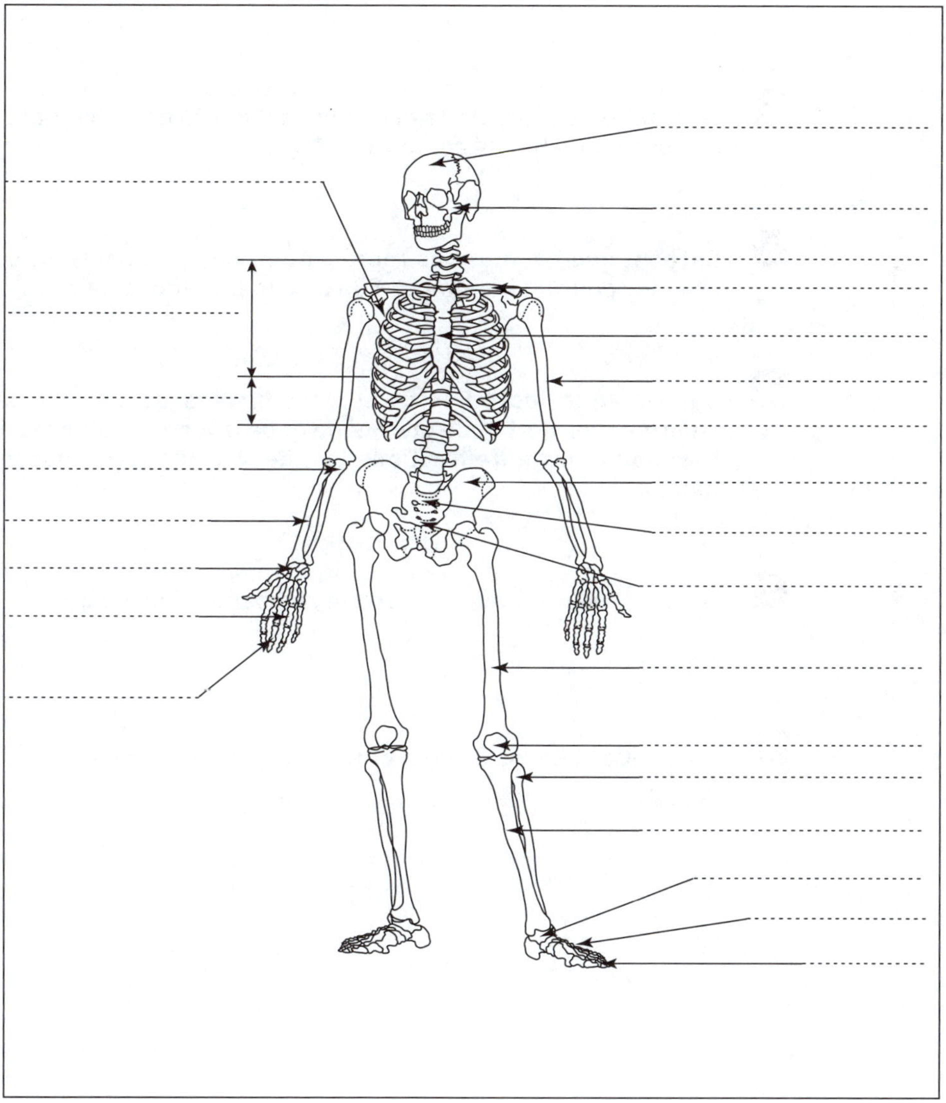

Fig. 1 - Le squelette

2 Citez les trois types de tissus participant à la structure du squelette et indiquez leur rôle.

– .... – Rôle : ....

– .... – Rôle : ....

– .... – Rôle : ....

3 Rappelez la composition chimique d'un os.

– ....

– ....

4 Sachant que le squelette est composé de 206 os, calculez le pourcentage des os de la tête, qui comporte 28 os.

....

5 Sachant que les muscles représentent 40 % du poids du corps humain, calculez pour un homme de 83 kg sa masse musculaire.

....

6 Sachant que les muscles sont composés de 75 % d'eau, de 21 % de protéines, de 1 % de glycogène et de 3 % de substances autres, exprimez sous forme de fractions la valeur globale de chacun de ces éléments.

....

7 Quelles sont les deux parties qui composent l'os long ?

– ....

– ....

8 La moelle osseuse (rouge) produit les cellules sanguines.

❒ Vrai ❒ Faux

Corrigé

1 **Réponse :** Voir schéma.

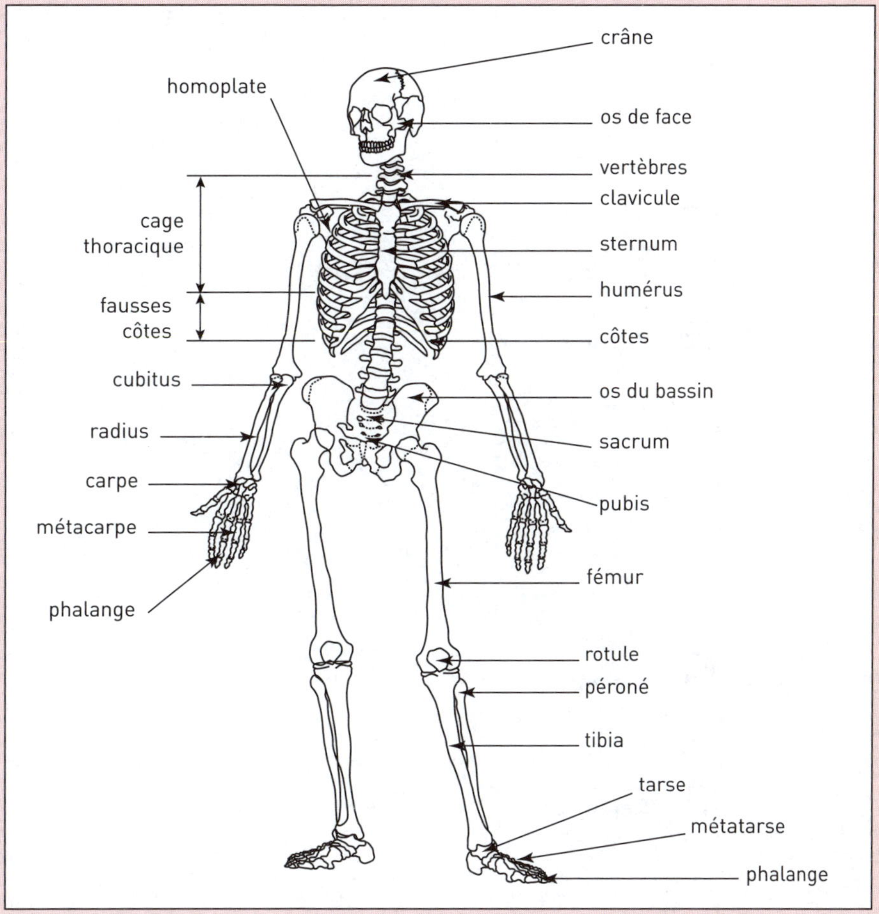

Fig. 1 - Le squelette

2 **Réponses :**

– Tissu compact. Rôle : nourrir l'os.
– Tissu spongieux. Rôle : produire les cellules sanguines.
– Tissu périostique. Rôle : croissance de l'os en épaisseur.

3

Réponse :

$\frac{2}{3}$ de sels de calcium ;

$\frac{1}{3}$ d'osséine.

4

Réponse :

$\frac{28}{206} \times 100 = 13,59$ %.

5

Réponse :

$83 \times \frac{40}{100} = 33,2$ kg.

6

Réponse :

$\frac{75}{100} = \frac{3}{4}$ d'eau ;

$\frac{21}{100}$ de protéines ;

$\frac{1}{100}$ de glycogène ;

$\frac{3}{100}$ d'autres substances.

7

Réponses :
- Épiphyse ;
- diaphyse.

8

Réponse : Vrai.

Fiche 3 - Le système nerveux

Le système nerveux est un appareil très complexe. Il préside au fonctionnement de tous les organes de notre corps. Il se compose de deux parties : le système nerveux de **relation** ou **cérébro-spinal** (système nerveux central + système nerveux périphérique) et le système nerveux **végétatif** (système orthosympathique + système parasympathique).

1. Organisation et physiologie du système nerveux central

→ *Voir schéma de la structure du système nerveux central sur le rabat.*

A. L'anatomie du système nerveux central

1) L'encéphale

- L'encéphale (**Fig. 1**) est le centre nerveux le plus volumineux ; il pèse entre 1,2 et 1,4 kg, soit environ 1/50e du poids du corps. Il est logé dans la boîte crânienne.
- L'encéphale comprend 3 parties : le **cerveau**, le **cervelet** et le **bulbe rachidien**.

Organisation de l'encéphale

Le cerveau	C'est la plus grande partie des trois : il représente les 4/5 de l'encéphale, et se divise en 2 **hémisphères cérébraux**. Sa surface est très rugueuse du fait des nombreux replis qui le composent.
Le cervelet	Il est situé dans la partie arrière ou occipitale de la tête, et est environ 10 fois plus petit que le cerveau. Il se divise également en 2 hémisphères situés des deux côtés d'une zone centrale appelée **vermis**.
Le bulbe rachidien	Il est rattaché aux deux organes précédents. Plus petit, il a la forme d'un gland. Il occupe une partie du **canal rachidien** de la colonne vertébrale. Il est blanc à l'extérieur et gris à l'intérieur.

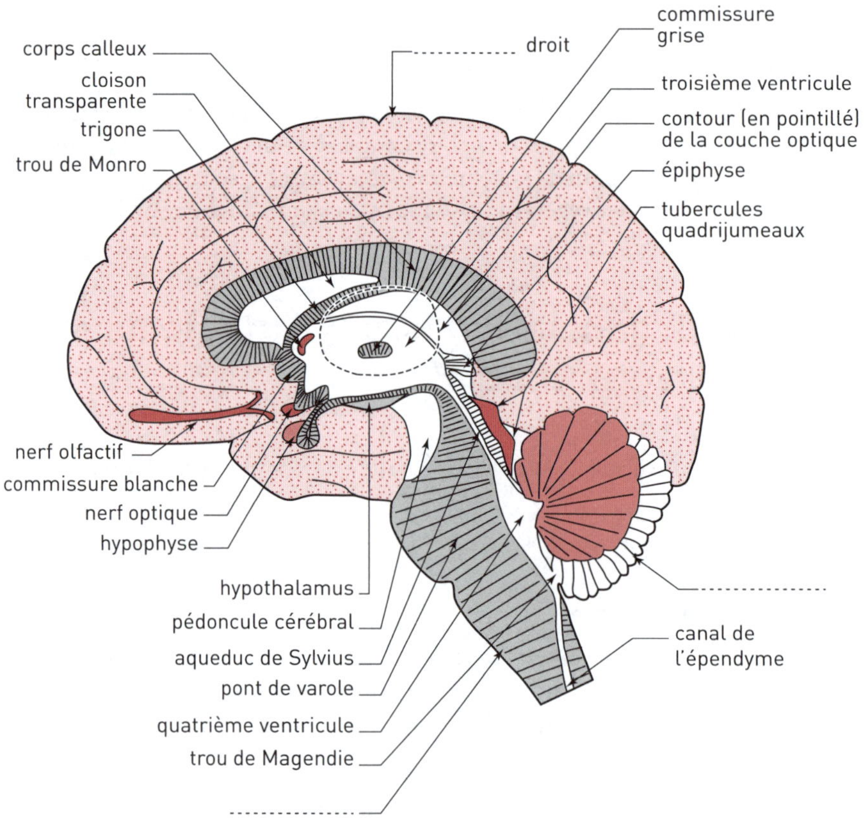

Fig. 1 - Coupe longitudinale de l'encéphale

Questions

1) Complétez le schéma (**Fig. 1**).

2) La moelle épinière est logée dans le canal médullaire.

❒ Vrai ❒ Faux

Solutions à la fin de la fiche.

2) La moelle épinière

- La moelle épinière est un long cordon blanc de 50 cm de long et 1 cm de diamètre, logé dans le **canal rachidien**. Celui-ci est formé par la superposition des **vertèbres** (**Fig. 2**), qui protègent ainsi la moelle.
- La moelle épinière présente un renflement cervical (vers le cou), et un renflement lombaire (vers le bas de la colonne) prolongé par une sorte de filament fixé au coccyx.

• Au centre de la moelle épinière, on peut voir une substance grise qui prend la forme de la lettre H et à la périphérie une substance blanche très nacrée.

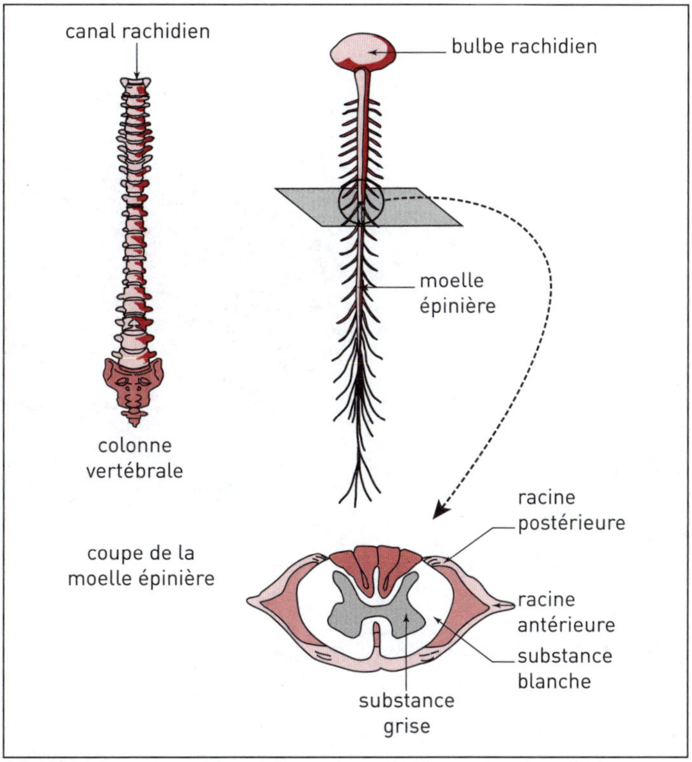

Fig. 2 - La colonne et une coupe de la moelle épinière

Questions

1) La substance blanche se trouve au centre de la moelle épinière.

❒ Vrai ❒ Faux

2) Qu'appelle-t-on une méninge ?

3) Les nombreux vaisseaux sanguins de la pie-mère nourrissent l'encéphale.

❒ Vrai ❒ Faux

Solutions à la fin de la fiche.

3) Les méninges

• Des membranes fines mais résistantes, les **méninges**, recouvrent et protègent les centres nerveux. De plus, elles leur fournissent les aliments dont ils ont besoin. On distingue trois méninges, superposées les unes sur les autres.

• La **pie-mère** est celle qui se trouve le plus à l'intérieur et, par conséquent, celle qui est en contact direct avec l'encéphale et la moelle épinière. Elle est très mince et riche en vaisseaux sanguins.

• L'**arachnoïde** est la méninge du milieu. Entre elle et la pie-mère, se trouve le **liquide céphalo-rachidien (LCR)**.

• La **dure-mère** est la membrane extérieure, collée à l'enveloppe interne.

B. La physiologie du système nerveux central

• Le système nerveux central intervient dans les activités de relation sous l'influence de notre volonté (ex. : organes des sens, les muscles rouges…).

• Le cerveau (constitué d'**aires corticales** qui reçoivent les informations régissant notre corps) est le siège de la sensibilité, des facultés intellectuelles et des mouvements volontaires (**Fig. 3**).

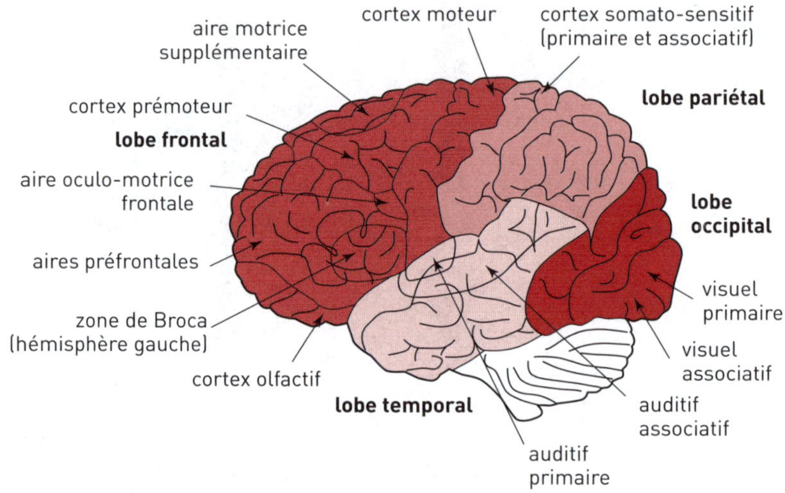

Fig. 3 - Les différentes aires corticales

• Le cervelet est le siège de l'équilibre et de la coordination des mouvements.
• La moelle épinière transmet l'**influx nerveux** de l'encéphale vers les organes et est le siège des **réflexes**.

2. Organisation et physiologie du système nerveux périphérique

→ *Voir schéma des nerfs crâniens et rachidiens et schéma de la coupe transversale d'un nerf sur le rabat.*

• Le système nerveux périphérique se compose des **nerfs**, qui forment un réseau de communication de plusieurs milliers de kilomètres. Dans ce système, les informations circulent sous forme de signaux électriques, à une vitesse d'environ 300 km/h.
• Un nerf est dit :
– **moteur** lorsqu'il va innerver des muscles ;
– **sensitif** lorsqu'il va commander les organes des sens ;
– **mixte**, quand il est moteur et sensitif à la fois.

A. Les nerfs crâniens

Les **12 paires** de nerfs **crâniens** desservent presque exclusivement la tête et certains organes du tronc.

Rôles des nerfs crâniens

Nom du nerf	Paire	Situation et rôle
Nerf olfactif	1re	Il part de la muqueuse nasale et transmet les sensations olfactives.
Nerf optique	2e	Il part de la rétine et transmet les sensations visuelles.
Nerf moteur oculaire commun	3e	Les 3e, 4e, et 6e paires commandent les déplacements du globe oculaire.
Nerf pathétique	4e	
Nerf moteur oculaire externe	6e	
Nerf trijumeau	5e	C'est le nerf sensitif de la face et le nerf moteur des muscles masticateurs.
Nerf facial	7e	C'est le nerf moteur de tous les muscles peauciers de la face.
Nerf auditif	8e	Il intervient dans l'audition et l'équilibration.
Nerf glosso-pharyngien	9e	C'est le nerf sensitif de la langue, du pharynx et le nerf moteur de la plupart des muscles de ces organes.
Nerf pneumogastrique	10e	Il assure l'innervation sensori-motrice de tous les viscères de l'organisme (cœur, poumons, etc.).
Nerf spinal	11e	Il assure l'innervation motrice des muscles trapèze et sternocléido-mastoïdien.
Nerf grand hypoglose	12e	C'est le nerf moteur des muscles de la langue.

B. Les nerfs rachidiens

- Les **31 paires** de nerfs **rachidiens** naissent de la moelle épinière et sortent de la colonne vertébrale par les **trous de conjugaison.**
- Les nerfs rachidiens possèdent 2 racines (postérieure et antérieure) et se regroupent en réseaux appelés **plexus,** qui desservent chacun une partie du corps.

Les différents plexus

Plexus cervical	Il fournit les nerfs de la motricité des muscles du cou et du diaphragme. Il innerve également une partie du cou, de l'épaule et du crâne.
Plexus brachial	Il fournit les nerfs des membres supérieurs qui commandent les mouvements des doigts, de la main, de l'avant-bras et du bras.
Plexus lombaire	Il donne naissance aux nerfs des membres inférieurs.
Plexus sacré	Il innerve les muscles de la fesse et donne naissance au nerf sciatique qui innerve la plus grande partie des membres inférieurs.
Plexus honteux	Il innerve les organes génitaux.
Plexus coccygien	Il ne donne que des nerfs peu importants.

Questions

1) Le nerf optique est un nerf crânien.

❒ Vrai ❒ Faux

2) Le nerf auditif est un nerf rachidien.

❒ Vrai ❒ Faux

3) Combien y a-t-il de nerfs crâniens et de nerfs rachidiens ?

Solutions à la fin de la fiche.

3. Anatomie et physiologie du système nerveux végétatif

• Le système nerveux végétatif se compose du système **orthosympathique** et du système **parasympathique**.

• Il dirige l'ensemble des phénomènes nécessaires à l'entretien de la vie et assure le fonctionnement des glandes et des viscères. Il est indépendant de notre volonté.

4. Le tissu nerveux

A. La cellule nerveuse : le neurone

• On dénombre environ 10 à 20 milliards de neurones (**Fig. 4**) chez un homme. Dès leur mise en place, avant la naissance, ils perdent la possibilité de se diviser.

• Les neurones ont presque tous un **corps cellulaire** contenant un **noyau** et un cytoplasme, comme les cellules somatiques (du corps) et des prolongements de deux sortes : les **dendrites**, qui donnent un aspect ramifié au neurone et l'**axone** (de moins de 1 mm à 1 m de long), qui se termine par une **arborisation**.

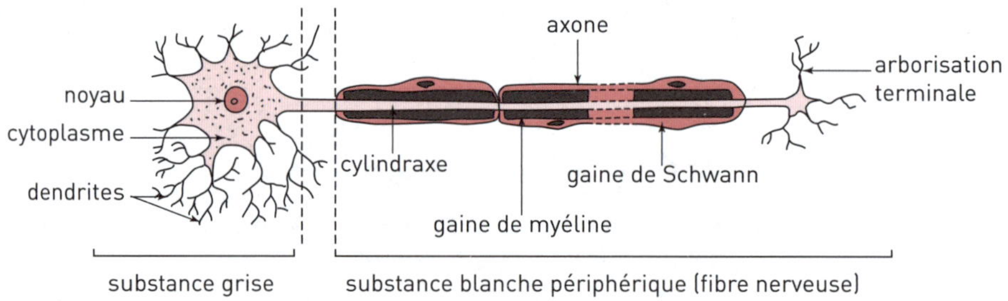

Fig. 4 - Le neurone

• Les neurones sont recouverts par une gaine isolante, la **gaine de Schwann**, et la plupart des axones sont entourés d'une **gaine de myéline** de couleur blanche.

• La connexion entre deux neurones est une **synapse** (arborisation terminale du premier neurone → dendrites du deuxième neurone). La synapse peut également être le point de contact entre un neurone et une fibre musculaire (**plaque motrice**).

• Les nerfs sont donc des ensembles de neurones.

Questions

1) Qu'est-ce qu'un neurone ?

2) Qu'appelle-t-on une synapse ?

Solutions à la fin de la fiche.

B. Le fonctionnement des neurones

• À la surface et le long des nerfs, une perturbation électrique se propage : c'est l'**influx nerveux**.

- Les neurones possèdent deux propriétés : l'**excitabilité** (ils sont excitables par l'influx nerveux) et la **conductibilité** (ils conduisent l'influx nerveux).
- Les dendrites transmettent au corps cellulaire les informations qu'elles recueillent et l'axone transmet l'influx nerveux.
- Le passage de l'influx nerveux au niveau des synapses se fait grâce à des substances chimiques contenues dans les **vésicules synaptiques** de la fibre nerveuse (des **neuromédiateurs** ou **neurotransmetteurs**), libérées au niveau de la fente synaptique et qui vont exciter le neurone suivant (le même mécanisme se produit pour les cellules musculaires).

C. Les cellules gliales

Les cellules gliales sont 5 à 10 fois plus nombreuses que les neurones ; elles continuent à se multiplier durant la vie. Elles sont disposées dans les interstices séparant les neurones.

5. Les activités motrices

Un réflexe est un comportement involontaire, conscient ou inconscient, provoqué par une stimulation extérieure engendrant une réponse de l'organisme.

A. L'arc réflexe

L'arc réflexe (**Fig. 5**) se définit comme la transformation par la moelle épinière d'un message nerveux sensitif en un message nerveux moteur grâce au neurone d'association.

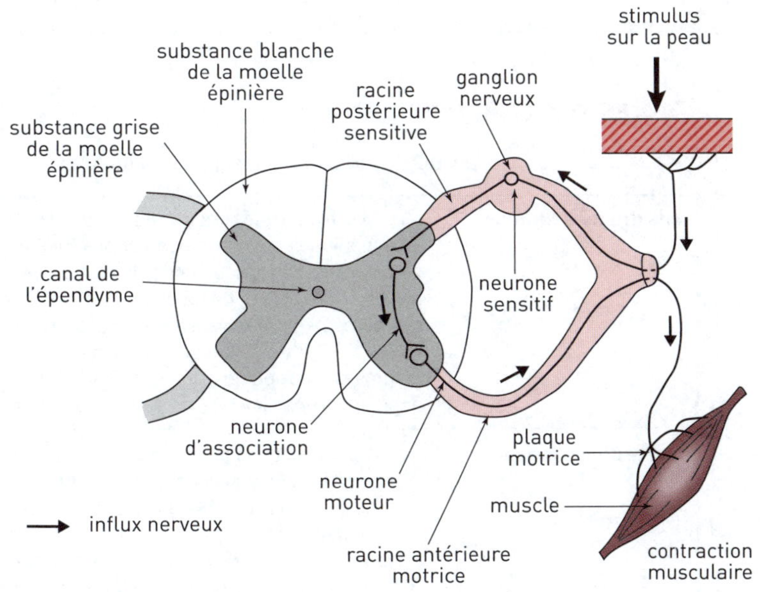

Fig. 5 - L'arc réflexe

Questions

1) Rappelez les propriétés des neurones.

2) Qu'est-ce qu'un réflexe ?

3) Qu'appelle-t-on arc réflexe ?

Solutions à la fin de la fiche.

B. Les réflexes innés

Les réflexes innés sont les réflexes qui existent dès la naissance (réflexes archaïques, cornéen, pupillaire…).

C. Les réflexes acquis ou conditionnés

Les réflexes acquis ou conditionnés sont des réflexes qui apparaissent au cours de la vie, qui nécessitent un apprentissage et qui deviennent automatiques (l'écriture, faire du vélo…).

D. L'activité volontaire

Certaines excitations vont permettre au cerveau de donner un ordre approprié. En général, lorsque nous voulons quelque chose, il y a excitation des cellules de l'œil, transmission par le nerf optique, production dans le cerveau d'une sensation consciente, transmission de l'influx moteur et production d'un mouvement volontaire.

6. Hygiène, prévention des pathologies et dysfonctionnements du système nerveux

Une bonne hygiène de vie (alimentaire, sportive, de sommeil…) est indispensable au système nerveux. Les cellules nerveuses ont une vie plus ou moins longue, mais ne se régénèrent pas. Certaines situations perturbent le fonctionnement du système nerveux.

A. Les toxicomanies

Les différentes drogues : consommation et méfaits

Les drogues fumées	– Le haschich est la résine extraite du cannabis ou chanvre indien. – La marijuana est constituée par des fragments de feuilles et tiges de cannabis. Sa consommation, le plus souvent sous forme de fragments mêlés à du tabac, entraîne une sensation ébrieuse, une modification des perceptions, une sensation de détente, voire d'euphorie. – Le crack est un dérivé de la cocaïne qui se présente sous l'aspect de gros cristaux ou de disques. Il provoque des atteintes neurologiques, à l'origine d'une dépendance psychique et de troubles du comportement.
Les drogues inhalées	– La cocaïne est une poudre blanche cristalline extraite d'une plante d'Amérique du Sud, la coca. Elle entraîne un état d'excitation intense. Des complications peuvent survenir : une insomnie, un état de psychose, des troubles cardiaques. – Les solvants de certains produits ménagers ou de certaines colles contiennent des substances volatiles euphorisantes. L'inhalation de ces produits peut être à l'origine de troubles pulmonaires, de coma et de mort.

▶▶▶

Questions

1) La respiration est un réflexe inné.

❐ Vrai ❐ Faux

2) La toux est un réflexe acquis.

❐ Vrai ❐ Faux

3) La lecture est un réflexe inné.

❐ Vrai ❐ Faux

Solutions à la fin de la fiche.

▶▶▶

Les drogues absorbées par voie orale	– Les amphétamines sont des substances de synthèse (ex. : l'ecstasy). L'usage de telles pilules peut conduire à des états de démence et à des accidents d'overdose. – Les hallucinogènes sont essentiellement représentés par le LSD et provoquent une euphorie, un sentiment d'irréalité, des visions oniriques ou des cauchemars.
Les drogues injectées	– L'héroïne, comme la morphine, est un dérivé de l'opium. Après injection, la sensation brève et intense s'accompagne d'une véritable euphorie. – La cocaïne est parfois injectée.
Les « cocktails de drogues »	De nombreux toxicomanes utilisent conjointement plusieurs drogues ou les associent à de l'alcool ou à des médicaments. Cet usage simultané de plusieurs substances actives peut entraîner une potentialisation des effets toxiques.

En cas d'usage continu, la personne devient dépendante au(x) produit(s) :
– la **dépendance psychique** correspond au besoin psychologique ressenti par le sujet de consommer la drogue afin de retrouver le plaisir ;
– la **dépendance physique** traduit un état d'adaptation biologique aux toxiques. Cette adaptation se manifeste par l'apparition de troubles intenses lorsque l'on interrompt leur consommation. Ces troubles du manque constituent le **syndrome de sevrage** ou d'abstinence et renforcent la dépendance psychique.

B. Le stress

• Le stress est une réaction normale de l'organisme pour s'adapter aux changements de l'environnement.

• Le stress évolue au cours du temps en trois phases. La première, dite d'**alarme**, est une réponse immédiate à la situation stressante. C'est la classique décharge d'adrénaline qui va permettre à l'individu de se mobiliser pour faire face à cette situation. Sensation de trac, pouls accéléré, agitation ou au contraire raideur des muscles… sont les signes selon les personnes de la deuxième phase, dite **réaction de défense**. Dans la troisième phase, dite d'**épuisement**, c'est la défaite de l'organisme contre le stress et le corps s'épuise.

C. Le sommeil

• Chez l'homme, le sommeil est caractérisé par la perte de conscience du monde extérieur et un ralentissement des fonctions de l'organisme.

• L'enregistrement des ondes électriques du cerveau pendant le sommeil a montré que celui-ci revêt deux formes très différentes qui précèdent l'**éveil** (tonus musculaire important) : le sommeil **lent** (tonus musculaire faible) et le sommeil **paradoxal** (tonus musculaire nul = période des rêves).

• Un sommeil suffisamment long en fonction de l'âge et de l'activité est indispensable. Il est nécessaire de dormir dans un environnement adapté : calme, pas ou peu de lumière… pour récupérer et éviter la fatigue nerveuse. Par ailleurs, le sommeil s'avère important pour la croissance de l'enfant.

? Questions

1) Citez des signes caractérisant des troubles du comportement.

2) Indiquez deux rôles du sommeil.

Solutions à la fin de la fiche.

1) Temps moyen de sommeil nécessaire en fonction de l'âge

Nouveau-né	Vers 3-4 ans	Vers 10 ans	Adolescent	Adulte	Personne âgée
16 à 19 heures	11 heures	10 heures	8 à 9 heures	6 heures	8 à 9 heures

2) Les troubles du sommeil

Les cauchemars	Ce sont des rêves angoissants tardifs de fin de nuit. Ils sont souvent signe d'anxiété.
Le somnambulisme	Il survient chez certains sujets, dans le sommeil lent profond.
Les insomnies	C'est la diminution de la durée normale de sommeil. Il en existe de deux types : les insomnies secondaires qui accompagnent les maladies les plus diverses ; les insomnies associées à une modification du comportement ou de l'environnement, qui sont les plus fréquentes.

Corrigé des questions

Page 106

1 **Complétez le schéma (Fig. 1).**
Réponse : Voir schéma p. 115.

2 **La moelle épinière est logée dans le canal médullaire.**
Réponse : Faux.
Le canal médullaire est la partie centrale des os longs.

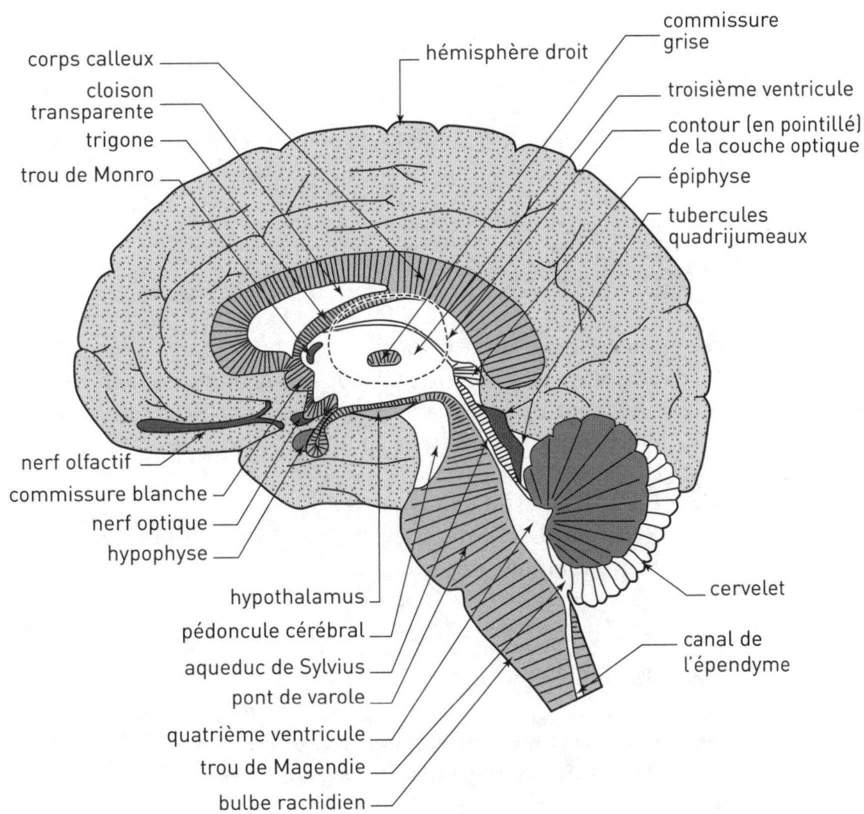

Fig. 1 - Coupe longitudinale de l'encéphale

Page 107

1 **La substance blanche se trouve au centre de la moelle épinière.**
Réponse : Faux.

2 **Qu'appelle-t-on une méninge ?**
Réponse : Une méninge est une membrane très fine protégeant les centres nerveux.

3 **Les nombreux vaisseaux sanguins de la pie-mère nourrissent l'encéphale.**
Réponse : Vrai.

Page 109

1 **Le nerf optique est un nerf crânien.**
Réponse : Vrai.

2 **Le nerf auditif est un nerf rachidien.**
Réponse : Faux.

3 **Combien y a-t-il de nerfs crâniens et de nerfs rachidiens ?**
Réponse : Il y a 12 paires de nerfs crâniens et 31 paires de nerfs rachidiens.

Page 110

1 **Qu'est-ce qu'un neurone ?**
Réponse : Un neurone est une cellule nerveuse constituée d'un corps cellulaire, dont sont issus plusieurs prolongements courts appelés dendrites, et d'un axone dont l'extrémité se divise en une arborisation.

2 **Qu'appelle-t-on une synapse ?**
Réponse : Une synapse est le point de jonction entre deux neurones ou entre un neurone et une fibre musculaire.

Page 111

1 **Rappelez les propriétés des neurones.**
Réponse : Les neurones sont excitables et conducteurs.

2 **Qu'est-ce qu'un réflexe ?**
Réponse : Un réflexe est un acte automatique en réponse à une stimulation.

3 **Qu'appelle-t-on un arc réflexe ?**
Réponse : Un arc réflexe est la transformation par la moelle épinière d'un message nerveux sensitif en un message nerveux moteur par le neurone d'association.

Page 112

1 **La respiration est un réflexe inné.**
Réponse : Vrai.

2 **La toux est un réflexe acquis.**
Réponse : Faux.

3 **La lecture est un réflexe inné.**
Réponse : Faux.

Page 113

1 **Citez des signes caractérisant des troubles du comportement.**
Réponse : Hallucinations, angoisse, cauchemars.

2 **Indiquez deux rôles du sommeil.**
Réponse : Récupération de la fatigue nerveuse et physique ; croissance de l'enfant.

Entraînement 3 - Le système nerveux

1 Complétez la légende du schéma du neurone.

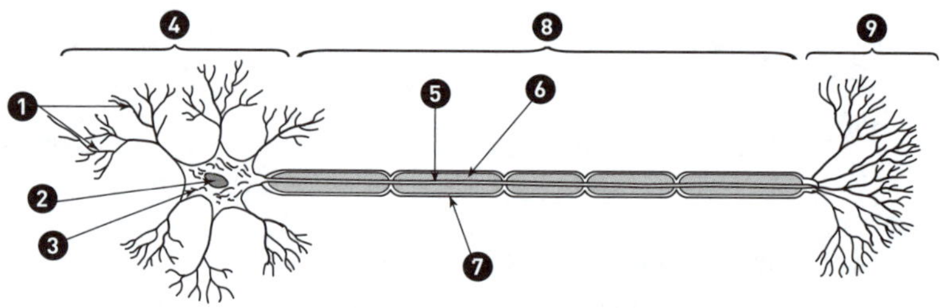

Fig. 1 - Un neurone

....

....

....

....

....

2 Cochez la bonne réponse.

Un neurone est :

❒ **A.** un ensemble de cellules nerveuses.

❒ **B.** une cellule nerveuse.

❒ **C.** un nerf.

3 Définissez une synapse.

....

4 Indiquez les propriétés des cellules nerveuses :

– ....

– ....

5 Donnez la définition d'un réflexe inné.

....

6 Cochez les affirmations exactes.

a) L'encéphale comprend :
❒ **A.** le cervelet et le cerveau.
❒ **B.** le cerveau et les méninges.
❒ **C.** le cerveau, le cervelet et le tronc cérébral.

b) Un influx nerveux allant d'un centre nerveux vers un organe est conduit par :
❒ **A.** un nerf sensitif.
❒ **B.** un nerf moteur.

7 Expliquez le mécanisme de l'arc réflexe.

....

....

8 Citez trois substances nocives pour le système nerveux et indiquez leurs effets :

– ....

– ....

– ....

9 Le sommeil est un besoin. Indiquez les rôles du sommeil.

....

....

Corrigé

1

Réponses :

Dendrite
Noyau
Cytoplasme
Corps cellulaire
Axone
Gaine de myéline
Gaine de Schwann
Nerf
Arborisation

2

Réponse B : Une cellule nerveuse.

3

Réponse : Une synapse est une liaison entre deux neurones.

4

Réponses :
– Excitabilité ;
– conductibilité.

5

Réponses :
Réflexe : réponse motrice involontaire à une stimulation.
Inné : possédé à la naissance.

6

a) Réponse C : le cerveau, le cervelet et le tronc cérébral.
b) Réponse B : un nerf moteur.

7

Réponse : Un arc réflexe est constitué d'un récepteur (la peau), d'une voie afférente (nerf sensitif), d'un centre intégrateur (la moelle épinière), d'une voie efférente (nerf moteur) et d'un effecteur (muscle). C'est la transformation d'un message nerveux sensitif en un message nerveux moteur.

8

Réponses :
– Drogues : perte de sensibilité, moins de réflexes ;
– café, thé : insomnie ;
– tabac : anxiété.

9

Réponse : Le sommeil est réparateur de la fatigue physique (nerveuse) et intellectuelle, et favorise la sécrétion des hormones de croissance.

Fiche 4 - Les organes des sens

1. L'œil et la vision

A. L'anatomie de l'œil

→ *Voir schéma de l'anatomie interne du globe oculaire sur le rabat.*

- De forme sphérique, l'œil (**Fig. 1**) a un diamètre d'environ 25 mm et une masse de 7 à 8 g. Les yeux sont situés de part et d'autre du nez, dans une cavité : l'**orbite**.
- L'ensemble de l'œil est contenu dans une membrane fibreuse, la **sclérotique**, qui forme le blanc de l'œil. Cette membrane devient transparente en avant et prend le nom de **cornée**.
- En avant, l'œil est protégé par les paupières. La **conjonctive** tapisse la face postérieure des paupières et la face antérieure du globe oculaire. C'est une muqueuse transparente, fine et sensible aux irritations.
- L'œil est nourri par une autre membrane riche en vaisseaux sanguins : la **choroïde**. Sa partie antérieure forme l'**iris**, la partie colorée de l'œil qui est percée en son centre par un orifice : la **pupille**.

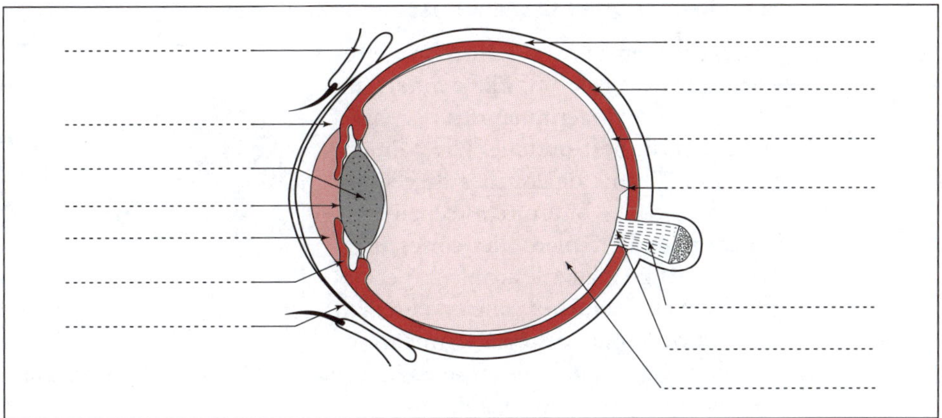

Fig. 1 - Coupe de l'œil

- Le **cristallin** (lentille biconcave) et l'iris séparent l'œil en deux chambres, antérieure et postérieure, toutes les deux remplies d'humeur : humeur **vitrée** en arrière et humeur **aqueuse** en avant.
- À l'arrière, la **rétine** tapisse le fond de l'œil et se prolonge par le **nerf optique**.
- Les larmes sécrétées par les **glandes lacrymales** assurent une humidité intérieure de l'œil.
- Les muscles de l'œil sont au nombre de six ; ils partent du fond de celui-ci et sont attachés sur les côtés du globe oculaire. Ils permettent les mouvements de l'œil.

Question

Légendez le schéma (**Fig. 1**).

Solution à la fin de la fiche.

B. Les maladies de l'œil

Des pathologies oculaires peuvent conduire à la cécité. C'est le cas de la dégénérescence maculaire liée à l'âge (la DMLA, dont le traitement est difficile) ou du glaucome et de la cataracte s'ils ne sont pas traités.

Deux exemples de pathologies oculaires

Le glaucome	La cataracte
Il en existe deux formes : – une forme chronique évoluant vers une diminution du champ visuel et une atteinte du nerf optique qui peut conduire à la cécité ; – une forme aiguë, très douloureuse, qui est une urgence ophtalmique, avec l'œil rouge et des céphalées. Le traitement doit être immédiat.	C'est une opacification du cristallin. Les premiers symptômes sont un éblouissement et une gêne visuelle. Ils sont suivis par une diminution de l'acuité visuelle, d'abord de loin, puis de près. Elle apparaît généralement après 65 ans. Le traitement chirurgical donne de bons résultats.

C. La vision

L'œil est un système optique qui reçoit des **images** et les transmet au cerveau par le nerf optique. On peut comparer l'œil à un appareil photographique dont l'objectif serait le cristallin et la pellicule, la rétine. Le diaphragme, qui règle la quantité de lumière qui pénètre dans l'appareil, serait l'iris qui, en se contractant ou en se dilatant, agrandit ou rétrécit le diamètre de la pupille en fonction de la luminosité : c'est la **diaphragmation.** La mise au point est réalisée par la déformation du cristallin : c'est l'**accommodation.**

1) La formation et la transmission des images

• La rétine, sensible à la lumière, va recevoir les images (**Fig. 2**). Elle contient un grand nombre de terminaisons nerveuses provenant du nerf optique. Elle contient aussi une dizaine de couches de cellules spécialisées : les **bâtonnets** (sensibles à l'intensité de la lumière), les **cônes** (permettant de distinguer les couleurs) et des cellules relais. La **tache jaune** est la région de la rétine la plus riche en terminaisons nerveuses alors que le **point aveugle** (lieu où pénètre le nerf optique dans l'œil) ne contient aucune cellule sensible.

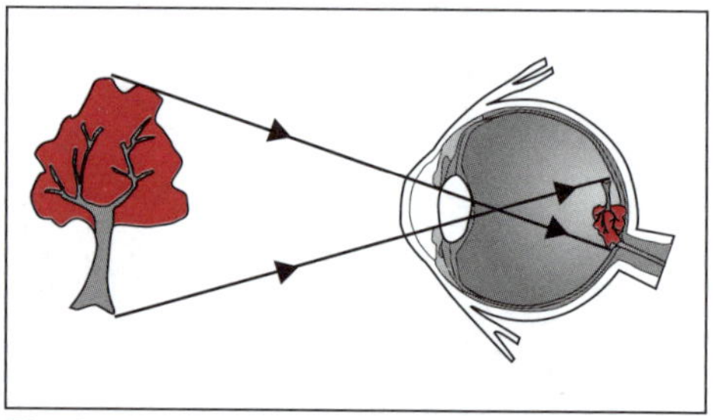

Fig. 2 - Formation de l'image sur la rétine

• Une fois les images reçues par la rétine, le nerf optique va les transmettre au cerveau. Ces images formées sur la rétine sont **renversées**, tout comme les images formées sur la pellicule d'un appareil photographique. C'est donc le cerveau (au niveau de l'aire visuelle) qui **redresse** les images reçues.

• De plus, grâce à la présence d'une image double parfaitement superposée venant de chaque œil, le cerveau permet d'apprécier le relief et les distances.

Question

Le nerf optique véhicule les images que l'on voit.

❐ Vrai ❐ Faux

Solution à la fin de la fiche.

2) Les anomalies visuelles

Comme tout appareil perfectionné, l'œil peut être atteint de défauts ou en acquérir au cours de la vie.

- La **myopie** (vision floue de loin) est caractérisée par le fait que l'image d'un objet éloigné ne se forme pas sur la rétine mais en avant de celle-ci. Le port de verres correcteurs concaves (voire la chirurgie) permet de la corriger. L'**hypermétropie** est le contraire de la myopie : l'image est projetée en arrière de la rétine, de ce fait la vue est très bonne de loin mais la qualité de vision de près est mauvaise. Le port de verres correcteurs convexes corrigera ce défaut de vision.
- La **presbytie** (perte de souplesse du cristallin en vieillissant) est caractérisée par une vision déformée. Des verres convergents seront alors utilisés. L'**astigmatisme** (défaut de courbure du cristallin ou de la cornée) se caractérise par une vision déformée ; des verres spéciaux compenseront ce défaut de courbure.

2. L'oreille et l'audition

L'oreille remplit deux fonctions différentes : une fonction d'**audition** et une fonction d'**équilibration**.

A. L'anatomie de l'oreille

→ *Voir schéma de la structure de l'oreille sur le rabat.*

- L'oreille (**Fig. 3**) est constituée de trois parties : l'oreille **externe**, seule visible, l'oreille **moyenne** et l'oreille **interne** situées dans une partie de l'os temporal (le rocher).
- L'oreille externe est formée par le **pavillon** et par le **conduit auditif externe** qui aboutit à une membrane : le **tympan**. Le revêtement du conduit auditif renferme les **glandes cérumineuses** (qui sécrètent le cérumen).
- L'oreille moyenne est une cavité remplie d'air contenant un ensemble de muscles et d'**osselets (enclume, marteau, étrier)**. Elle communique avec l'arrière de la bouche par la **trompe d'Eustache** et avec l'oreille interne par la **fenêtre ronde** et la **fenêtre ovale**.
- L'oreille interne comprend plusieurs cavités remplies de liquides. Le **labyrinthe osseux** est plein d'un liquide (le **périlymphe**), dans lequel baigne le **labyrinthe membraneux** rempli d'un autre liquide (l'**endoplymphe**). Chacun de ces labyrinthes comprend les **canaux semi-circulaires** : le **limaçon** où se trouvent les cellules sensorielles.

Le **conduit auditif interne** laisse le passage au nerf **auditif** et au nerf de l'**équilibration**.

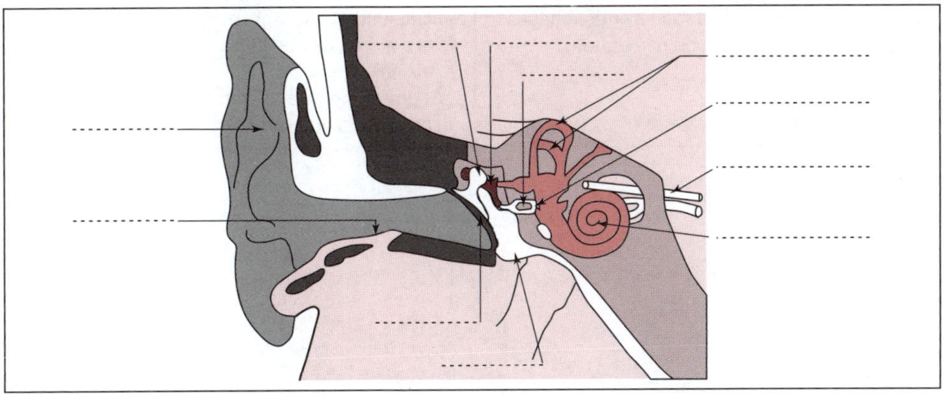

Fig. 3 - Coupe de l'oreille

Questions

1) Une bonne vision de près se nomme la presbytie.

❒ Vrai ❒ Faux

2) Légendez le schéma (**Fig. 3**).

Solutions à la fin de la fiche.

B. L'audition

- Le son est une sensation auditive provoquée par les **vibrations de l'air** qui se propagent sous forme d'**ondes sonores**. On définit un son par sa fréquence (exprimée en hertz, Hz) et par son intensité (exprimée en décibels, Db).
- Les sons pénètrent dans le conduit auditif externe et font vibrer le tympan, puis les osselets. La vibration se transmet alors à l'oreille moyenne, qui amplifie et propage les vibrations vers l'oreille interne. Les liquides vibrent à leur tour et les cellules sensibles sont excitées. Le nerf auditif transmet alors l'influx nerveux au cerveau. Au niveau du cerveau (aire auditive), il y a décodage et interprétation des sons.

C. L'équilibration

L'oreille interne joue un rôle dans la fonction de l'équilibration. Les mouvements de la tête font déplacer l'endolymphe, qui influe sur des cellules sensorielles à l'origine des réflexes d'équilibration et de posture.

D. Les pathologies auditives

- L'oreille est un organe fragile qui peut être le siège de pathologies : les **otites** (inflammations de l'oreille ou d'une de ses parties). On distingue l'otite **externe** (liée à une infection rhinopharyngée), l'otite **moyenne** (liée à un traumatisme ayant entraîné la perforation du tympan), et la **mastoïdite** (complication grave de l'otite moyenne).
- L'**otalgie** (douleur localisée à l'oreille) s'observe dans presque toutes les maladies de l'oreille.
- Le bruit a des effets nocifs sur l'organisme, tant sur le plan physique que mental.

Le bruit et ses conséquences

Sur le système auditif	Sur l'organisme	Sur le sommeil
- Rupture du tympan (surdité de transmission). - Déboîtement de la chaîne des osselets (surdité de transmission). - Cils vibratiles endommagés (surdité de perception).	- Dilatation des pupilles. - Rétrécissement du champ visuel. - Altération de la vision nocturne. - Nausées. - Diminution de la vigilance, de la capacité de mémorisation. - Anxiété, stress. - Augmentation des battements du cœur, de la pression artérielle.	Le bruit gêne l'endormissement et perturbe le sommeil.

Questions

1) Qu'est-ce qu'un son ?

2) L'oreille externe joue un rôle dans l'équilibration.

❒ Vrai ❒ Faux

Solutions à la fin de la fiche.

3. Les fosses nasales et l'olfaction

A. L'anatomie et la physiologie des fosses nasales

La **tache olfactive**, située en haut de la muqueuse des fosses nasales, est formée de cellules sensorielles qui enregistrent et transforment en influx nerveux les caractéristiques physiques de l'odeur. Des **filets nerveux** partent de ces cellules et pénètrent dans le crâne en traversant la **lame criblée**. Ils se réunissent au-dessus de celle-ci en deux **bulbes olfactifs** où vient se terminer le **nerf olfactif**, qui conduit l'influx nerveux jusqu'au cortex cérébral afin de reconnaître l'odeur.

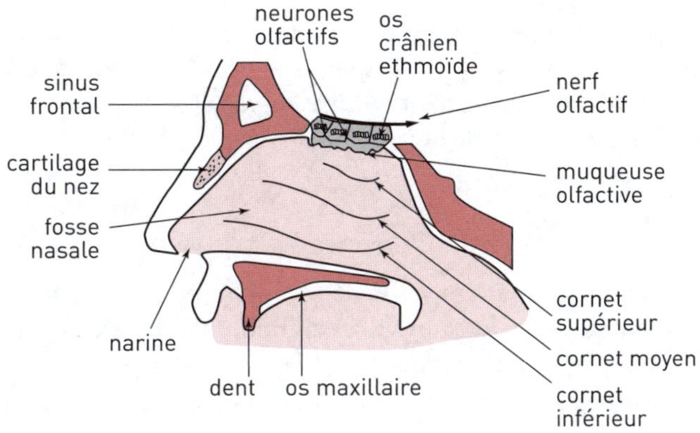

Fig. 4 - Les fosses nasales

B. L'odorat

- L'odorat correspond à la faculté sensorielle de reconnaître et de discriminer les odeurs.
- L'**anosmie** correspond à une perte de l'odorat, soit de **transmission** (obstruction des fosses nasales), soit de **perception** (atteinte des filets nerveux).
- **Les différentes odeurs :**

Neuf groupes d'odeurs sont recensés :
- odeur fragrante (fleurs) ;
- odeur aromatique (amande) ;
- odeur éthérée (fruits) ;
- odeur ambrosiaque (musc) ;
- odeur alliacée (ail) ;
- odeur empyreumatique (brûlé) ;
- odeur caprylique (fromage) ;
- odeur répulsive (punaise) ;
- odeur nauséeuse (matières fécales).

Questions

1) Le nerf optique conduit l'influx nerveux jusqu'au cortex afin de reconnaître l'odeur.

❒ Vrai ❒ Faux

2) On dénombre sept groupes d'odeurs.

❒ Vrai ❒ Faux

Solutions à la fin de la fiche.

4. La langue et le goût

A. L'anatomie et la physiologie de la langue

La face supérieure de la langue (**Fig. 5**) est recouverte de **papilles** (au nombre de 3 000 ou 4 000) de formes différentes (caliciformes, fongiformes…), auxquelles correspondent des sortes de **sensibilités gustatives** (la pointe est sensible au sucré et au salé, l'arrière à l'amer et les côtés à l'acide).

De ces papilles partent des fibres nerveuses qui se regroupent en **nerfs gustatifs** (nerf **glosso-pharyngien** et nerf **lingual**), qui transportent l'influx nerveux vers la zone cérébrale qui va l'interpréter.

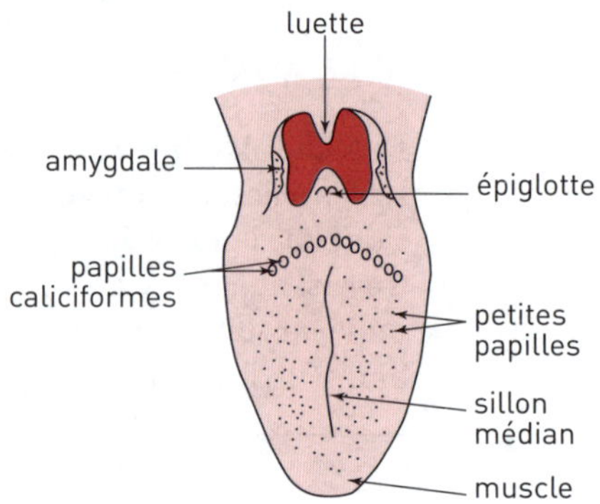

Fig. 5 - La langue

B. Le goût

- On appelle goût la faculté de reconnaître une saveur. Les substances **sapides** ou **fondamentales** sont les substances chimiques qui, au contact de la muqueuse de la langue, provoquent des sensations gustatives.
- L'**agueusie** correspond à une perte du goût.
- Il existe quatre sortes de saveurs : le **sucré**, le **salé**, l'**amer** et l'**acide**. Il faut au moins 0,5 % de sucre dans une solution pour qu'elle donne l'impression de sucré, 0,25 % de sel pour le salé, 1 pour 130 000 pour l'acide et 1 pour 2 000 000 pour l'amer.

5. La peau et le toucher

Questions

1) Nommez les quatre saveurs détectées par les papilles de la langue.

2) Nommez les trois couches de la peau.

Solutions à la fin de la fiche.

A. La structure de la peau

1) L'anatomie de la peau

- D'une surface d'environ 1,5 à 2 m^2, la peau a une épaisseur d'environ 0,5 à 4 mm.
- La peau est constituée de trois couches : l'**épiderme**, le **derme** et l'**hypoderme** (**Fig. 6**).

– L'épiderme est la partie superficielle de la peau, formée de cellules aplaties et juxtaposées. C'est un tissu épithélial qui comprend des **phanères**. On y différencie trois couches : la **couche cornée** (la plus extérieure) aux cellules très serrées, la **couche vivante** ou **intermédiaire**, constituée de cellules desséchées et aplaties et la **couche basale** (la plus **profonde**), constituée de cellules actives et de cellules spécialisées (les mélanocytes qui sécrètent la **mélanine**).

– Le derme est situé sous l'épiderme. Il est constitué de tissus lâches faits de fibres entrelacées, c'est un tissu conjonctif.
– L'hypoderme est la partie la plus profonde de la peau. C'est un tissu conjonctif qui comporte principalement des cellules adipeuses (graisseuses).

- **Les glandes**

– Les **glandes sudoripares** (glandes tubuleuses enroulées sur elles-mêmes) s'ouvrent à la surface de la peau par un **pore**. Elles sécrètent la sueur qui, en s'évaporant, permet au corps de se rafraîchir.
– Les **glandes sébacées** sécrètent le **sébum** à la surface de la peau, ce qui lui donne son imperméabilité.

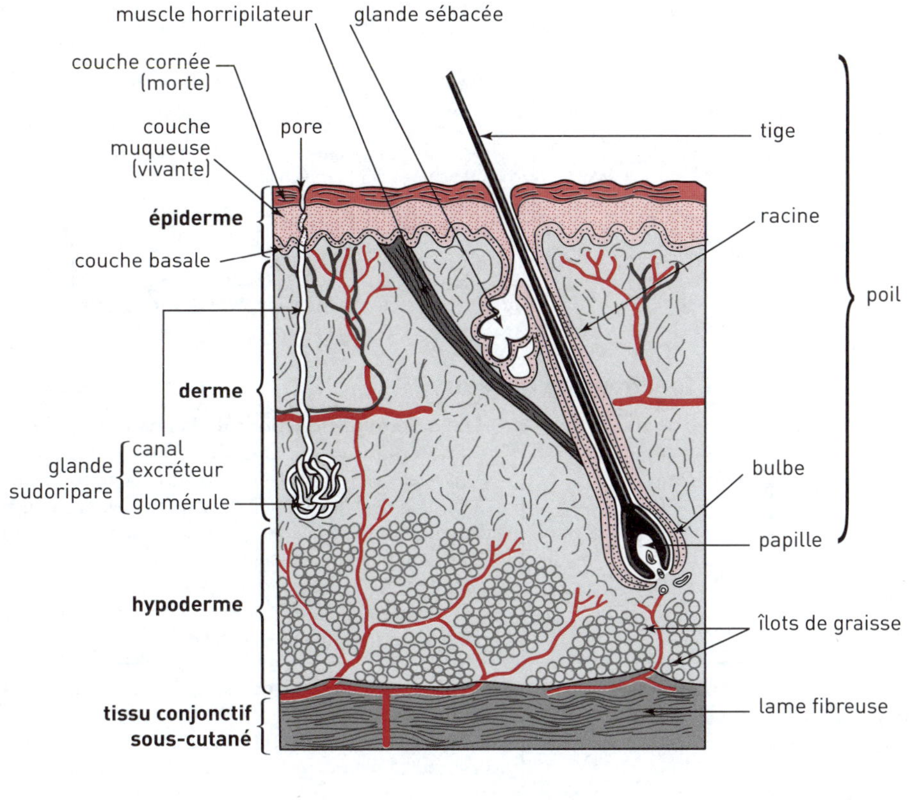

Fig. 6 - Structure de la peau

Questions

1) Les glandes sébacées sécrètent la sueur.

❒ Vrai ❒ Faux

2) Qu'appelle-t-on un phanère ?

3) Les vaisseaux sanguins se trouvent dans l'épiderme.

❒ Vrai ❒ Faux

Solutions à la fin de la fiche.

- **Les phanères**

Les phanères correspondent aux productions épidermiques apparentes : les **poils** (le muscle horripilateur les redresse sous l'effet du froid pour réduire les pertes de chaleur), les **cheveux** et les **ongles**.

- **Les vaisseaux sanguins**

Les **capillaires sanguins** se trouvent sous le derme et l'hypoderme ; ils assurent la respiration cutanée. En se dilatant ou en se contractant, ils participent à la **thermorégulation** (maintien de la température du corps).

- **Les terminaisons nerveuses**

La peau est l'organe du toucher grâce aux **récepteurs tactiles** (**Fig. 7**) qu'elle renferme. Elle reçoit par les nerfs des sensations qu'elle transmet au cerveau : les sensations **tactiles, thermiques** et **douloureuses.**

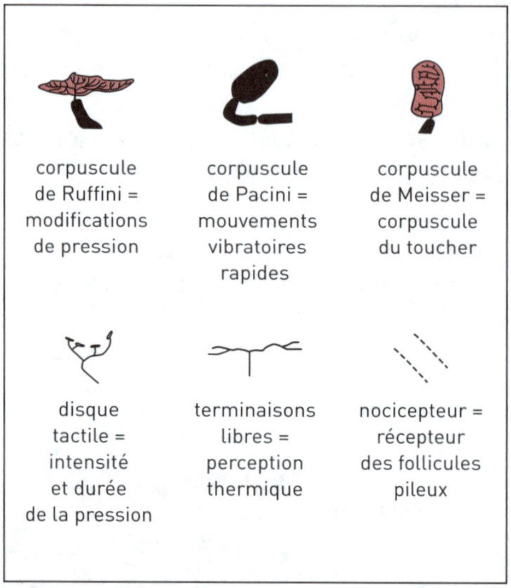

Fig. 7 - Les principaux récepteurs sensoriels

2) Les fonctions de la peau

Les différentes fonctions de la peau

Protection	– Contre les micro-organismes : le mélange sueur-sébum forme à la surface de la peau un film qui a une action bactéricide. – Contre les agents chimiques : la peau supporte de nombreux produits s'ils ne sont pas trop concentrés. – Contre l'eau : le sébum imperméabilise la peau. – Contre les agents mécaniques : par son élasticité, la peau est protégée des frottements et des chocs.
Régulation thermique	La peau permet au corps de maintenir sa température à 37 °C par : – la production de sueur ; – le mécanisme de « chair de poule » ; – la vasodilatation ou la vasoconstriction des vaisseaux sanguins.
Excrétion	La peau excrète la sueur qui élimine les déchets.
Respiration	La peau respire au niveau de toute sa surface.
Sensibilité	La peau est l'organe du toucher grâce aux terminaisons nerveuses (sensations tactiles, thermiques et douloureuses).
Réserve	Par la couche de tissu adipeux présente dans l'hypoderme.
Absorption	La peau absorbe certaines substances grasses ou alcoolisées (médicaments, cosmétiques…).
Production de vitamine	La peau synthétise de la vitamine D lorsqu'elle est exposée au soleil.

Questions

1) Indiquez les sensations perçues par la peau.

2) La peau protège contre les infections microbiennes.
❒ Vrai ❒ Faux

3) La peau fabrique de la vitamine C.
❒ Vrai ❒ Faux

4) La peau est un organe.
❒ Vrai ❒ Faux

Solutions à la fin de la fiche.

3) L' hygiène de la peau

- La peau est salie par la crasse (sueur + sébum + cellules mortes + poussières).
- Une peau sale peut engendrer plusieurs phénomènes : desquamation difficile, pores et orifices sébacés bouchés, irritation, maladies… Il convient donc d'avoir une hygiène corporelle rigoureuse.

B. Les affections de la peau

1) Quelques maladies de la peau

- Acné : accumulation de sébum et de kératine dans le follicule pilo-sébacé, formant une masse arrondie.
- Eczéma : lésion cutanée passant par différents stades : érythème (rougeur) et œdème (gonflement), suintement, croûte.
- Mycose : infection de la peau due à des champignons microscopiques divers.

2) Les plaies et les brûlures

- Les plaies sont des coupures de la peau par lesquelles les micro-organismes peuvent pénétrer ; l'infection et bien sûr le tétanos sont à redouter.
- Une brûlure est une lésion plus ou moins profonde de la peau ou des muqueuses, entraînant parfois leur destruction et celle des tissus et organes proches. Une brûlure est une plaie, il faut donc veiller à éviter l'infection.

Degrés de gravité d'une brûlure

1er degré	La surface de l'épiderme est atteinte. La peau est rouge, douloureuse et chaude, puis se desquame.
2e degré superficiel	L'épiderme est détruit sauf la couche vivante. De petites cloques douloureuses apparaissent (ampoules).
2e degré profond	La couche vivante est détruite et une partie du derme est atteinte. De grosses cloques apparaissent.
3e degré	Toutes les couches de la peau sont détruites, la partie brûlée est noire et insensible au début.

3) Les escarres

- Une escarre est une plaie due à la nécrose (mort) des tissus. Elle survient aux points d'appui. Les tissus sont comprimés, donc la circulation sanguine est ralentie ; de ce fait, les tissus meurent.

Stades de l'évolution d'une escarre

Stade	Description
Stade 1	**Stade de l'inflammation :** – rougeur ; – gonflement ; – douleur ; – chaleur discrète.

▸▸▸

Questions

1) Qu'est-ce que l'acné ?

2) Qu'est-ce qu'une brûlure ?

3) Une literie humide favorise les escarres.
❒ Vrai ❒ Faux

4) Le diabète favorise les escarres.
❒ Vrai ❒ Faux

Solutions à la fin de la fiche.

Stade	Description
Stade 2	**Stade de l'ulcération :** Réaction inflammatoire intense ; la peau est rouge. Elle est gonflée et douloureuse. L'atteinte s'étend au derme.
Stade 3	**Stade de destruction de tous les tissus :** Apparition d'une plaque d'abord blanche et dure, puis noire.
Stade 4	**Stade de l'ostéomyélite :** - infection et mort des tissus ; - les os sont atteints ; - déperdition de pus.

• Les facteurs favorisant les escarres sont l'immobilité, les irritations de la peau par frottements, une literie humide, une carence en protides, l'incontinence urinaire et l'obésité.

• Les massages, les changements de position, l'utilisation de matériels (matelas, lève-malade, cerceaux…) et des apports supplémentaires en protides sont les moyens de prévention des escarres.

Corrigé des questions

Page 121

Légendez le schéma (Fig. 1).
Réponse : Voir schéma.

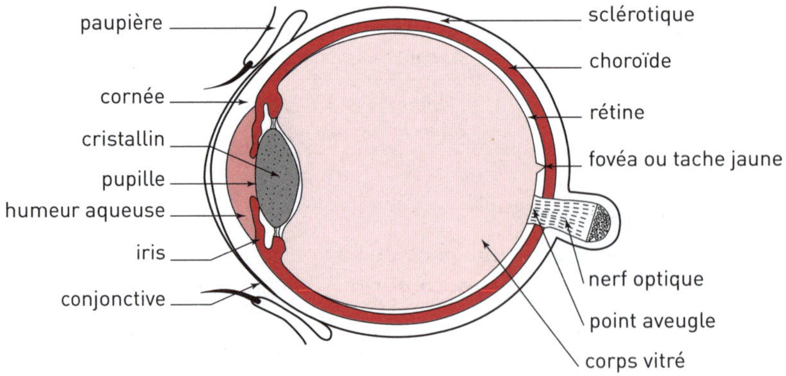

Fig. 1 - Coupe de l'œil

Page 122

Le nerf optique véhicule les images que l'on voit.
Réponse : Vrai.

Page 123

1 **Une bonne vision de près se nomme la presbytie.**
Réponse : Faux.

2 **Légendez le schéma (Fig. 3).**
Réponse : Voir schéma.

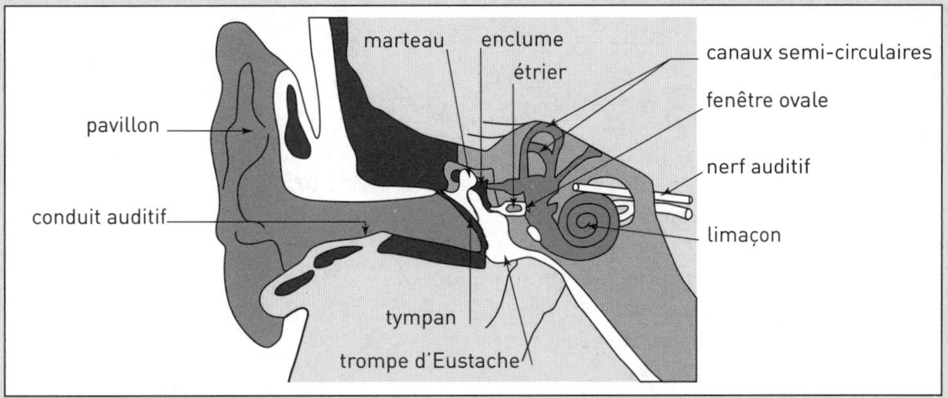

Fig. 3 - Coupe de l'oreille

Page 124

1 **Qu'est-ce qu'un son ?**
Réponse : Un son est une vibration qui se transmet dans l'air.

2 **L'oreille externe joue un rôle dans l'équilibration.**
Réponse : Faux.

Page 125

1 **Le nerf optique conduit l'influx nerveux jusqu'au cortex afin de reconnaître l'odeur.**
Réponse : Faux.

2 **On dénombre sept groupes d'odeurs.**
Réponse : Faux.

Page 126

1 **Nommez les quatre saveurs détectées par les papilles de la langue.**
Réponses :
– Le sucré ;
– le salé;
– l'amer;
– l'acide.

2 **Nommez les trois couches de la peau.**
Réponses :
– Épiderme ;
– derme ;
– hypoderme.

Page 127

1 **Les glandes sébacées sécrètent la sueur.**
Réponse : Faux.

2 **Qu'appelle-t-on un phanère ?**
Réponse : Les phanères sont les productions épidermiques apparentes (poils, ongles, cheveux, etc.).

3 **Les vaisseaux sanguins se trouvent dans l'épiderme.**
Réponse : Faux.

Page 128

1 **Indiquez les sensations perçues par la peau.**
Réponses :
– Sensation thermique ;
– sensation tactile ;
– sensation douloureuse.

2 **La peau protège contre les infections microbiennes.**
Réponse : Vrai.

3 **La peau fabrique de la vitamine C.**
Réponse : Faux.

4 **La peau est un organe.**
Réponse : Vrai.

Page 129

1 **Qu'est-ce que l'acné ?**
Réponse : L'acné résulte d'une inflammation des glandes sébacées. Cette inflammation est en général causée par une infection microbienne.

2 **Qu'est-ce qu'une brûlure ?**
Réponse : Une brûlure est une détérioration des tissus de la peau provoquée par une agression thermique ou chimique douloureuse.

3 **Une literie humide favorise les escarres.**
Réponse : Vrai.

4 **Le diabète favorise les escarres.**
Réponse : Faux.

Entraînement 4 -
Les organes des sens

1 **Cochez les affirmations exactes :**

a) Le globe oculaire est constitué de :
❒ **A.** 1 membrane.
❒ **B.** 2 membranes.
❒ **C.** 3 membranes.

b) La membrane sensible à la lumière est :
❒ **A.** la sclérotique.
❒ **B.** la rétine.

c) Les osselets sont situés dans :
❒ **A.** l'oreille interne.
❒ **B.** l'oreille externe.
❒ **C.** l'oreille moyenne.

d) Le tympan ferme :
❒ **A.** le conduit auditif interne.
❒ **B.** le conduit auditif externe.

e) Il existe :
❒ **A.** 3 saveurs fondamentales.
❒ **B.** 4 saveurs fondamentales.

f) L'épiderme est formé de :
❒ **A.** 3 couches.
❒ **B.** 2 couches.

g) Les glandes sébacées sécrètent :
❒ **A.** la sueur.
❒ **B.** le sébum.
❒ **C.** les larmes.

2 Complétez la légende du schéma.

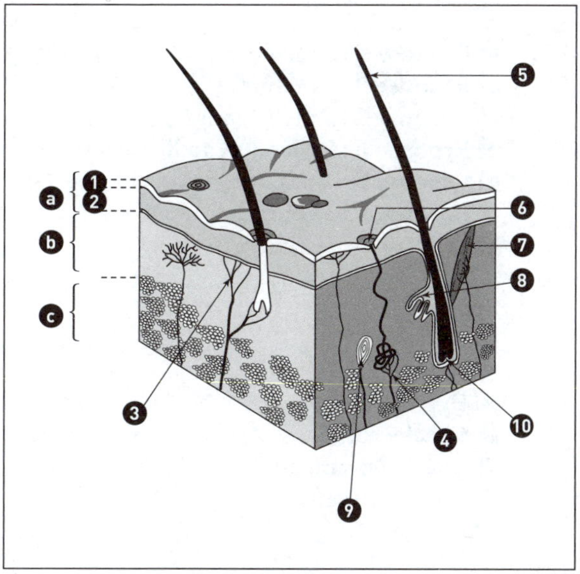

Fig. 1 - Coupe schématique de la peau

a ....

b ....

c ....

1 ....

2 ....

3 ....

4 ....

5 ....

6 ....

7 ....

8 ....

9 ....

10 ....

3 Dans la phrase suivante, entourez la bonne réponse.

Les glandes sudoripares sont des glandes mixtes, des glandes endocrines, des glandes exocrines.

4 Indiquez trois fonctions de la peau :

– ....

– ....

– ....

5 Définissez une escarre.

....

Corrigé

1

a) Réponse C : 3 membranes.
b) Réponse B : La rétine.
c) Réponse C : L'oreille moyenne.
d) Réponse B : Le conduit auditif externe.
e) Réponse B : 4 saveurs fondamentales.
f) Réponse A : 3 couches.
g) Réponse B : Le sébum.

2

Réponses :
ⓐ Épiderme
ⓑ Derme
ⓒ Hypoderme
❶ Couche cornée
❷ Couche vivante
❸ Vaisseau sanguin
❹ Glande sudoripare
❺ Poil
❻ Pore
❼ Muscle horripilateur
❽ Glande sébacée
❾ Terminaison nerveuse
❿ Bulbe pileux

3

Réponse : Les glandes sudoripares sont des glandes exocrines.

4

Réponse : La peau a par exemple comme fonctions :
– la protection ;
– l'excrétion ;
– la thermorégulation.

5

Réponse : Une escarre est une plaie due à la nécrose (mort) des tissus.

Fiche 5 - L'appareil circulatoire et la circulation sanguine

1. Le sang

A. Le sang et la lymphe

- Le **sang** est un liquide rouge qui coule dans notre corps. Le corps d'un adulte contient entre 5 et 6 litres de sang.
- Le sang apporte à nos cellules des nutriments, de l'oxygène, des anticorps et des hormones. Il en évacue également certains déchets, dont il se débarrasse dans des organes comme les reins, les poumons et le foie.
- La **lymphe** est un liquide jaune clair ; elle baigne et nourrit les tissus de notre corps. Elle participe à la défense de l'organisme contre les infections. Elle est rassemblée dans des vaisseaux lymphatiques (capillaires et veines). Elle est filtrée par de nombreux **ganglions lymphatiques**.

B. La composition du sang

- Dans un flacon de sang rendu incoagulable, on observe trois couches : un liquide jaune (le **plasma**) qui surnage, une couche intermédiaire (des **globules blancs** et des **plaquettes sanguines**) et une masse rouge visqueuse au fond (des **globules rouges**). Le sang est donc composé de cellules et de plasma.
- Le plasma représente 55 % du volume du sang. Il contient 90 % d'eau, du fibrinogène et des sels minéraux. Il transporte les globules blancs, les globules rouges et les plaquettes dans les vaisseaux. Il véhicule également les substances nutritives provenant de l'absorption intestinale, les déchets, les hormones et les anticorps.

1) Les éléments figurés du sang

- Les globules rouges ou **hématies** sont au nombre de 5 millions par mm³ de sang chez l'homme bien portant. Ils ont la forme de petits disques renflés et n'ont pas de noyau. Ils sont colorés en rouge par l'**hémoglobine**. Ils assurent le transport du dioxygène sous forme d'**oxyhémoglobine**, du dioxyde de carbone sous forme de **carbohémoglobine**. Ils déterminent également les groupes sanguins et le facteur Rhésus.

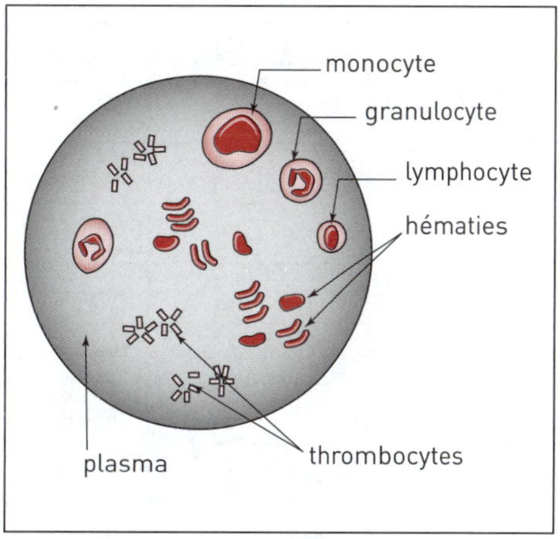

Fig. 1 - Une goutte de sang

Question

Citez un synonyme de globule rouge.

Solution à la fin de la fiche.

• Les globules blancs ou **leucocytes** sont au nombre de 7 000 à 8 000 chez l'homme bien portant. Ils sont de formes et de tailles variées. Ils ont un noyau, quelquefois plusieurs : on les appelle alors polynucléaires. Les **monocytes** et les **polynucléaires** se déforment facilement, ce qui leur permet de traverser la paroi des capillaires sanguins : c'est la **diapédèse**. Ils se rendent ensuite vers des micro-organismes ou des cellules usées pour les détruire par **phagocytose**. Les **lymphocytes** programmés pour défendre l'organisme lors des réactions immunitaires produisent des **anticorps**.

• Les plaquettes ou **thrombocytes** sont au nombre de 200 000 à 500 000 par mm^3 de sang. Elles n'ont pas de noyau, ont tendance à s'agglutiner et se présentent en amas. Elles participent à l'arrêt de l'écoulement du sang (**hémostase**) en s'agglomérant, facilitant ainsi la coagulation.

2) L'hémostase

Le mécanisme de l'hémostase comprend quatre phases : la phase **vasculaire** (paroi vasculaire, débit de sang ralenti), la phase **plaquettaire** (les plaquettes se regroupent pour boucher le trou), la phase **plasmatique** (le fibrinogène du plasma se transforme en fibrine, une sorte de filet qui retient les cellules sanguines) et la phase de **fibrinolyse** (le caillot va se dissoudre, les tissus se cicatrisent, le sang retrouve son débit normal). La coagulation fait intervenir également d'autres substances, comme la **vitamine K** et le **calcium**.

3) Les groupes sanguins

• Le sang peut contenir ou non certaines substances agglutinogènes. Les **agglutinogènes** sont portés par les hématies et déterminent le nom du groupe sanguin. Il existe les agglutinogènes A, B et facteur Rhésus. Les **agglutinines** se trouvent dans le plasma ou le sérum. Il existe les agglutinines anti A, anti B et anti Rhésus. Une règle est déterminante : **le sang d'une personne ne contient pas l'agglutinogène et l'agglutinine correspondante**.

Questions

1) Citez un synonyme de globule blanc.

2) Qu'est-ce que la diapédèse ?

3) Qu'est-ce que l'hémostase ?

4) Les agglutinogènes déterminent le nom du groupe sanguin.
❒ Vrai ❒ Faux

5) Qu'est-ce que le facteur Rhésus ?

Solutions à la fin de la fiche.

Tableau des groupes sanguins

Nom des agglutinogènes présents dans le groupe		Nom du groupe	% dans la population française	Nom des agglutinines présentes
Groupe sanguin	**Facteur Rhésus**			
A	Présent	A Rh +	38,1 %	Anti B
A	Absent	A Rh –	7,2 %	Anti B et Anti Rh
B	Présent	B Rh +	6,2 %	Anti A
B	Absent	B Rh –	1,2 %	Anti A et Anti Rh
A et B	Présent	AB Rh +	2,8 %	Aucune
A et B	Absent	AB Rh –	0,5 %	Anti Rh
Aucun	Présent	O Rh +	37,0 %	Anti A et Anti B
Aucun	Absent	O Rh –	7,0 %	Anti A, Anti B, Anti Rh

• Lorsque l'on pratique une transfusion sanguine, il est important de connaître les règles fondamentales de compatibilité ABO. Elles se résument ainsi : **c'est l'agglutinine du receveur qui est dangereuse**. Pour que la transfusion soit possible, les **hématies du donneur ne doivent pas être agglutinées par le sérum du receveur.**

• Le groupe O est **donneur universel** car ses hématies ne contiennent pas d'agglutinogène, elles ne peuvent être agglutinées. Les personnes de ce groupe ne peuvent recevoir que du sang du groupe O.

• Le groupe AB est **receveur universel** car son plasma ne contient pas d'agglutinines, il ne pourra agglutiner les globules rouges du donneur.

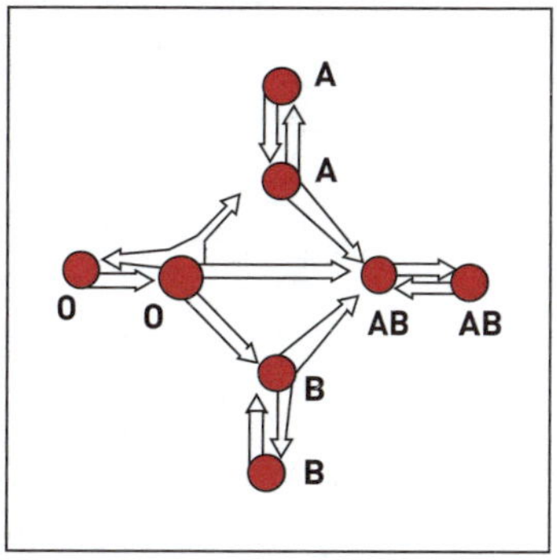

Fig. 2 - Les compatibilités ABO

2. L'appareil cardio-vasculaire

L'appareil cardio-vasculaire fonctionne comme une pompe en circuit fermé. Il est composé du **cœur** (une pompe qui aspire et refoule le sang), des **artères** et des **veines** et **capillaires**, qui distribuent et recueillent le sang. Ces vaisseaux représentent plusieurs milliers de km de voies de circulation pour le sang dans le corps humain.

A. Le cœur ou myocarde

→ *Voir schéma du cœur sur le rabat.*

• Gros comme le poing, le cœur pèse environ 300 grammes. C'est un muscle creux qui se contracte et se dilate toujours indépendamment de notre volonté. Il est enfermé dans le **péricarde.** Il est situé dans la cage thoracique, où sa pointe tournée vers la gauche repose sur le diaphragme.

• En coupe longitudinale (**Fig. 3**), on voit que le cœur est séparé en deux parties (le cœur droit et le cœur gauche) par une cloison étanche qui les délimite. Chacune des parties comporte vers le haut les **oreillettes** et vers le bas les **ventricules.** L'oreillette gauche communique avec le ventricule gauche par les **valvules mitrales,** alors que les **valvules tricuspides** permettent la communication entre le ventricule droit et l'oreillette droite. Le ventricule gauche donne naissance à l'**artère aorte,** munie de **valvules sigmoïdes,** alors que le ventricule droit donne naissance aux **deux artères pulmonaires,** pourvues aussi de valvules sigmoïdes.

• Les contractions du cœur sont involontaires, rythmées et régulières. Un battement se fait en trois temps : la contraction des oreillettes qui chasse le sang dans les ventricules (**systole auriculaire,** environ 0,1 s), la contraction des ventricules qui chasse le sang dans les artères (**systole ventriculaire,** environ 0,3 s) et le repos, pendant lequel les quatre cavités se dilatent et les oreillettes se remplissent (**diastole,** environ 0,4 s).

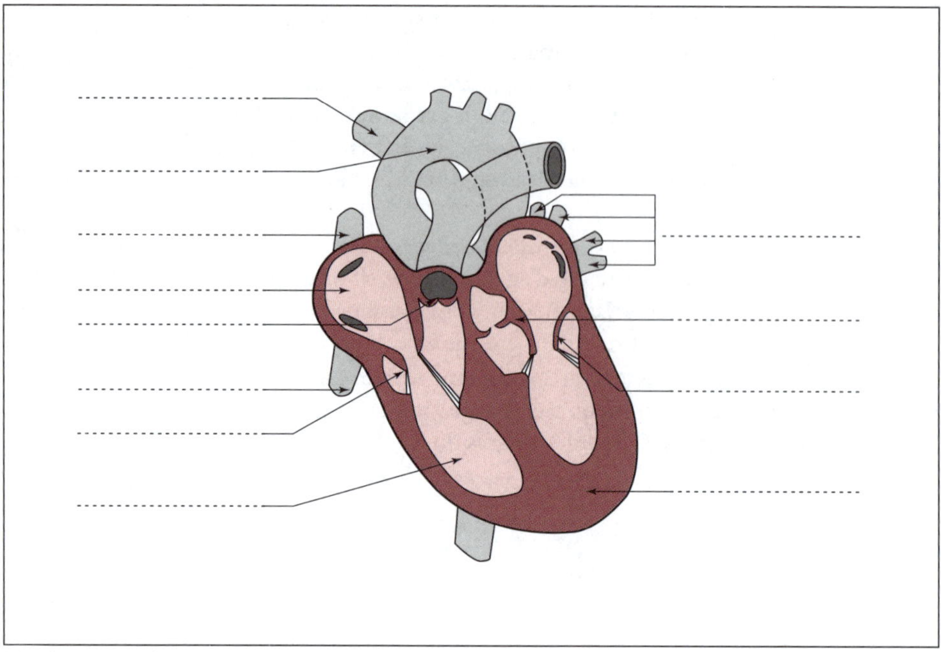

Fig. 3 - Coupe longitudinale du cœur

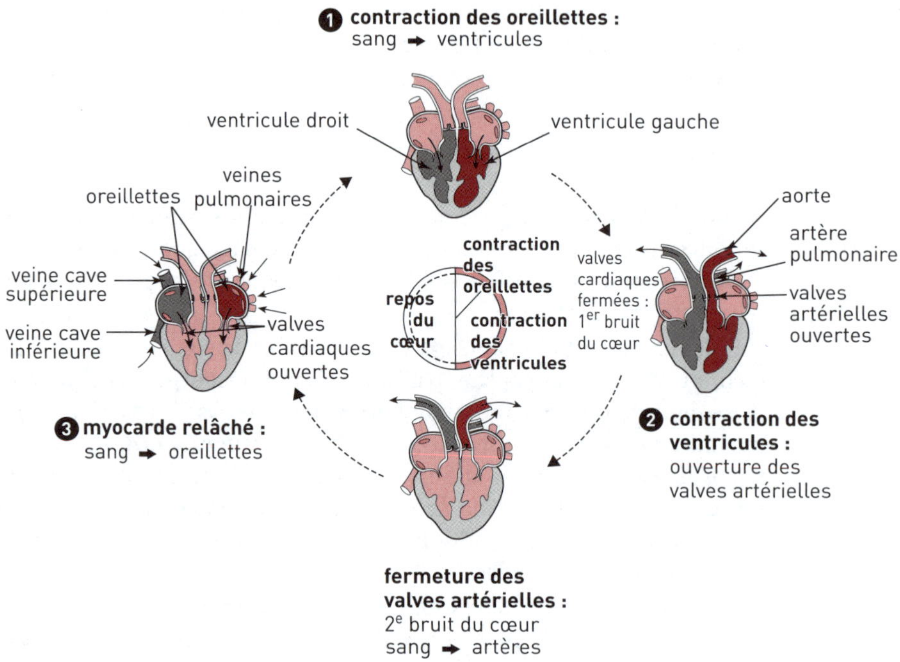

Fig. 4 - Une révolution cardiaque

Questions

1) Légendez le schéma du cœur (**Fig. 3**).

2) Citez les trois phases de la contraction cardiaque.

Solutions à la fin de la fiche.

B. Les vaisseaux sanguins

Les artères, les veines et les capillaires forment un réseau qui irrigue en circuit fermé toutes les parties du corps.

Tableau comparatif des vaisseaux sanguins

Artères	Capillaires	Veines
Elles partent des ventricules puis se divisent en artères de plus en plus petites : les **artérioles**. Elles amènent le sang **du cœur vers les organes**.	Ils font la jonction entre les artérioles et les veinules.	Les **veinules** deviennent des veines de plus en plus grosses qui débouchent dans les oreillettes. Les veines **ramènent le sang vers le cœur**.
Le sang y circule sous une **forte pression** exercée sur leurs parois.	Le sang y circule très lentement, ce qui favorise les échanges avec les tissus.	À l'intérieur des veines se trouvent des **valvules**, qui empêchent le sang de refluer vers le cœur.
Leur paroi est **épaisse** et **élastique**.	Ils ont des parois très **fines**.	Leur paroi est **mince** et **non élastique**.

C. La circulation sanguine

1) Une double circulation

Le système circulatoire comprend deux systèmes complémentaires :
– la **petite circulation** : le sang va du cœur droit vers le cœur gauche, en passant par les **poumons.** Ce circuit permet l'oxygénation du sang veineux pour donner le sang artériel ;
– la **grande circulation** : le sang va du cœur gauche vers le cœur droit en passant par tous les **organes** du corps. Ce circuit permet de distribuer le sang artériel à tout le corps humain.

2) La pression artérielle

La **tension artérielle** (TA) correspond à la pression que le sang exerce sur la paroi des artères. Pour le cas d'une tension artérielle de 13-6, le premier chiffre (13) correspond à la pression maximale exercée par le sang au moment de la systole et le deuxième chiffre (6), à la pression minimale au moment de la diastole.

3) Les battements cardiaques

• Lorsque l'on prend son pouls, on mesure en fait les battements du cœur. Aux points de pulsion (là où les artères affluent), on peut ressentir ces battements.

Le rythme cardiaque en fonction de l'âge

Fœtus	Enfant de 1 an	Adolescent	Adulte	Personne âgée
140	130	55-70	70-75	75-80

Le rythme cardiaque peut augmenter sous l'effet de l'âge et de l'activité sexuelle ou physique.

Questions

1) Indiquez le rôle des veines et des artères.

2) Qu'est-ce que la tension artérielle ?

Solutions à la fin de la fiche.

• La **bradycardie** correspond au ralentissement du rythme cardiaque en dessous de 60 battements par minute, alors que la **tachycardie** correspond à l'accélération du rythme au-dessus de 80 battements par minute.

• L'**électrocardiogramme** (**Fig. 5**) permet de visualiser sur une bande de papier ou sur un écran le tracé des battements cardiaques et de déceler d'éventuelles anomalies, il renseigne sur l'état du myocarde.

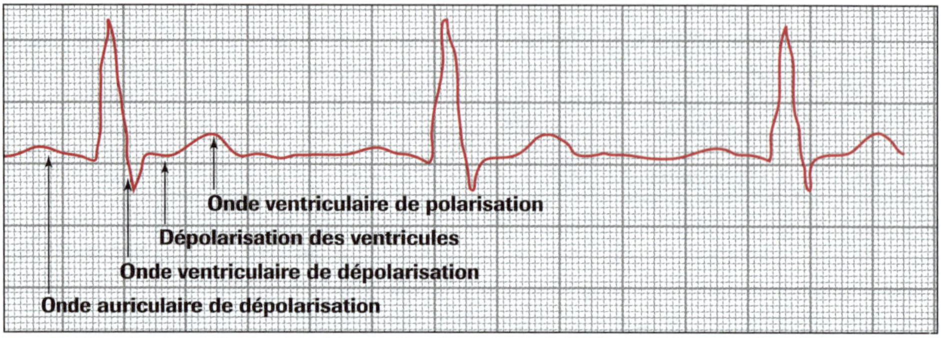

Fig. 5 - Courbe d'un électrocardiogramme

D. L'HYGIÈNE ET LA PRÉVENTION DES PATHOLOGIES DE L'APPAREIL CIRCULATOIRE

1) L'hygiène de l'appareil circulatoire

• Les examens de sang permettent au médecin de vérifier le bon état de santé d'une personne, de confirmer un diagnostic et d'appliquer un éventuel traitement. Les éléments figurant dans une prise de sang sont donc le reflet de notre santé.

Les principaux dosages sanguins

Numération formule sanguine (NFS) ou hémogramme	Comptage quantitatif et qualitatif des éléments figurés du sang et recherche des cellules (*cyto*…) anormales. - Nombre de globules rouges (GR) ou hématies ou érythrocytes (érythro(cyto)pénie (*...pénie* : diminution) ou anémie si < Normale ; polyglobulie si > Normale). - Taux d'hémoglobine (Hb). - Taux d'hématocrite (volume occupé par les hématies/volume total du sang). - Constantes érythrocytaires appréciant la qualité des GR grâce à la concentration corpusculaire hémoglobinique moyenne (CCHM) et au volume globulaire moyen (VGM) de chaque hématie. - Nombre de plaquettes ou thrombocytes (thrombo(cyto)pénie si < N ; hyperthrombocytose si > N). - Nombre et répartition des leucocytes (*leuco*… : blanc).
Vitesse de sédimentation (VS)	Mesure de la hauteur du plasma sanguin surmontant les hématies sédentarisées, en 1, 2 ou 24 heures.
Facteurs de coagulation ou hémostase (*...stase* : arrêt)	Taux de prothrombine (TP) ou temps de Quick (TQ). Temps de céphaline kaolin (TCK).
Groupage sanguin	Détermination du groupe sanguin et du facteur Rhésus.

Question

Qu'est-ce qu'un électrocardiogramme ?

Solution à la fin de la fiche.

• Obésité, tabac, alcool, hypertension, cholestérol, stress et sédentarité sont les principaux facteurs des maladies cardio-vasculaires. Une bonne hygiène de vie doit donc être observée par chacun de nous (alimentation, sommeil, exercices d'endurance…).

2) Les principales pathologies de l'appareil circulatoire

• Lorsque que le sang stagne dans les veines, elles se dilatent, on parle alors de **varices**.

• Une **hémorragie** est un écoulement sanguin hors d'un vaisseau lésé. On distingue les **hémorragies externes** (le sang coule à la surface du corps), les **hémorragies internes** (le sang coule à l'intérieur du corps) et les **hémorragies extériorisées** (le sang s'écoule par une cavité naturelle, ex. : oreille, nez).

• L'**anémie** correspond à une diminution du nombre des hématies (pâleur associée à une fatigue intense).

• L'**hémophilie** est une maladie génétique caractérisée par le fait que le sang ne coagule pas.

• La **leucémie** est due à une production exagérée de cellules anormales dans la moelle osseuse, associée à une altération des globules blancs.

• Sur les parois internes des artères peuvent se déposer des graisses et du cholestérol (**plaques d'athérome**). Progressivement, ces plaques deviennent fibreuses et se calcifient : c'est l'**athérosclérose**, qui provoque un rétrécissement de l'intérieur de l'artère (l'intima). L'**angine de poitrine** est caractérisée par un début d'athérome, l'**infarctus du myocarde** par des artères totalement bouchées.

• L'**embolie** est caractérisée par le fait qu'un caillot (d'athérome) va boucher une artère, l'**anévrisme** par la dilatation et la rupture d'une artère.

Questions

1) L'anémie correspond à une augmentation du nombre des hématies.

❒ Vrai ❒ Faux

2) Les plaques d'athérome sont composées de graisses et de cholestérol.

❒ Vrai ❒ Faux

Solutions à la fin de la fiche.

Corrigé des questions

Page 137

Citez un synonyme de globule rouge.
Réponse : Hématie.

Page 138

1 **Citez un synonyme de globule blanc.**
Réponse : Leucocyte.

2 **Qu'est-ce que la diapédèse ?**
Réponse : La diapédèse est le passage de certains globules blancs à travers la paroi des capillaires sanguins.

3 **Qu'est-ce que l'hémostase ?**
Réponse : On appelle hémostase l'arrêt de l'écoulement du sang.

4 **Les agglutinogènes déterminent le nom du groupe sanguin.**
Réponse : Vrai.

5 **Qu'est-ce que le facteur Rhésus ?**
Réponse : Le facteur Rhésus est un agglutinogène présent (Rh^+) porté par les globules rouges, ou bien absent (Rh^-).

Page 140

1 **Légendez le schéma du cœur (Fig. 3).**
Réponse : Voir schéma.

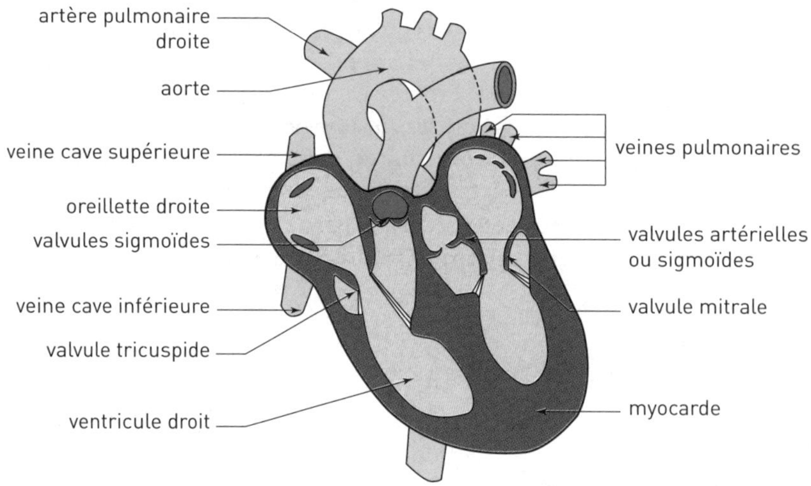

Fig. 3 - Coupe longitudinale du cœur

2 **Citez les trois phases de la contraction cardiaque.**
Réponse :
– Systole auriculaire : contraction des oreillettes ;
– systole ventriculaire : contraction des ventricules ;
– diastole : repos du cœur.

Page 141

1 **Indiquez le rôle des veines et des artères.**
Réponse :
– Les veines transportent le sang des organes vers le cœur ;
– les artères transportent le sang du cœur vers les organes.

2 **Qu'est-ce que la tension artérielle ?**
Réponse : La tension artérielle est la pression exercée par le sang sur la paroi des artères.

Page 142

Qu'est-ce qu'un électrocardiogramme ?
Réponse : Un électrocardiogramme est un examen qui renseigne sur l'état du cœur.

Page 143

1 **L'anémie correspond à une augmentation du nombre des hématies.**
Réponse : Faux.

2 **Les plaques d'athérome sont composées de graisses et de cholestérol.**
Réponse : Vrai.

Entraînement 5 - L'appareil circulatoire et la circulation sanguine

1 Sachant que le plasma représente 55 % du volume du sang, combien 5,7 litres de sang contiennent-ils de plasma ?

....

2 Sachant qu'un cœur pèse environ 300 grammes, calculez quel pourcentage le cœur d'une femme de 57 kg représente par rapport à sa masse totale.

....

....

3 Définissez la tension artérielle.

....

4 La tension artérielle après auscultation est de 19-13. Donnez la signification de ces deux chiffres.

a) 19 : ....

b) 13 : ....

5 Citez le trouble correspondant à ce résultat.

....

6 Nommez les éléments figurés du sang.

– ....

– ....

– ....

7 Indiquez les différentes sortes de globules blancs.

– ....

– ....

– ....

8 Définissez l'hémoglobine.

....

9 Dans quel cas dira-t-on qu'une personne est anémiée ?

....

10 Citez quatre facteurs favorisant le développement des maladies cardio-vasculaires :

– ....

– ....

– ....

– ....

11 Légendez le schéma de la circulation du sang et précisez le sens de circulation par des flèches.

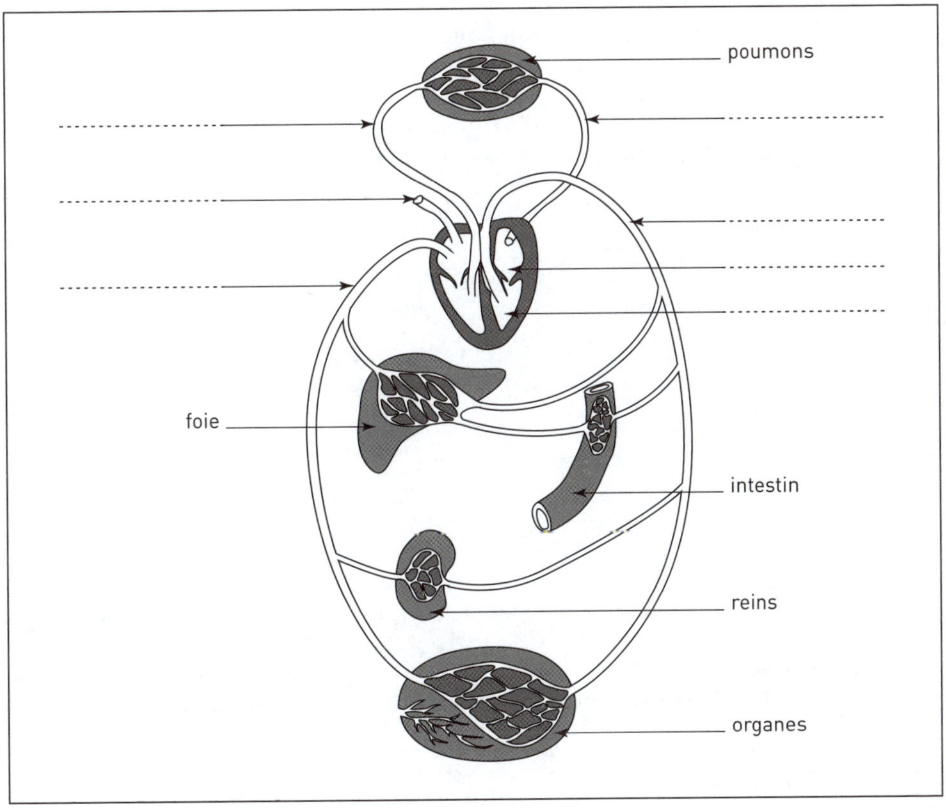

Fig. 1 - La circulation du sang

Corrigé

1 **Réponse :** $5{,}7 \times \frac{55}{100} = 3{,}135$ litres.

2 **Réponse : 0,53 %.**
300 g = 0,3 kg
$\frac{0{,}3}{57} \times 100 = 0{,}53$ % (au centième près par excès)

3 **Réponse :** La tension artérielle est la pression du sang exercée au niveau des artères.

4 **Réponses :**
a) 19 : pression systolique.
b) 13 : pression diastolique.

5 **Réponse :** Hypertension artérielle.

6 **Réponses :**
– Globules rouges ou hématies ;
– globules blancs ou leucocytes ;
– plaquettes sanguines.

7 **Réponses :**
– Lymphocytes ;
– monocytes ;
– polynucléaires.

8 **Réponse :** L'hémoglobine est le pigment rouge contenu dans les hématies.

9 **Réponse :** Lorsque son taux d'hématies ou d'hémoglobine est trop faible.

10 **Réponses :**
– Stress ;
– tabagisme ;
– hypertension ;
– alimentation trop riche en graisses animales.

11 **Réponse :**

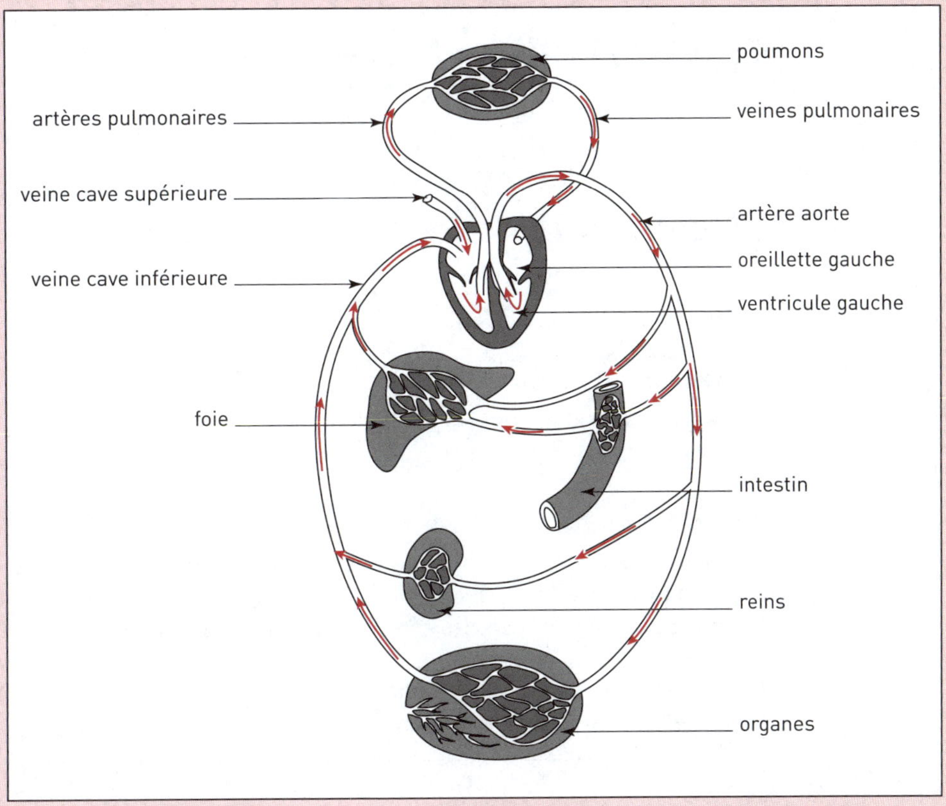

Fig. 1 - La circulation du sang

Fiche 6 - L'appareil digestif et la digestion

1. L'anatomie de l'appareil digestif

A. De la bouche à l'estomac

1) La langue

➔ *Voir schéma de l'appareil digestif sur le rabat.*

La langue est un muscle qui, grâce à des papilles, permet de toucher et de goûter les aliments (➔ *Voir Fiche 4*).

2) Les dents

• Les dents (**Fig. 1**) sont dures et sont nichées dans les cavités ou alvéoles creusées dans les os de la mâchoire. Dans chaque dent, on distingue trois parties :
– la **couronne** (allongée dans les incisives, cubique dans les prémolaires et conique dans les canines) ;
– le **collet** (zone unissant la couronne et la racine à l'endroit de la gencive) ;
– la **racine** (qui fixe la dent dans l'alvéole).

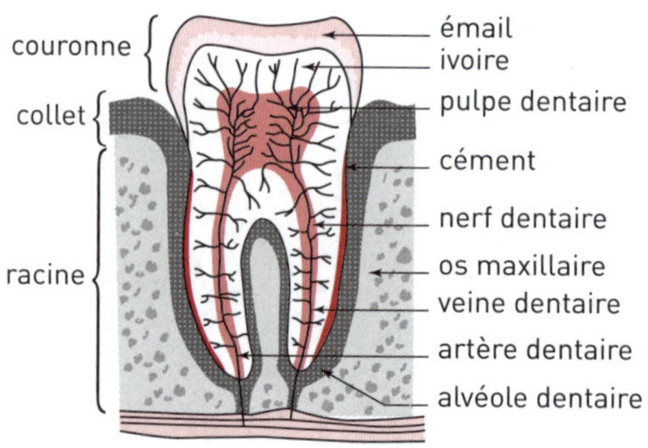

Fig. 1 - Coupe longitudinale d'une dent

• La coupe verticale d'une dent permet de distinguer deux couches et une cavité centrale. La première couche comprend l'**email** qui recouvre l'**ivoire** dans la couronne et le collet de la dent. L'émail est blanchâtre, très dur car il n'est constitué pratiquement que de sels calciques.
Le **cément** recouvre la racine et unit la dent à l'alvéole dentaire. La deuxième couche est formée par l'**ivoire** ou **dentine**, substance jaunâtre d'une composition semblable à celle des os et qui forme la presque totalité de la dent. La cavité centrale est occupée par la **pulpe dentaire**, qui est de couleur rougeâtre, formée de tissus mous, de vaisseaux sanguins et de nerfs.

Question

Citez les trois parties d'une dent.

Solution à la fin de la fiche.

• Les dents ont une forme différente selon le rôle qu'elles remplissent. Les **canines** sont longues et pointues pour pouvoir bloquer et déchiqueter les aliments (la viande en particulier). Les **prémolaires** et les **molaires** broient et mastiquent les aliments, en particulier les légumes. Les **incisives** fonctionnent comme des ciseaux, coupant en petits morceaux les aliments.

• Au cours de sa vie, l'homme fait l'expérience de deux processus de dentition. Les premières dents sont provisoires et se nomment **dents « de lait »**, car elles poussent lorsque l'enfant est encore un nourrisson (20 dents). La seconde formation de dents, **définitives**, commence vers l'âge de 5 ans. Lorsque la dentition est complète, on compte **32 dents**, réparties en **8** incisives, **8** prémolaires, **12** molaires et **4** canines.

3) Les glandes salivaires

Les glandes **sublinguales**, parotidiennes et **sous-maxillaires** fournissent la **salive**, qui est le premier **suc digestif** intervenant dans la transformation des aliments. Elles sont regroupées en trois paires (**Fig. 2**) formant des grappes et elles communiquent avec la cavité buccale par des petits canaux.

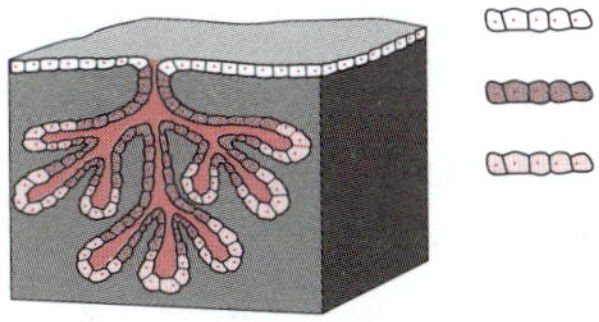

Fig. 2 - Une glande salivaire

4) Le pharynx

Au fond de la bouche se trouve une cavité, le **pharynx**, qui intervient dans divers processus physiologiques. Pour le mécanisme digestif, son rôle est de servir de point de départ à la **déglutition**, c'est-à-dire lors du passage du **bol alimentaire** (aliments mâchés) de la bouche à l'œsophage. Pendant la déglutition, la **glotte** reste fermée, empêchant ainsi les aliments de passer dans les voies respiratoires.

5) L'œsophage

L'œsophage est une partie du tube digestif, d'environ 25 cm de long et 3 cm de diamètre, qui unit l'estomac et le pharynx. Lorsque la déglutition débute, l'œsophage se contracte et se distend en une série de mouvements appelés **ondes péristaltiques**, qui poussent les aliments dans l'estomac.

6) L'estomac

• L'estomac est une poche d'un volume d'environ 1 500 cm^3 qui a la forme de la lettre J.

• Les aliments pénètrent dans l'estomac par un orifice toujours ouvert (le **cardia**), et passent dans l'intestin par un autre orifice (le **pylore**, fermé par un sphincter), qui ne s'ouvre qu'à cette occasion.

• Les parois de l'estomac sont faites de **muscles**, pour faciliter les mouvements qui réduisent peu à peu les aliments. Dans une couche interne de ces parois, on rencontre les **glandes gastriques**, qui sécrètent les **sucs gastriques** destinés à la transformation chimique des aliments en substances que l'organisme peut assimiler.

Questions

1) Les canines déchiquettent les aliments.

❒ Vrai ❒ Faux

2) Quelle est la formule dentaire d'un adulte ?

3) Qu'est-ce qu'un suc gastrique ?

Solutions à la fin de la fiche.

B. Les intestins

1) L'intestin grêle

L'intestin grêle mesure 6 à 8 m de long, pour un diamètre d'environ 3 cm. Il est replié plusieurs fois sur lui-même, à l'intérieur de la cavité abdominale. Il est composé de trois parties :
– le **duodénum** (lieu où les canaux provenant du foie et du pancréas déversent leurs sécrétions) ;
– le **jéjunum** (partie la plus longue possédant des **villosités** et des glandes) ;
– l'**iléon**, qui empêche les aliments de faire marche arrière.

2) Le gros intestin

Le gros intestin mesure 1,50 m de long et n'a pas de glandes intestinales. Des muscles longs et ronds lui donnent son aspect enflé. Il se divise en trois parties :
– le **caecum**, en forme de sac, qui se termine par l'appendice ;
– le **côlon**, comportant trois parties (ascendante, transverse et descendante) ;
– l'**orifice iliaque**, dont l'extrémité est le rectum, qui débouche sur l'anus.

C. Les glandes annexes

1) Le foie

• Le foie est une glande de couleur brune pesant environ 1,5 kg. Il est situé dans la cavité abdominale et sa partie supérieure coïncide avec le diaphragme.

• Il est formé de petits **lobes hépatiques** qui lui donnent en surface un aspect granuleux.

• Deux gros vaisseaux conduisent le sang au foie : l'**artère hépatique** et la **veine porte**.

• Une autre veine, la **veine suprahépatique**, qui débouche dans la veine cave inférieure, permet au sang de sortir du foie.

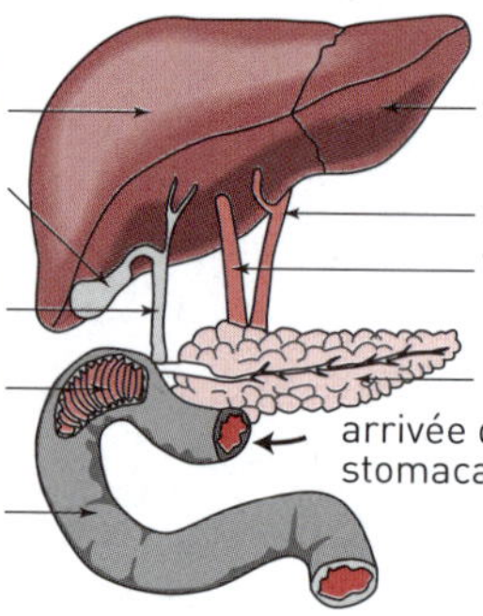

Fig. 3 - Les glandes annexes

2) La vésicule biliaire

• La vésicule biliaire est une petite bourse d'environ 50 cm^3 de volume, située à côté du foie, dans laquelle s'accumule la bile (suc hépatique).

• Le canal cholédoque déverse la bile dans la partie duodénale de l'intestin grêle. La bile a pour rôle d'émulsionner les graisses.

Questions

1) Quel est le rôle de la bile ?

2) La bile est déversée dans l'intestin grêle.

❒ Vrai ❒ Faux

Solutions à la fin de la fiche.

3) Le pancréas

Entre l'estomac et le duodénum se trouve le **pancréas**, une glande de forme allongée dont le rôle est de sécréter le **suc pancréatique** (suc contenant des **enzymes** chargées de mener à bien les processus de la digestion).

2. Le processus de la digestion

La digestion est la simplification en deux étapes des **aliments** en **substances assimilables** par l'organisme : une action **mécanique** et une action **chimique** (transformation des aliments sous l'action de **suc digestifs** en molécules assimilables).

A. La digestion buccale

Les différentes étapes de la digestion buccale

Nom de l'étape	Actions mécaniques et chimiques
Mastication	**Broyage** fin des aliments par les dents et **insalivation**.
Salivation	- **Hydratation** par la salive des aliments pour former une petite pâte molle (le **bol alimentaire**). - Action d'une enzyme (l'**amylase**) qui décompose l'amidon en maltose.
Déglutition	Passage du bol alimentaire dans le pharynx.

B. La digestion stomacale ou gastrique

Actions de la digestion stomacale

Action chimique	Action mécanique
Le cardia ouvert, le bol alimentaire arrive dans l'estomac. Les glandes gastriques sécrètent de l'acide chlorhydrique et des sucs gastriques qui contiennent trois enzymes : – la **lipase**, qui transforme les graisses en acides gras et en glycérol ; – la **pepsine**, qui transforme les protéines en acides aminés ; – la **présure**, qui transforme le caséinogène du lait en caséine.	Les parois de l'estomac effectuent les mouvements **péristaltiques** pour que le bol alimentaire se mélange bien aux sucs gastriques. Les aliments sont transformés en un liquide épais, de couleur blanchâtre (le **chyme**).

C. Les actions du foie et du pancréas

- La bile va émulsionner les graisses afin qu'elles puissent être absorbées par le foie.
- Le pancréas va sécréter le **suc pancréatique** qui contient quatre enzymes, chargées de mener à bien la digestion.

Questions

1) L'amylase décompose l'amidon en glucose.

❐ Vrai ❐ Faux

2) À quoi servent les mouvements péristaltiques dans l'estomac ?

Solutions à la fin de la fiche.

Les enzymes pancréatiques et leur action

Nom de l'enzyme	Action
Amylase	Transforme l'amidon en maltose.
Maltase	Transforme le maltose en glucose.
Lipase	Transforme les graisses en acides gras.
Trypsine	Transforme les polypeptides en acides aminés.

D. Les actions de l'intestin grêle et du côlon

- Des **mouvements péristaltiques** font progresser le chyme, puis des mouvements pendulaires assurent son mélange avec le **suc intestinal** pour former une bouillie claire (le **chyle**) qui atteint le gros intestin au bout d'environ quatre heures.
- L'intestin grêle contient des enzymes qui vont compléter le rôle des enzymes précédentes.
- C'est au niveau de l'intestin grêle que les substances **simples (nutriments)**, obtenues après ces transformations mécaniques et chimiques, franchissent la paroi intestinale (au niveau des **villosités intestinales**) et passent dans le sang (**absorption intestinale**).
- Lorsqu'ils parviennent dans le côlon, la progression des déchets est ralentie. Des bactéries les décomposent. Ils durcissent du fait de la déshydratation et avancent dans le gros intestin grâce aux mouvements péristaltiques qui les poussent jusqu'au rectum.

E. Le devenir des nutriments

1) Les substances utilisables par l'organisme

- Les acides gras et le glycérol passent dans les vaisseaux lymphatiques.
- Les autres éléments vont directement dans le sang.

2) Les substances non utilisables par l'organisme

Les substances non utilisables par l'organisme forment les excréments, qui sont expulsés par l'anus lors de la **défécation**.

F. L'hygiène de l'appareil digestif

1) L'hygiène des dents

- Pour leur solidité, les dents ont besoin de **calcium** (lait, produits laitiers). Le fluor renforce l'émail des dents. La vitamine D est également importante pour leur minéralisation, ce qui explique l'apport complémentaire prescrit aux jeunes enfants.
- Il faut éliminer par un brossage minutieux la **plaque dentaire** (salive, débris alimentaires et micro-organismes) après chaque repas.
- Il faut être vigilant aux **caries dentaires** (tartre, débris alimentaires à base de sucre et micro-organismes produisent une fermentation).
- Il faut consulter un dentiste régulièrement (au moins une fois par an). Pour les enfants, un orthodontiste corrigera les défauts d'implantation ou de positionnement des dents.

Questions

1) À quoi servent les villosités intestinales ?

2) Indiquez deux conseils pour l'hygiène dentaire.

Solutions à la fin de la fiche.

2) Les moyens de favoriser une bonne digestion

Les moyens de favoriser une bonne digestion sont les suivants :
– éviter de grignoter à tout moment : nos organes digestifs ont besoin de temps de repos ;
– adopter des heures de repas régulières ;
– soigner la présentation des repas et les absorber dans une ambiance détendue et calme (éviter d'allumer la télévision, par exemple) ;
– respecter les règles d'hygiène alimentaire dans la composition des menus, proscrire le tabac et éviter la consommation d'alcool ;
– éviter les repas rapides et veiller à bien mastiquer les aliments pour simplifier le travail mécanique de l'estomac ;
– absorber suffisamment de fibres, de céréales pour faciliter l'élimination des déchets et éviter la constipation ;
– éviter de porter des vêtements trop serrés.

Corrigé des questions

Page 150

Citez les trois parties d'une dent.
Réponses :
– La couronne ;
– le collet ;
– la racine.

Page 151

1 **Les canines déchiquettent les aliments.**
Réponse : Vrai.

2 **Quelle est la formule dentaire d'un adulte ?**
Réponse : 8 incisives + 8 prémolaires + 12 molaires + 4 canines = 32 dents.

3 **Qu'est-ce qu'un suc gastrique ?**
Réponse : Un suc gastrique est une substance chimique sécrétée par l'estomac qui permet de transformer les aliments en nutriments.

Page 152

1 **Quel est le rôle de la bile ?**
Réponse : La bile est un suc hépatique qui favorise la digestion des graisses.

2 **La bile est déversée dans l'intestin grêle.**
Réponse : Vrai.

Page 153

1 **L'amylase décompose l'amidon en glucose.**
Réponse : Faux.

2 **À quoi servent les mouvements péristaltiques dans l'estomac ?**
Réponse : Les mouvements péristaltiques permettent le mélange du bol alimentaire avec les sucs gastriques.

Page 154

1 **À quoi servent les villosités intestinales ?**
Réponse : Les villosités intestinales servent à faire passer les nutriments dans les vaisseaux sanguins ou les vaisseaux lymphatiques.

2 **Indiquez deux conseils pour l'hygiène dentaire.**
Réponses :
– Brossage quotidien minutieux des dents ;
– consultation régulière d'un dentiste.

Entraînement 6 - L'appareil digestif et la digestion

1 **Légendez le schéma de l'appareil digestif.**

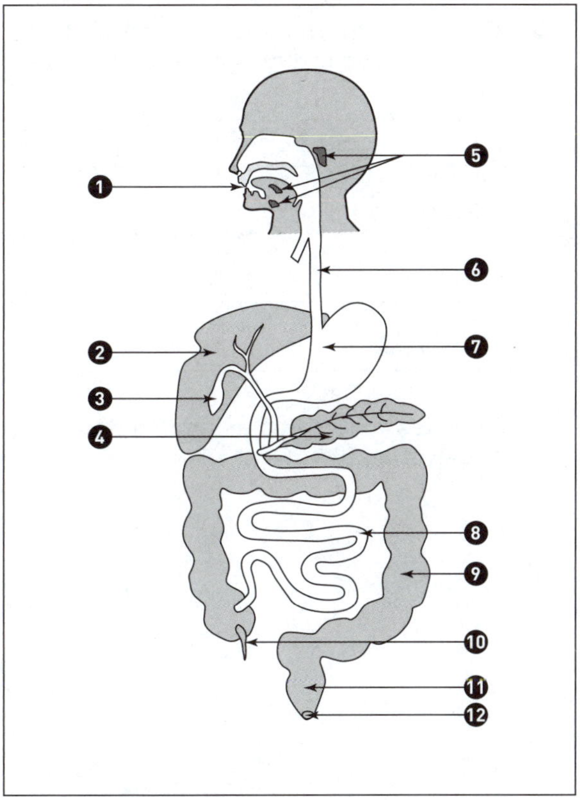

Fig. 1 - L'appareil digestif

....

....

....

....

....

....

2 Donnez une définition de la digestion.

....

....

3 Citez deux phénomènes mécaniques de la digestion et indiquez leur rôle.

– .... – Rôle : ....

– .... – Rôle : ....

4 Citez le nom des sucs digestifs et des enzymes intervenant dans la digestion des protides au niveau de l'estomac, du pancréas et de l'intestin grêle.

Organe	Suc digestif	Enzymes
Estomac	....	....
Pancréas	....	....
Intestin grêle	....	....

5 Citez les molécules assimilables par l'organisme obtenues à la fin de la digestion :

– ....

– ....

– ....

– ....

– ....

– ....

– ....

6 Définissez l'absorption intestinale.

....

....

7 Cochez les affirmations exactes.

a) L'amylase dégrade :
❒ **A.** les protides.
❒ **B.** les lipides.
❒ **C.** les glucides.

b) L'estomac sécrète de l'acide chlorhydrique.
❒ **A.** Oui ❒ **B.** Non

Corrigé

1

Réponses :

Bouche
Foie
Vésicule biliaire
Pancréas
Glandes salivaires
Œsophage
Estomac
Intestin grêle
Gros intestin ou côlon
Appendice
Rectum
Anus

2

Réponse : C'est la transformation par des phénomènes mécaniques et chimiques des aliments en substances assimilables, les nutriments, qui passeront dans le sang et dans la lymphe.

3

Réponses :
– Mastication : écraser, broyer les aliments et les imprégner de salive.
– Mouvements péristaltiques : brasser le bol alimentaire et faciliter l'action des sucs digestifs.

4

Réponses :

Organe	Suc digestif	Enzymes
Estomac	Suc gastrique	– Présure – Pepsine
Pancréas	Suc pancréatique	Trypsine
Intestin grêle	Suc intestinal	Peptidase

5

Réponses :
– Glucose ;
– acides aminés ;
– acides gras ;
– glycérol ;
– eau ;
– éléments minéraux ;
– vitamines.

6

Réponse : C'est le passage des substances résultant de la digestion (nutriments) à travers les villosités intestinales pour rejoindre la circulation sanguine ou lymphatique.

7

a) Réponse C : Les glucides.
b) Réponse A : Oui.

Fiche 7 - L'appareil excréteur et l'excrétion

Le corps produit de nombreux déchets qui doivent être éliminés. Une grande partie de ces déchets est éliminée par l'urine.

→ *Voir schémas de l'appareil urinaire chez la femme et chez l'homme sur le rabat.*

1. L'appareil urinaire

A. Les reins

1) Situation et aspect

- Le rein droit est placé sous le foie, le rein gauche sous la rate.
- Ils pèsent chacun entre 120 et 150 g.
- La couleur des reins est rouge foncé et ils ont la forme de haricots.
- Au **hile** rénal (renfoncement du bord interne) pénètre l'**artère rénale** et sortent la **veine rénale** et l'**uretère**.
- La **zone corticale** (zone externe de couleur jaunâtre) s'insinue entre les pyramides de Malpighi.
- La **zone médullaire** (zone interne striée de couleur rougeâtre) est constituée de faisceaux (**pyramides de Malpighi**).

Les sommets des pyramides aboutissent aux **calices** qui s'ouvrent dans le **bassinet** (réservoir qui collecte l'urine).

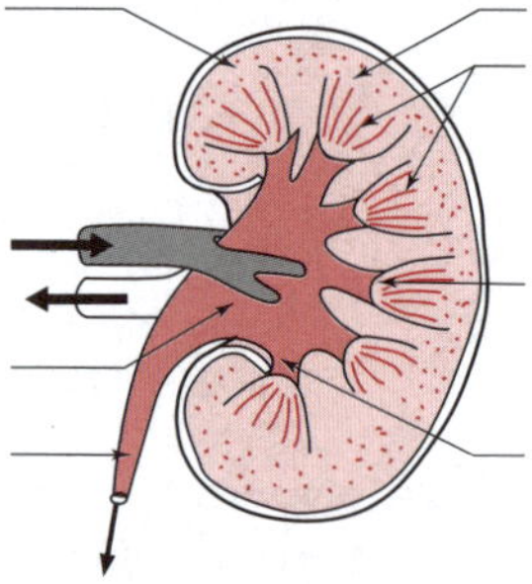

Fig. 1 - Coupe longitudinale d'un rein

2) Le néphron

- Le rein est formé par la juxtaposition de plus d'un million d'unités spécialisées appelées les **néphrons**.
- Le néphron (**Fig. 2**) commence par la **capsule de Bowman** (sorte de sac) qui renferme une connexion de capillaires appelée **glomérule de Malpighi**.

Questions

1) Le rein droit est placé sous la rate.

❒ Vrai ❒ Faux

2) Qu'est-ce que le bassinet ?

Solutions à la fin de la fiche.

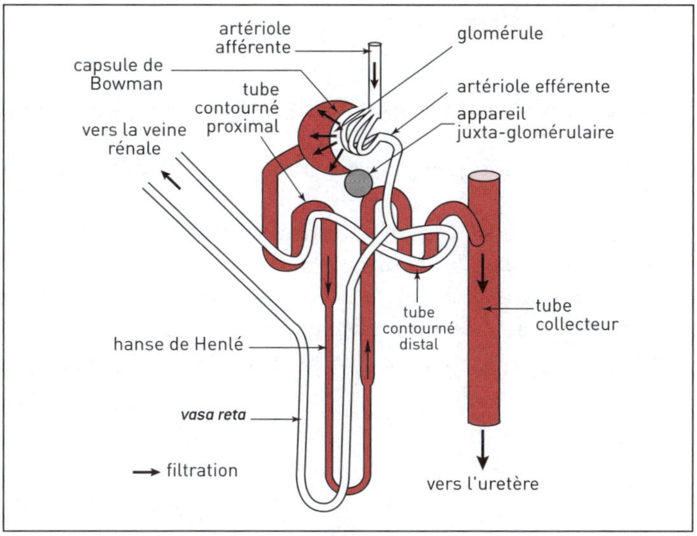

Fig. 2 - Un néphron

Le **tube contourné proximal** est relié à la capsule de Bowman. L'**anse de Henlé** assure sa jonction avec le **tube contourné distal** pour aller dans un tube collecteur : le **tube de Bellini.**

B. La vessie

- La vessie est un réservoir musculo-membraneux d'une capacité d'environ 300 ml.
- Lorsqu'elle est pleine, on ressent le besoin d'uriner.

C. Les conduits urinaires

- Les deux **uretères** sont des conduits d'environ 25 cm de longueur. Ils descendent vers la vessie.
- L'**urètre** est le canal excréteur de l'urine (environ 16 cm chez l'homme et 4 cm chez la femme) qui se termine par le **méat urinaire**. L'évacuation de l'urine ou **miction** est un acte réflexe.

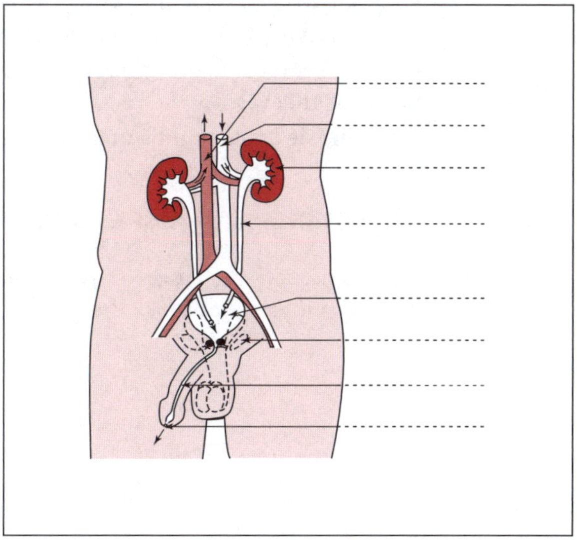

Fig. 3 - L'appareil urinaire

Question

Légendez le schéma (**Fig. 3**).

Solution à la fin de la fiche.

2. L'excrétion

A. Le fonctionnement des reins : la formation de l'urine

• L'urine est fabriquée par les reins à partir du sang. Les reins fonctionnent comme des filtres :
– ils laissent passer certains constituants du sang (eau, sels minéraux, acide urique, urée) et les concentrent dans l'urine ;
– ils s'opposent au passage des grosses molécules (protides, lipides, glucides) ;
– ils fabriquent certaines substances (ex. : l'ammoniaque).

• Un litre d'urine contient environ 950 g d'eau, 20 g d'urée, 0,6 g d'acide urique et divers composés.

B. Les rôles des reins

Les reins assurent plusieurs rôles :
– élimination des déchets ;
– maintien de la constance en eau de l'organisme ;
– maintien de la constance de la composition du sang ;
– régulation de la tension artérielle.

3. Les pathologies de l'appareil urinaire et les troubles de l'excrétion

A. Définitions

• La **polyurie** correspond à l'augmentation du volume des urines.

• La **pollakiurie** correspond à l'envie fréquente d'uriner, qui peut évoquer la présence d'une infection urinaire ; chez la femme enceinte, une pollakiurie est dûe à la pression de l'utérus sur la vessie.

• L'**énurésie** correspond à une incontinence involontaire et inconsciente.

B. Les incontinences urinaires

L'incontinence est l'émission involontaire d'urine, l'impossibilité de maîtriser la miction pour diverses raisons.

1) Les différents types d'incontinence

Trois types d'incontinence

L'incontinence d'effort	L'incontinence par instabilité	L'incontinence mixte
Particulière à la personne âgée, elle résulte autant d'une insuffisance sphinctérienne que d'un problème de prolapsus (chute d'organe).	La vessie est le siège de contractions anormales qui provoquent des fuites urinaires.	Elle prédomine chez les personnes âgées, pour lesquelles instabilité vésicale et incontinence d'effort sont associées.

2) Le traitement et la prévention des incontinences

La rééducation sphinctérienne et périnéale (après un accouchement notamment), les médicaments, la chirurgie (ablation de la prostate) et l'appareillage sont les moyens de soigner ou de prévenir les incontinences urinaires.

C. Les infections urinaires

Les infections peuvent atteindre les différentes parties de l'appareil urinaire et leur origine est bactérienne.

Caractéristiques et traitements des infections urinaires

Infection	Symptômes	Traitement
Cystite	Inflammation de la vessie due à une bactérie. Elle est caractérisée par des brûlures lors de la miction.	**Antibiotiques**
Néphrite	Inflammation des reins caractérisée par de la fièvre et des douleurs lombaires	**Antibiotiques**
Pyélonéphrite	Infection des reins et des bassinets caractérisée par des brûlures lors de la miction	**Antibiotiques**
Urétrite	Infection de l'urètre essentiellement due à une maladie sexuellement transmissible	**Antibiotiques**

Questions

1) La cystite est une inflammation de la vessie d'origine virale.

❒ Vrai ❒ Faux

2) L'incontinence urinaire est due à une bactérie.

❒ Vrai ❒ Faux

Solutions à la fin de la fiche.

Corrigé des questions

Page 160

1 **Le rein droit est placé sous la rate.**
Réponse : Faux.

2 **Qu'est-ce que le bassinet ?**
Réponse : Le bassinet est un réservoir qui collecte l'urine.

Page 161

Légendez le schéma (Fig. 3).
Réponse : Voir schéma.

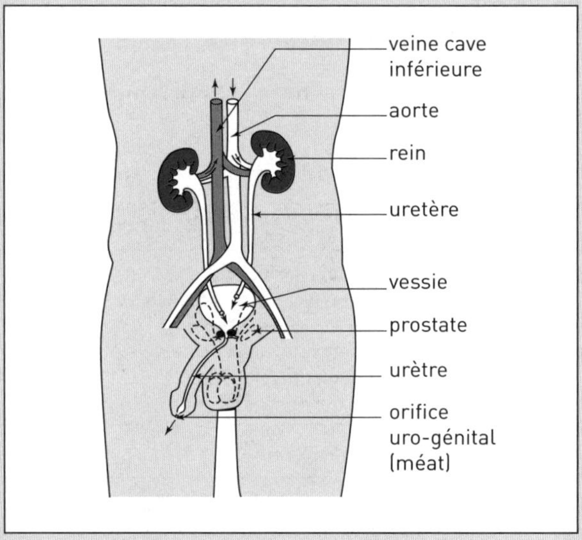

Fig. 3 - L'appareil urinaire

Page 163

1 **La cystite est une inflammation de la vessie d'origine virale.**
Réponse : Faux.

2 **L'incontinence urinaire est due à une bactérie.**
Réponse : Faux.

Entraînement 7 - L'appareil excréteur et l'excrétion

1 **Légendez les schémas ci-dessous.**

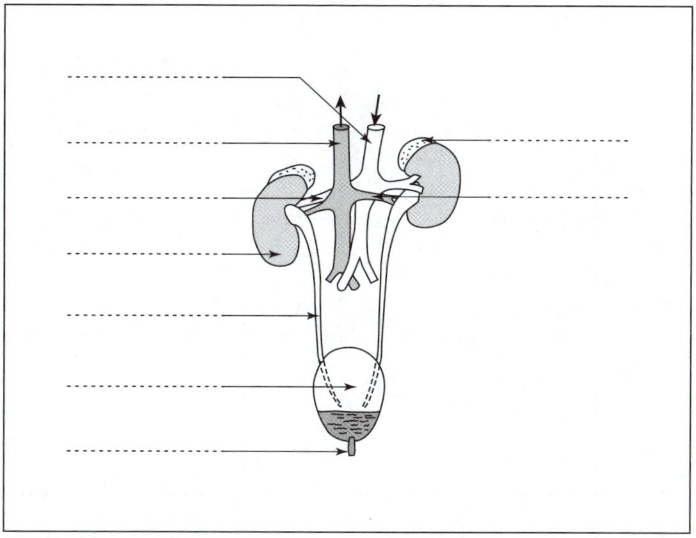

Fig. 1 - L'appareil urinaire

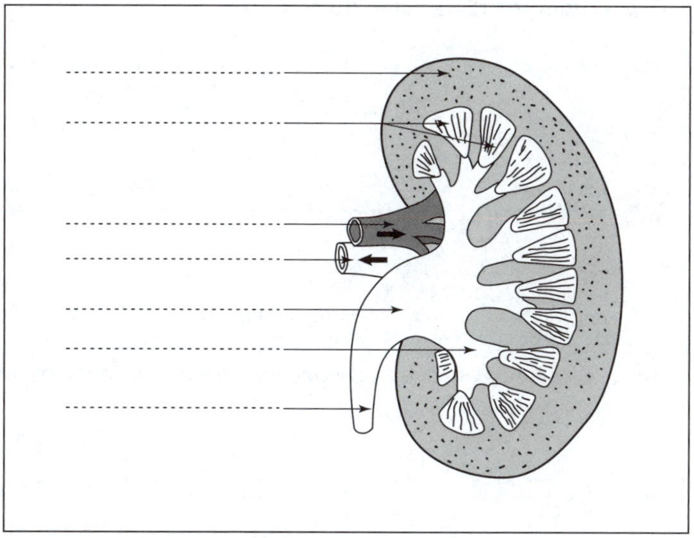

Fig. 2 - Coupe longitudinale du rein

2 Quel autre nom donne-t-on au néphron ?

....

3 À l'aide du tableau, comparez la composition de l'urine et celle du plasma. Déduisez-en les trois étapes de l'élaboration de l'urine par les reins.

Constituants essentiels	Plasma (en %)	Urine (en %)	Étapes de l'élaboration de l'urine par les reins
Protéines	80,00	0,00	....
			....
Glucose	1,00	0,00	....
Sel	6,00	10,00	....
Urée	0,30	20,00	....
Acide urique	0,02	0,50	....
Créatinine	0,01	1,20	....
Ammoniaque	0,00	0,50	....
			....
			....

4 Quel est le rôle de la vessie ?

....

5 Indiquez trois rôles du rein :

– ....

– ....

– ....

6 Définissez l'infection urinaire.

....

....

7 Citez deux moyens de prévention des infections urinaires.

– ....

– ....

Corrigé

1 **Réponses :**

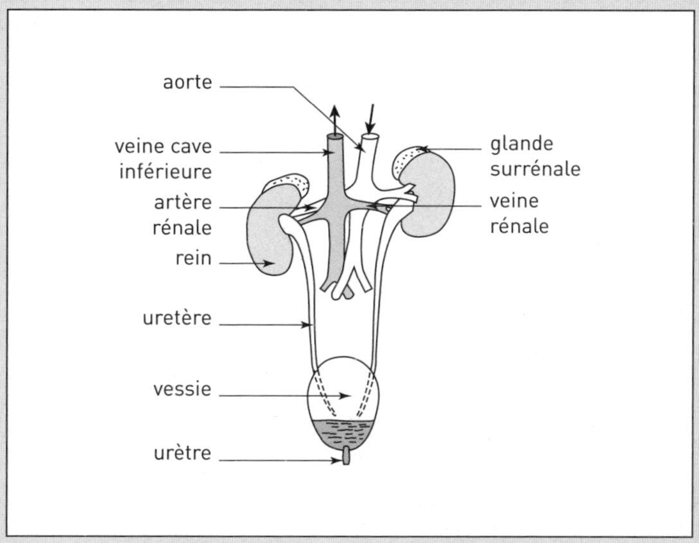

Fig. 1 - L'appareil urinaire

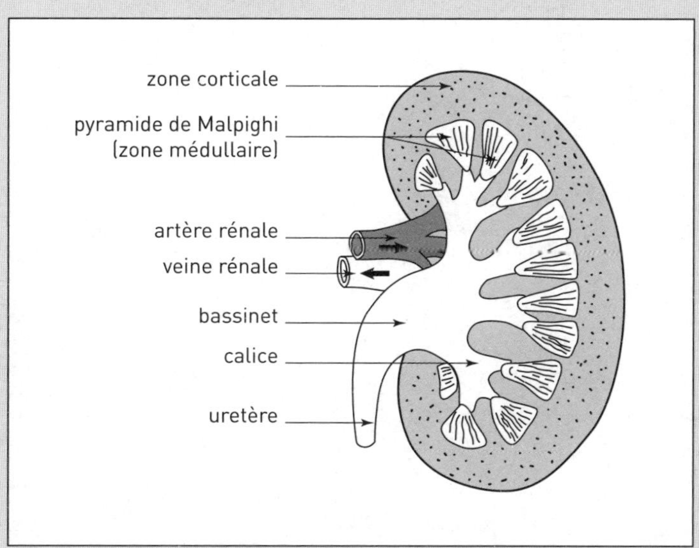

Fig. 2 - Coupe longitudinale du rein

2 **Réponse :** Tubes urinifères.

3 **Réponses :**

Constituants essentiels	Plasma (en %)	Urine (en %)	Étapes de l'élaboration de l'urine par les reins
Protéines Glucose	80,00 1,00	0,00 0,00	On trouve des protéines et du glucose dans le plasma mais pas dans l'urine : c'est la filtration glomérulaire.
Sel Urée Acide urique Créatinine	6,00 0,30 0,02 0,01	10,00 20,00 0,50 1,20	On trouve ces substances dans le plasma et dans l'urine mais elles sont plus concentrées dans l'urine. Cela est dû à la réabsorption du glucose et de l'eau par le rein.
Ammoniaque	0,00	0,50	Cette substance est présente dans l'urine alors qu'il n'y en a pas dans le plasma. Donc le rein fabrique et sécrète cette substance.

4 **Réponse :** La vessie sert au stockage de l'urine.

5 **Réponses :**

– Maintenir la constance de la composition du sang : protéines, lipides, glucose sont présents dans le sang mais pas dans l'urine. Le rein joue donc un rôle de barrière sélective.

– Éliminer des déchets : urée et acide urique sont présents en quantité plus importante dans l'urine. Le rein est donc chargé de les éliminer du plasma.

– Maintenir la constance en eau dans l'organisme : l'excès d'eau est éliminé par le rein.

6 **Réponse :** C'est une maladie due à la présence anormale de micro-organismes au niveau de l'appareil urinaire. Ces germes se retrouvent dans les urines.

7 **Réponses :**

– Boire suffisamment : la miction élimine les germes.

– Éliminer les risques de contamination : hygiène périnéale rigoureuse.

Fiche 8 - L'appareil respiratoire et la respiration

1. L'organisation générale de l'appareil respiratoire

L'appareil respiratoire permet au sang de recevoir le dioxygène et de se débarrasser du dioxyde de carbone. Il est formé de deux groupes d'organes : les **voies respiratoires** où l'air arrive et circule, et les **poumons** où se font les échanges entre l'air et le sang.

A. Les voies respiratoires et leurs fonctions

Les fosses nasales : - muqueuse avec épithélium ; - amygdales.	- Prendre l'air dans l'atmosphère. - Débarrasser l'air des poussières (rôle du mucus). - Défendre l'organisme contre des micro-organismes.
Le pharynx : - épiglotte.	- Servir au passage de l'air et des aliments. - Empêcher d'avaler sa salive à l'inspiration.
Le larynx : - les cordes vocales.	- Conduire l'air dans la trachée artère. - Constituer l'organe de la voix.
La trachée artère : - épithélium à cils vibratiles ; - glandes à mucus.	- Conduire l'air dans les bronches. - Remonter les poussières et les évacuer. - Enrober les poussières pour les évacuer.
Les bronches	- Conduire l'air jusqu'aux poumons.

B. Les poumons

- Les **poumons** sont deux masses spongieuses, rosées, protégées par la cage thoracique. Ils sont mobiles grâce aux muscles inspirateurs et expirateurs.
- Le poumon droit, constitué de 3 lobes, pèse environ 700 g, alors que le poumon gauche formé de 2 lobes pèse environ 600 g.
- Chaque poumon est protégé par une double paroi (séreuse) : la **plèvre**.
- Les deux poumons reposent sur un muscle, le **diaphragme**, qui permet les mouvements respiratoires.
- Les deux poumons sont constitués de près de 300 millions d'**alvéoles pulmonaires**, véritables petits sacs où se font les échanges gazeux entre l'air et le sang.

➔ *Voir schéma des poumons sur le rabat.*

Questions

1) Le mucus permet d'emprisonner les poussières pour les évacuer.

❒ Vrai ❒ Faux

2) Les bronches emmènent le sang aux poumons.

❒ Vrai ❒ Faux

Solutions à la fin de la fiche.

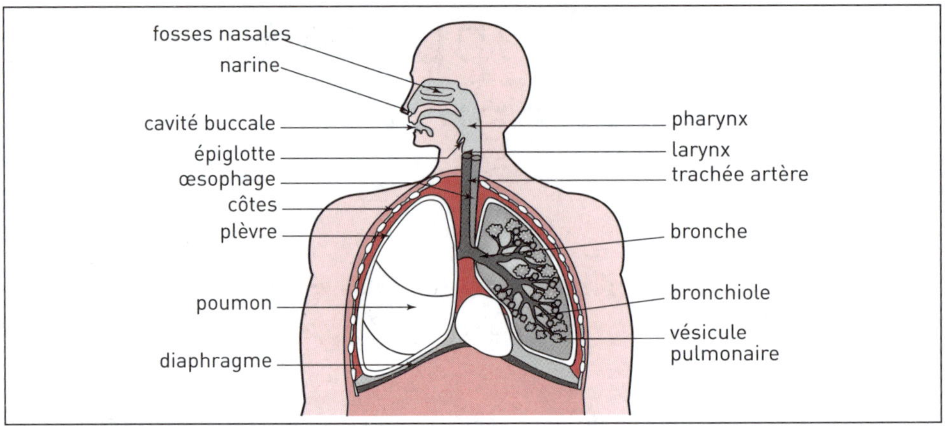

Fig. 1 - L'appareil respiratoire

2. La mécanique ventilatoire

A. Les mouvements respiratoires

Un mouvement respiratoire est caractérisé par une **inspiration** et une **expiration** (**Fig. 2**). Il y a 16 à 18 mouvements respiratoires par minute. La respiration est le plus souvent normale (involontaire), mais elle peut être forcée (réalisée volontairement).

L'inspiration (phénomène actif)	L'expiration (phénomène passif)
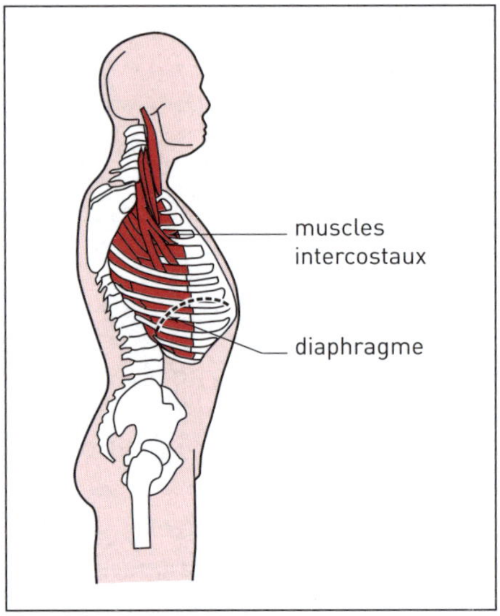	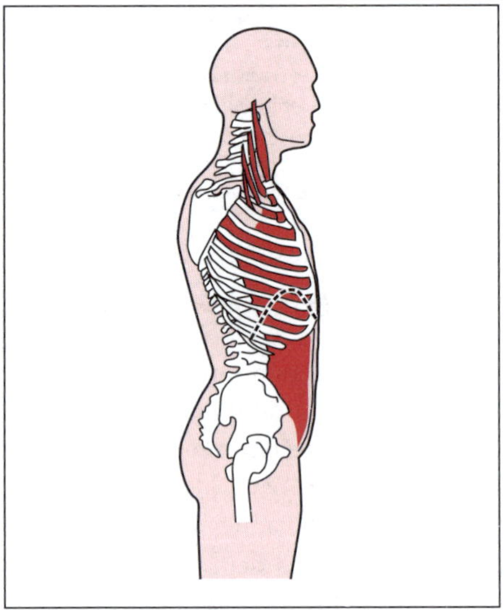
- Contraction des muscles intercostaux. - Le diaphragme s'abaisse. - Les poumons se dilatent. - L'air entre dans les poumons.	- Relâchement des muscles intercostaux. - Le diaphragme remonte. - Les poumons reprennent leur volume. - L'air est expulsé des poumons.

Fig. 2 - L'inspiration et l'expiration

Questions

1) Quelles sont les 2 phases d'un mouvement respiratoire ?

2) Lors de l'expiration, le diaphragme s'abaisse.

❒ Vrai ❒ Faux

Solutions à la fin de la fiche.

B. La capacité pulmonaire

La capacité des poumons est d'environ 5 litres ; il reste toujours dans les poumons 1,5 L d'**air résiduel**.

Rythme respiratoire normal	16 à 18 mouvements/min
Air courant, correspondant à la quantité d'air inspiré lors d'une inspiration normale	0,5 litre
Air complémentaire, correspondant à la quantité d'air inspiré lors d'une inspiration forcée	1,5 litre
Air résiduel, correspondant à la quantité d'air restant dans les poumons après une expiration forcée	1,5 litre
Air de réserve, correspondant à la quantité d'air expulsé lors d'une expiration forcée	1,5 litre
Capacité pulmonaire totale	0,5 + 1,5 + 1,5 + 1,5 = 5 litres

3. Les échanges gazeux respiratoires

- Les gaz diffusent toujours de la zone où la pression est la plus forte vers la zone où la pression est la plus faible.
- C'est l'**hémoglobine** du sang qui a la propriété de fixer le dioxygène et le dioxyde de carbone :

– O_2 + Hémoglobine → Oxyhémoglobine
– CO_2 + Hémoglobine → Carbohémoglobine

A. Les échanges gazeux au niveau des poumons

Au moment de l'inspiration, le dioxygène pénètre par la trachée dans les poumons et entre dans les alvéoles pulmonaires. Le dioxygène traverse alors la membrane alvéolaire pour aller se fixer sur les hématies.

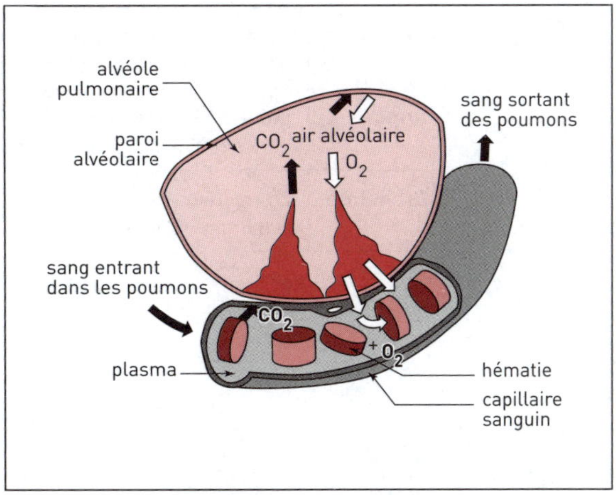

Fig. 3 - Les échanges gazeux au niveau des poumons

Questions

1) Qu'est-ce que l'oxyhémoglobine ?

2) Qu'appelle-t-on carbohémoglobine ?

Solutions à la fin de la fiche.

B. Les échanges gazeux au niveau des cellules

Le dioxygène apporté par les hématies va alimenter les cellules. Le dioxyde de carbone rejeté par les cellules va se fixer sur les hématies. Chargées de dioxyde de carbone, les hématies retournent aux poumons.
Le dioxyde de carbone traverse alors la membrane alvéolaire, passe dans les alvéoles, les bronches, la trachée, et est rejeté dans l'air.

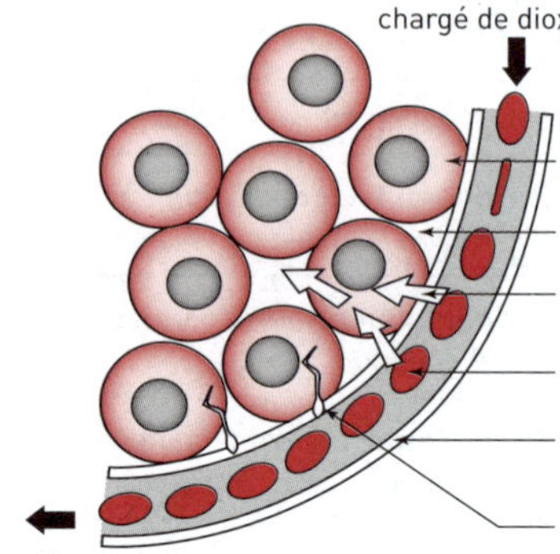

Fig. 4 - Les échanges gazeux au niveau des cellules

4. Les pathologies et l'hygiène de l'appareil respiratoire

A. Les maladies des voies aériennes

Les voies aériennes peuvent être le siège d'affections.

Les affections des voies aériennes

Rhinite	D'origine virale ou allergique, elle se caractérise par des éternuements.
Sinusite	C'est une infection des sinus d'origine bactérienne, qui se caractérise par un nez bouché et des douleurs au niveau de l'œil.
Asthme	Dû à une hypersécrétion de mucus encombrant les bronches, il est caractérisé par une dyspnée (respiration difficile) sifflante.
Angine	D'origine bactérienne ou virale, elle est caractérisée par une rougeur de la gorge et des difficultés pour avaler.
Bronchite	D'origine bactérienne ou virale, elle est caractérisée par une toux, une respiration sifflante et des expectorations.

Questions

1) La rhinite est d'origine bactérienne.

❒ Vrai ❒ Faux

2) Le bacille de Koch est l'agent responsable de la tuberculose.

❒ Vrai ❒ Faux

Solutions à la fin de la fiche.

B. Les maladies pulmonaires

Les poumons peuvent être le siège d'affections d'origine infectieuse.

Les affections des poumons

Affection	Agent	Manifestations	Prévention
Tuberculose	Bacille de Koch	Toux sèche, crachats purulents, fièvre	BCG
Pneumonie	Virus ou bactérie	Toux, crachats, point de côté	Antibiotiques (en prévention secondaire)

C. Hygiène et prévention des pathologies de l'appareil respiratoire

Pour permettre à l'appareil respiratoire de bien fonctionner, il faut :
– bien utiliser les voies respiratoires (respirer par le nez par temps froid, se moucher régulièrement) ;
– développer sa cage thoracique (pratiquer un sport : la natation, par exemple) ;
– aérer régulièrement les locaux d'habitation ou de travail ;
– éviter l'abus de tabac, voire proscrire sa consommation ;
– respecter la réglementation concernant la pollution atmosphérique.

Corrigé des questions

Page 169

1 **Le mucus permet d'emprisonner les poussières pour les évacuer.**
Réponse : Vrai.

2 **Les bronches emmènent le sang aux poumons.**
Réponse : Faux.

Page 170

1 **Quelles sont les 2 phases d'un mouvement respiratoire ?**
Réponse : Un mouvement respiratoire se compose d'une inspiration et d'une expiration.

2 **Lors de l'expiration, le diaphragme s'abaisse.**
Réponse : Faux.

Page 171

1 **Qu'est-ce que l'oxyhémoglobine ?**
Réponse : L'oxyhémoglobine est la forme combinée du dioxygène avec l'hémoglobine des globules rouges (hématies).

2 **Qu'appelle-t-on carbohémoglobine ?**
Réponse : On appelle carbohémoglobine la forme combinée du dioxyde de carbone avec l'hémoglobine des globules rouges.

Page 172

1 **La rhinite est d'origine bactérienne.**
Réponse : Faux.

2 **Le bacille de Koch est l'agent responsable de la tuberculose.**
Réponse : Vrai.

Entraînement 8 - L'appareil respiratoire et la respiration

1 Comparez la composition de l'air inspiré avec celle de l'air expiré et concluez.

Inspiration		Expiration	
Dioxygène	21 %	Dioxygène	13 %
Dioxyde de carbone	Traces	Dioxyde de carbone	5 %
Azote	79 %	Azote	79 %
Vapeur d'eau	Traces	Vapeur d'eau	Traces

....

....

2 Complétez la légende du schéma de l'appareil respiratoire.

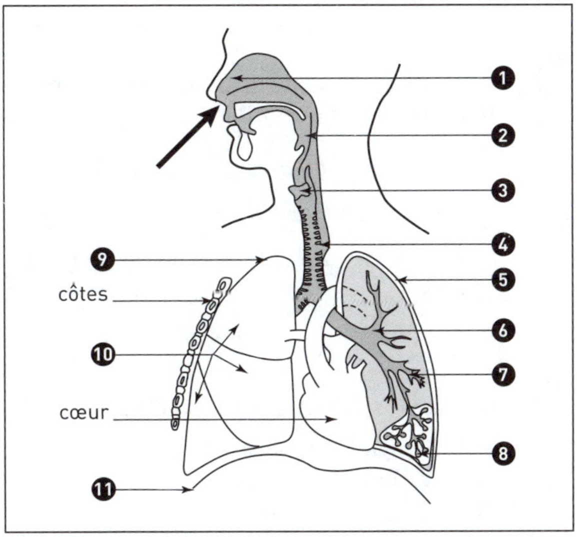

Fig. 1 - L'appareil respiratoire

....

....

....

....

....

....

3 Complétez le tableau en précisant les échanges gazeux qui s'opèrent.

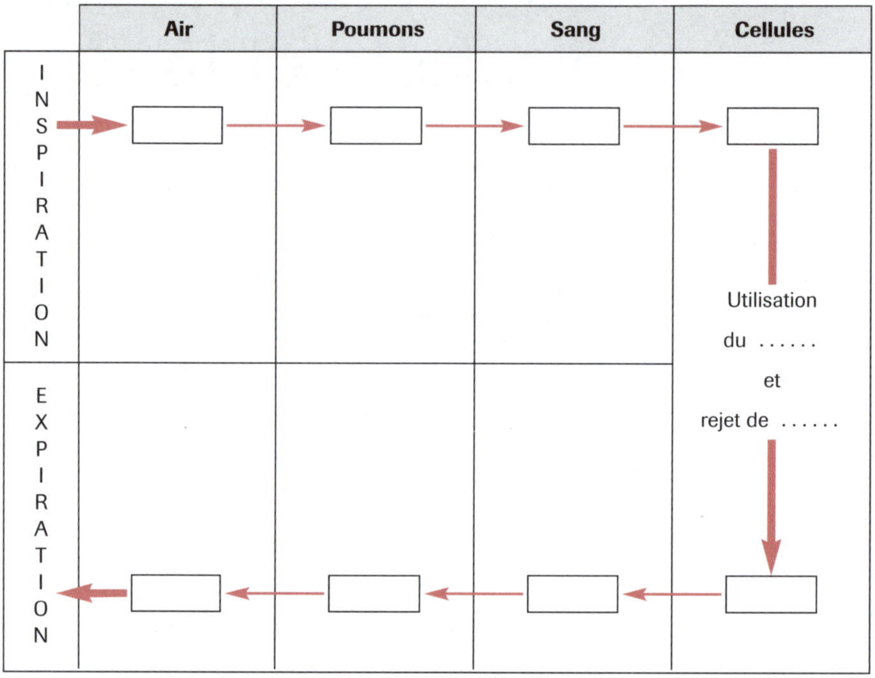

4 Complétez le texte avec la liste de mots suivante : artère aorte/veines caves/artère pulmonaire/veines pulmonaires.

Le sang chargé de dioxygène gagne le cœur par .... Le cœur renvoie ce sang vers les organes par l'intermédiaire de .... Après échange avec les cellules, le sang s'est enrichi en dioxyde de carbone. Il gagne le cœur par .... et le cœur le renvoie aux poumons par ....

5 Cochez les affirmations exactes.

a) L'hémoglobine transporte le dioxygène sous forme de :
❒ **A.** carbohémoglobine.
❒ **B.** oxyhémoglobine.

b) La plèvre est :
❒ **A.** une muqueuse.
❒ **B.** une séreuse.

Corrigé

1

Réponse :

- On observe que la quantité d'azote est la même dans l'air expiré que dans l'air inspiré ; qu'il y a moins de dioxygène dans l'air expiré que dans l'air inspiré. En revanche, l'air expiré s'est enrichi en dioxyde de carbone et la vapeur d'eau subsiste.
- Conclusion : l'azote n'est pas utilisé par l'organisme, une partie seulement du dioxygène est consommée; une partie du dioxyde de carbone et de la vapeur d'eau est produite par l'activité de l'organisme.

2

Réponses :

Fosses nasales
Pharynx
Larynx
Trachée artère
Plèvre
Bronche
Bronchiole
Alvéole pulmonaire
Poumon
Lobes pulmonaires
Diaphragme

3

Réponse :

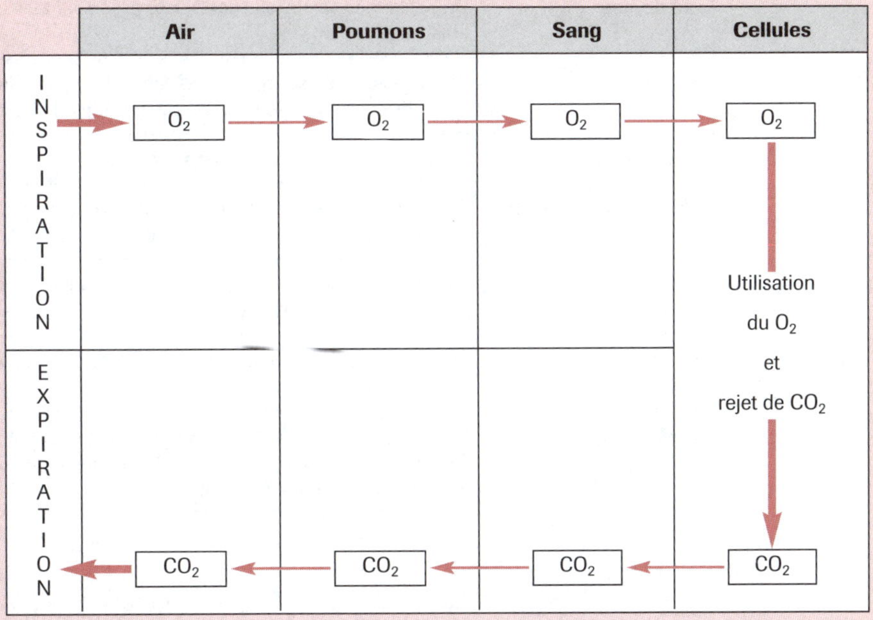

4

Réponse :

Le sang chargé de dioxygène gagne le cœur par **les veines pulmonaires**. Le cœur renvoie ce sang vers les organes par l'intermédiaire de **l'artère aorte**. Après échange avec les cellules, le sang s'est enrichi en dioxyde de carbone. Il gagne le cœur par **les veines caves** et le cœur le renvoie aux poumons par **l'artère pulmonaire**.

5

a) Réponse B : Oxyhémoglobine.
b) Réponse B : Une séreuse.

Fiche 9 - La fonction de reproduction

1. Les organes génitaux de l'homme

A. Anatomie

➔ *Voir schéma de l'appareil génital masculin sur le rabat.*

Les organes génitaux de l'homme

Organes	Caractéristiques et rôles
Scrotum (bourses)	Enveloppe contenant les testicules, permettant de maintenir les spermatozoïdes à une température inférieure à celle du corps
Testicules	Deux glandes sexuelles **(gonades)** produisant les spermatozoïdes et la **testostérone**
Épididymes	Petits sacs situés au-dessus des testicules composés de minuscules conduits qui permettent aux spermatozoïdes de poursuivre leur maturation
Canaux déférents	Canaux où circulent les spermatozoïdes
Vésicules séminales	Petites glandes situées au-dessus de la prostate, qui sécrètent le liquide séminal, un des composants du sperme
Prostate	Glande située sous la vessie sécrétant un liquide qui, additionné au liquide séminal, forme le sperme
Urètre	Canal par lequel s'écoulent le sperme lors de l'éjaculation et l'urine lors de la miction
Pénis (verge)	Organe qui se termine par le gland recouvert par le prépuce. Les corps érectiles (tissus), sous l'influence du système nerveux, reçoivent un afflux de sang et assurent l'érection.

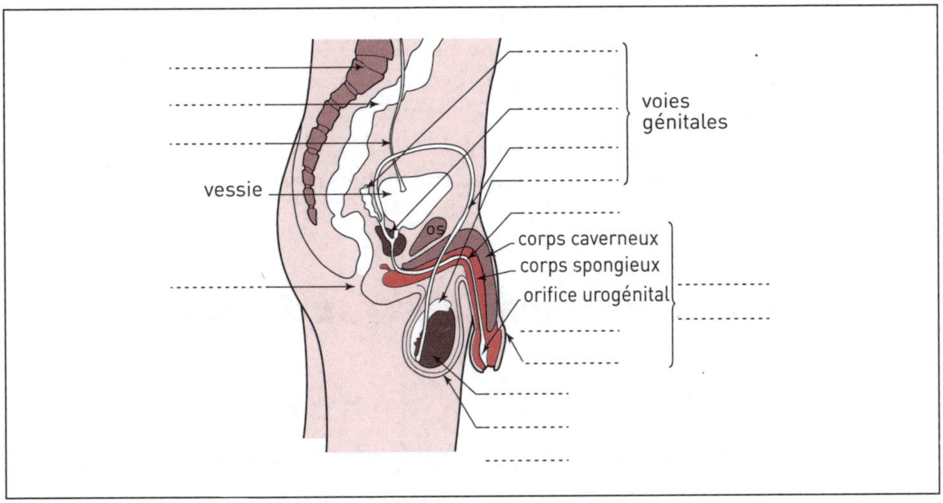

Fig. 1 - L'appareil génital masculin

B. Physiologie de l'appareil génital masculin

• Chaque testicule (**Fig. 2**) contient environ un millier de **tubes séminifères** qui renferment les **cellules de Sertoli** fabriquant les spermatozoïdes (**Fig. 3**) tout au long de la vie.

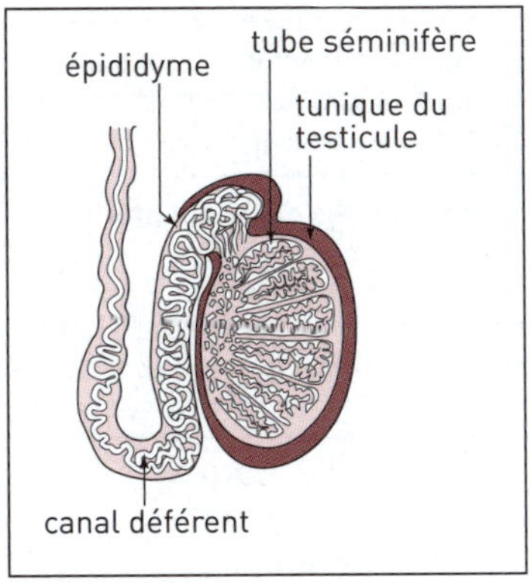

Fig. 2 - Un testicule

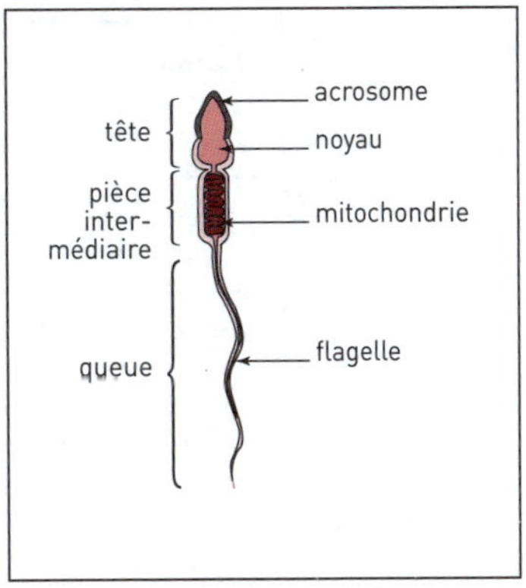

Fig. 3 - Un spermatozoïde

• La **spermatogenèse** (**Fig. 4**) désigne la formation des spermatozoïdes. Lors de la **méiose** (division des cellules sexuelles → *Voir Fiche 1*), les spermatocytes sont divisés en spermatides qui deviennent des cellules sexuelles ou **spermatozoïdes**.

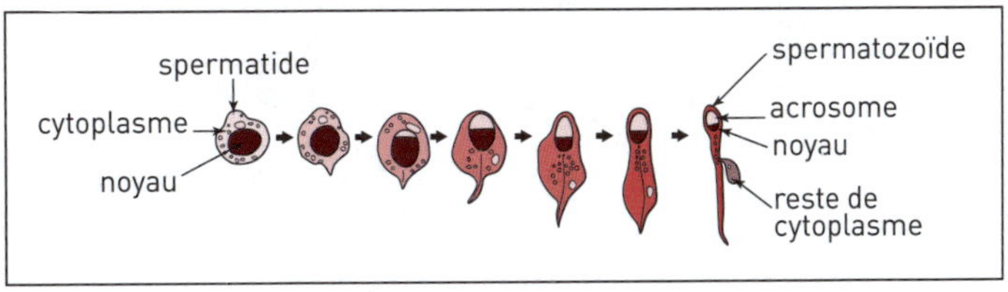

Fig. 4 - La spermatogenèse

Questions

1) Légendez le schéma (**Fig. 1**).

2) Où sont fabriqués les spermatozoïdes ?

Solutions à la fin de la fiche.

- Les cellules de **Leydig** forment des amas dans le tissu conjonctif qui emballe les tubes séminifères et sécrètent une hormone : la **testostérone**. Cette hormone a des rôles divers : elle active la spermatogenèse, permet le développement des caractères sexuels secondaires (morphologie de l'homme) et est responsable du désir sexuel.
- Les testicules sont donc des glandes mixtes : ils ont une action **exocrine** (sécrétion des spermatozoïdes) et une action **endocrine** (fabrication de la testostérone).

2. Les organes génitaux de la femme

A. Anatomie

→ *Voir schéma de l'appareil génital féminin sur le rabat.*

Les organes génitaux de la femme

Organes	Caractéristiques et rôles
Ovaires	Deux glandes sexuelles (gonades) en forme d'amande qui contiennent dès la naissance des milliers d'**ovules**. À partir de la puberté, les ovaires expulsent à tour de rôle, à chaque cycle, un ovule jusqu'à la ménopause.
Trompes de Fallope	Deux longs conduits d'environ 12 cm de long reliant l'utérus aux ovaires qui se terminent par un pavillon qui coiffe l'ovaire. Elles happent l'ovule expulsé par l'ovaire au moment de l'**ovulation** et l'acheminent jusqu'à l'utérus.
Utérus	Muscle creux, élastique, tapissé d'une muqueuse appelée **endomètre** qui sécrète la **glaire cervicale**. L'utérus va accueillir l'œuf fécondé et va assurer le développement du fœtus jusqu'à l'accouchement.
Vagin	Canal qui communique avec l'utérus par le **col utérin**. C'est le lieu du dépôt du sperme et de l'écoulement du flux menstruel (règles).
Vulve	Elle est constituée des **grandes** et **petites lèvres** (replis protégeant les organes génitaux internes) et du clitoris (organe érectile qui stimule le désir).

Questions

1) Nommez l'hormone masculine.

2) Légendez le schéma (**Fig. 5**).

Solutions à la fin de la fiche.

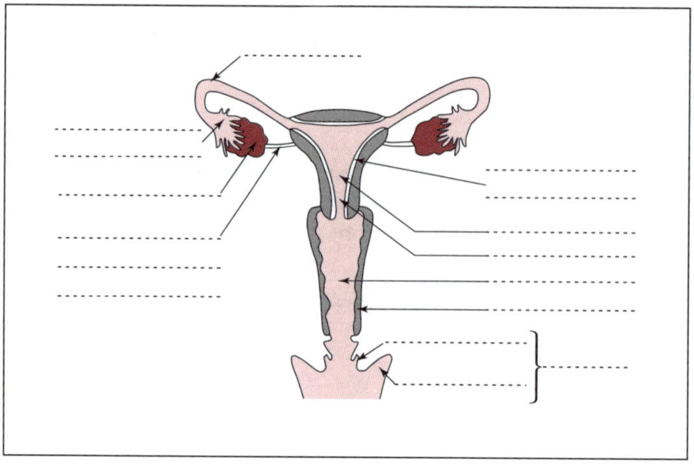

Fig. 5 - L'appareil génital féminin

B. La physiologie de l'appareil génital de la femme

L'ovule se développe dans les ovaires à l'intérieur d'un **follicule** (sac). Accueillant d'abord un ovocyte (cellule qui deviendra ovule), le follicule primordial subit des transformations tout au long de la **méiose** : follicule primordial → follicule primaire → follicule secondaire → follicule tertiaire → follicule de De Graaf (mûr). Cette maturation du follicule est aidée par la sécrétion d'une hormone hypophysaire, la **LH** (hormone lutéinisante). L'**ovulation** (expulsion de l'ovule mûr), quant à elle, sera déclenchée par une autre hormone hypophysaire, la **FSH** (hormone folliculostimulante).

1) Les hormones féminines

- Les ovaires sécrètent deux hormones : les **œstrogènes** fabriqués par le follicule en croissance et la **progestérone** fabriquée par le corps jaune (cicatrice de l'ovaire après expulsion de l'ovule).

Les hormones féminines

Hormones sécrétées	Par quel élément ?	À quel moment ?	Rôles
Œstrogènes	Follicule	Phase folliculaire (avant l'ovulation)	– Provoque l'ovulation. – Modifie l'endomètre.
Progestérone	Corps jaune	Phase lutéinique (après l'ovulation)	– Modifie l'endomètre. – Prépare la gestation.

Les hormones ovariennes sont également responsables des caractères sexuels féminins (seins, silhouette…).

- Les ovaires sont des glandes mixtes : ils ont une fonction **exocrine** (fabrication des ovules) et une fonction **endocrine** (sécrétion des œstrogènes et de la progestérone).
- Le cycle menstruel est d'une durée moyenne de 28 jours. Il commence le premier jour des règles et se termine la veille du premier jour des règles suivantes.

2) Les caractéristiques du cycle féminin

	Avant l'ovulation	Jour de l'ovulation	Après l'ovulation
L'ovaire	L'ovocyte se développe dans le follicule. Il grossit et, vers le 7e jour, il se gonfle. La paroi de l'ovaire est de plus en plus tendue.	L'ovocyte est mûr, il se détache en rompant la paroi de l'ovaire. Il est recueilli par le pavillon de la trompe et acheminé dans la trompe.	L'ovaire se cicatrise (formation du corps jaune) et sécrète la progestérone en l'absence de fécondation. Le corps jaune disparaît ; l'arrêt de sécrétion de progestérone va déclencher les règles.
L'utérus	Le 1er jour, les règles apparaissent. L'utérus élimine sa muqueuse. Au bout d'environ 3 à 5 jours, les règles se terminent. Une nouvelle muqueuse fine se reforme. Grâce à la sécrétion des œstrogènes, cette muqueuse s'épaissit.	La muqueuse utérine se développe encore.	Grâce à la sécrétion de progestérone, la muqueuse se creuse en de profonds replis pour préparer l'éventuelle nidation. Le corps jaune ayant disparu, la muqueuse cesse de se développer. Elle se prépare à tomber, se fissure, se détache et les vaisseaux sanguins sont mis à nu : les règles apparaissent.

▸▸▸

Questions

1) Nommez les hormones féminines.

2) Les ovaires sont des glandes mixtes.

❐ Vrai ❐ Faux

Solutions à la fin de la fiche.

	Avant l'ovulation	Jour de l'ovulation	Après l'ovulation
Les hormones	- Pendant la phase folliculaire, il y a sécrétion des œstrogènes. - Il y a sécrétion de FSH qui permet la maturation du follicule.	- Diminution du taux des œstrogènes. - Sécrétion importante de LH qui déclenche l'ovulation.	- Sécrétion de progestérone et maintien du taux des œstrogènes. - Le taux de LH reste constant et participe indirectement à la fabrication du corps jaune.

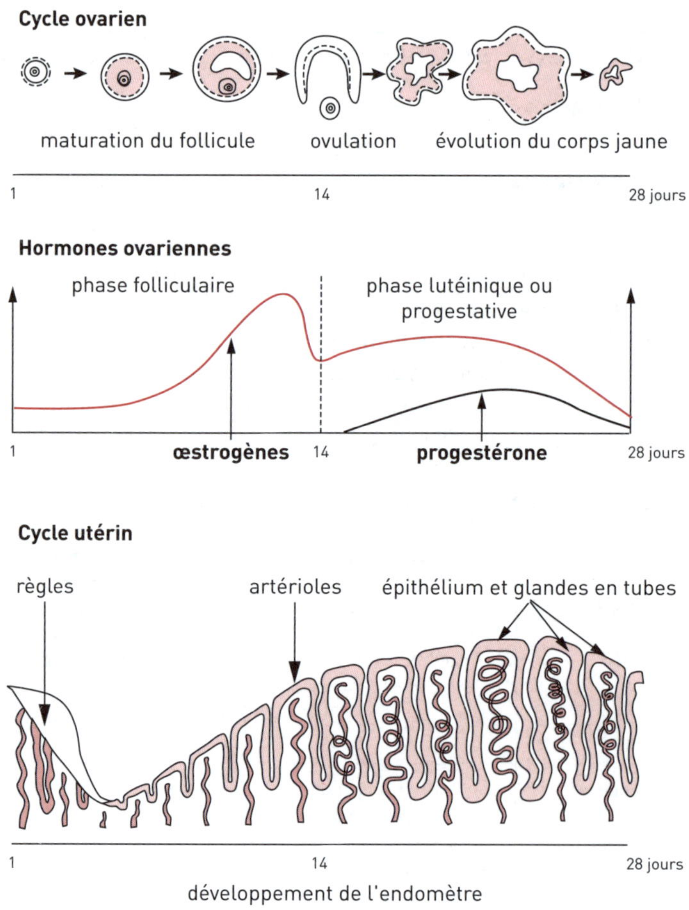

Fig. 6 - Le cycle menstruel

3. Les gonades et les cellules sexuelles (gamètes)

A. Comparaison des gonades masculines et féminines

Les gonades de l'homme et de la femme

	Ovaires	Testicules
Les gonades fabriquent : - des cellules ; - des hormones.	- Ovule. - Œstrogènes et progestérone.	- Spermatozoïdes. - Testostérone.
Nombre de cellules émises	1 par mois	350 millions à chaque éjaculation
Durée d'activité des gonades	De la puberté à la ménopause	De la puberté jusqu'à la fin de la vie

B. Comparaison des gamètes

Les cellules sexuelles de l'homme et de la femme

	Ovule	Spermatozoïde
Taille	150 µm	60 µm
Formule chromosomique	22 + X	22 + X ou 22 + Y
Mobilité	N'est pas mobile	Grande mobilité grâce à son flagelle
Durée de formation	14 jours environ	60 à 72 jours
Durée de vie dans les voies génitales de la femme	De quelques heures à 2 jours	De quelques heures à 5 jours

4. La reproduction

A. La fécondation

- La fécondation (**Fig. 7**) est la rencontre d'un ovule avec un spermatozoïde qui aboutit à la constitution d'un œuf.

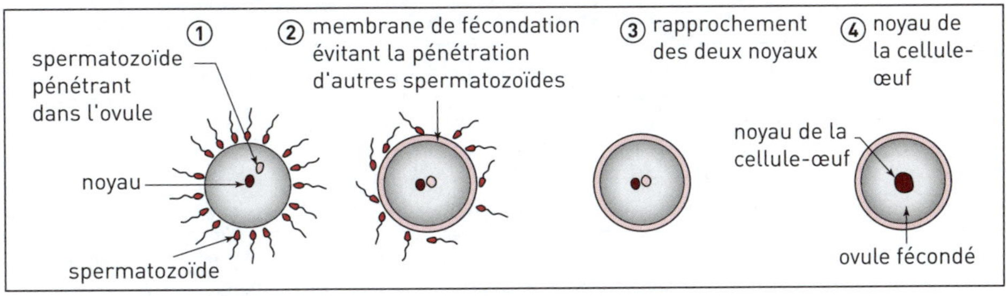

Fig. 7 - La fécondation

Questions

1) Les gonades sont les glandes sexuelles.

❒ Vrai ❒ Faux

2) Qu'est-ce que la fécondation ?

Solutions à la fin de la fiche.

• La fécondation se déroule en quatre étapes. L'ovule est une cellule dont le noyau contient 23 chromosomes.
– Un seul spermatozoïde parvient à pénétrer dans l'ovule après avoir perdu son flagelle.
– La tête du spermatozoïde gonfle. Elle contient aussi 23 chromosomes.
– Les chromosomes du spermatozoïde et de l'ovule se mélangent : il y a maintenant 46 chromosomes.
– L'ovule fécondé se nomme alors œuf. Il commence à se diviser : la cellule se rétrécit par le milieu et s'étrangle.

B. La gestation

1) De l'ovocyte à l'embryon

• **La segmentation**

L'œuf va commencer son développement en se dirigeant vers l'utérus. Environ une trentaine d'heures après la fécondation, l'œuf se segmente en **2** cellules (blastomères) puis en **4**, **8**, etc. jusqu'à l'obtention d'une petite boule en forme de mûre (la **morula**).

• **La nidation**

Lorsqu'il parvient dans l'utérus, l'embryon est une petite sphère creuse (**blastula**) composée de plusieurs centaines de cellules. Puis 6 jours environ après la fécondation, l'œuf va s'implanter dans la muqueuse utérine. Celle-ci, grâce à la sécrétion de progestérone, est devenue très épaisse, très vascularisée et va permettre le développement de l'œuf.

• **Le placenta**

– Le placenta est formé par les tissus de la mère et ceux du fœtus. Il a la forme d'une galette creusée de cavités remplies de sang maternel, dans lequel baignent des prolongements issus de l'embryon (les **villosités** : lieux des échanges) (**Fig. 8**).

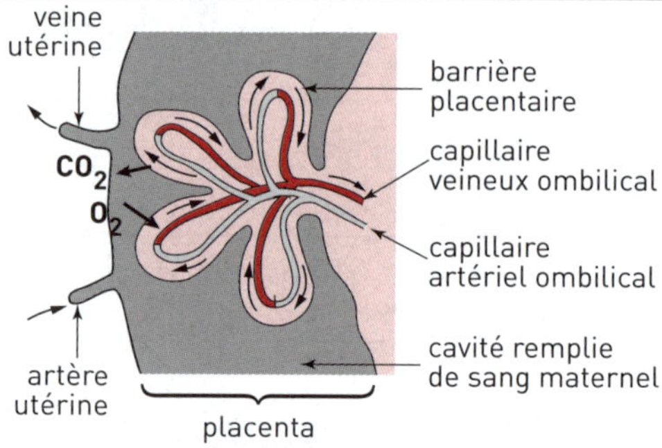

Fig. 8 - Échanges placentaires

– Le placenta assure plusieurs fonctions.

Les différentes fonctions du placenta

Fonction	Sens des échanges à travers le placenta Mère → Placenta → Fœtus
Nutrition	→ Glucides, lipides, protides, eau, sels minéraux, vitamines
Respiration	→ Oxygène ← Dioxyde de carbone
Excrétion	← Urée et autres déchets
Protection	→ Anticorps mais certaines substances toxiques (certains médicaments, nicotine, tabac, alcool) traversent la barrière placentaire.

Questions

1) Le flagelle permet le déplacement de l'ovaire.

❒ Vrai ❒ Faux

2) Qu'appelle-t-on la nidation ?

3) Citez deux rôles du placenta.

Solutions à la fin de la fiche.

– Le placenta produit également des hormones, l'HCG (Hormone Gonatrophine Chorionique), et stimule la production d'œstrogènes et de progestérone.

2) De l'embryon au fœtus

Les deux périodes de la gestation et leurs caractéristiques

	Période embryonnaire	Période fœtale
Mois	Du 1er jour au 2e mois	Du 3e au 9e mois
Taille moyenne en cm	0,4 à 3	3 à 50
Poids moyen en g	0,02 à 1	1 à 3300
Transformations	– Le cœur bat. – La tête et les 4 bourgeons des membres apparaissent. – Le visage se façonne.	– Les membres sont formés. – Tous les organes sont en place. – Le sexe est reconnaissable. – L'appareil circulatoire est achevé (4e mois). – Maturation du système nerveux (5e mois). – Premiers réflexes du fœtus ; il est viable (6e mois). – Le fœtus ouvre les yeux et il se retourne dans le ventre de la mère (7e mois).

Quelques examens médicaux spécialisés pendant la grossesse

Nom	Nature de l'examen	Objectifs de l'examen
Échographie	On utilise un système d'ultrasons. Se pratique au moyen d'un détecteur posé sur la paroi abdominale.	L'échographie permet de visualiser le fœtus dans le ventre de la mère et d'apprécier son évolution (taille, position, etc.).
Amniocentèse	Technique qui consiste à enfoncer dans l'utérus une fine aiguille (qui traverse successivement la paroi abdominale maternelle et la paroi utérine) et à prélever un peu de liquide amniotique.	L'analyse du liquide amniotique permet de diagnostiquer d'éventuelles anomalies génétiques grâce à la réalisation d'un caryotype et/ou l'étude de l'ADN.

5. La contraception

- La contraception est un ensemble de méthodes consistant à rendre l'acte sexuel infécondant.
- La contraception est autorisée en France par la loi Neuwirth de 1967, mais toute publicité à son propos reste interdite. Pour les préservatifs masculins, la publicité sera autorisée en 1987 comme prévention des IST et seulement en 1991 comme moyen de contraception.

Question

À quoi sert une amniocentèse ?

Solution à la fin de la fiche.

A. Les méthodes naturelles de régulation des naissances

- Les méthodes d'observation des périodes d'ovulation sont très contraignantes. Ce sont la méthode **des températures** (prise de la température matinale) et la méthode **Ogino** (calcul de probabilité de la date d'ovulation).
- La méthode du **retrait** ou coït interrompu est loin d'être fiable.

B. Les méthodes mécaniques

Les méthodes mécaniques de contraception

Le préservatif masculin	Le stérilet	Le diaphragme
C'est un fin réservoir de caoutchouc, résistant, qui se déroule sur la verge en érection. Il recueille le sperme et empêche ainsi les spermatozoïdes de s'introduire dans le vagin. Il protège contre les infections sexuellement transmissibles (ex. : SIDA).	C'est un petit dispositif de formes diverses posé par le gynécologue dans l'utérus. Il empêche la nidation de l'œuf dans la muqueuse utérine.	C'est un fin dôme de caoutchouc monté sur un anneau souple. Il se place au fond du vagin. Enduit de crème spermicide, il empêche les spermatozoïdes de franchir le col de l'utérus.

C. Les méthodes chimiques

Les **spermicides** (sous forme de crème, gels, ovules, etc.) se placent au fond du vagin environ 10 minutes avant le rapport sexuel. Ils détruisent les spermatozoïdes.

D. Les méthodes hormonales

La **pilule** contient des hormones de synthèse : œstrogènes et progestatifs dans des proportions diverses pour les **comprimés** ; progestatifs pour les patchs et les **implants sous-cutanés**. Il existe de nombreux types de pilules. Les hormones contenues dans la pilule entraînent un blocage de l'ovulation, ainsi que des modifications de la glaire cervicale et de la muqueuse utérine.

6. La lutte contre la stérilité

A. Les causes de la stérilité

1) Chez l'homme

- Incapacité d'obtenir ou de maintenir une érection : anomalie de l'éjaculation.
- Obstruction ou anomalie de structure du canal déférent qui peut empêcher le passage des spermatozoïdes.
- Insuffisance de production de spermatozoïdes (mal formés ou ayant une durée de vie trop brève).

2) Chez la femme

- Obstruction des trompes de Fallope qui peut empêcher les spermatozoïdes d'atteindre l'ovule.
- Les ovules ne parviennent pas à maturation ou ne sont pas expulsés.

Questions

1) Indiquez le principe du préservatif masculin.

2) La pilule contient des œstrogènes et de la testostérone.

❒ Vrai ❒ Faux

Solutions à la fin de la fiche.

- Le mucus cervical peut altérer ou détruire les spermatozoïdes.
- Toute anomalie ou affection de l'utérus peut empêcher l'implantation de l'œuf.

B. La procréation médicalement assistée

- L'**insémination artificielle** consiste à introduire le sperme du père ou d'un donneur dans l'utérus de la femme.
- La **fécondation *in vitro*** est une méthode qui consiste à réaliser la rencontre d'un ovule et d'un spermatozoïde (fécondation) hors de l'organisme maternel. L'œuf est ensuite réimplanté dans l'utérus de la femme.

7. Les infections sexuellement transmissibles

A. Les principaux signes

Les principaux signes des infections sexuellement transmissibles (IST) sont :
– une inflammation des organes génitaux ;
– une sensation de brûlure pendant la miction ;
– des douleurs pendant les rapports sexuels ;
– des démangeaisons ;
– une éruption de boutons.

B. Les principales IST

Agents responsables	Exemples
Bactéries	- Blennoragie ou gonococcie. - Syphilis ou vérole. - Infection à Chlamydia.
Virus	- SIDA. - Condylomes. - Herpès génital.
Champignons ou protozoaires	- Mycose. - Trichomonase.

Questions

1) Qu'est-ce que la fécondation *in vitro* ?

2) Que signifie le sigle IST ?

Solutions à la fin de la fiche.

C. La prévention des IST

Les principaux modes de prévention des IST sont les suivants :
– utiliser des préservatifs ;
– avoir une hygiène corporelle soigneuse et régulière ;
– consulter un médecin au moindre doute ;
– suivre à la lettre le traitement médical prescrit en cas de maladie avérée ;
– prévenir son partenaire (et utiliser un préservatif) en cas de maladie avérée.

Corrigé des questions

Page 179

1 **Légendez le schéma (Fig. 1).**
Réponse : Voir schéma.

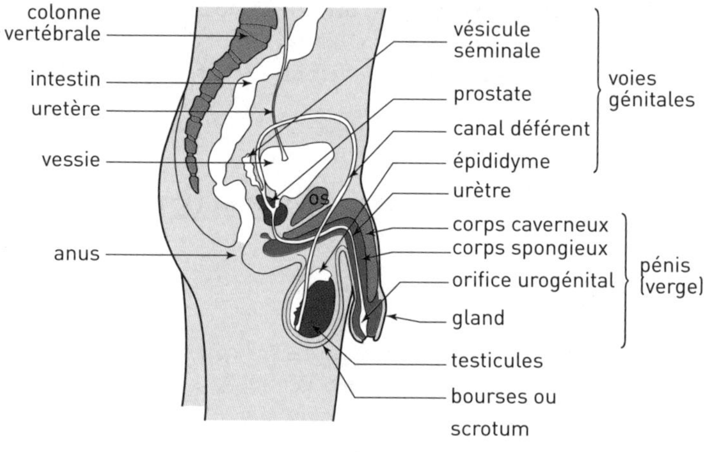

Fig. 1 - L'appareil génital masculin

2 **Où sont fabriqués les spermatozoïdes ?**
Réponse : Les spermatozoïdes sont fabriqués dans les tubes séminifères (par les cellules de Sertoli).

Page 180

1 **Nommez l'hormone masculine.**
Réponse : La testostérone.

2 **Légendez le schéma (Fig. 5).**
Réponse : Voir schéma page 189.

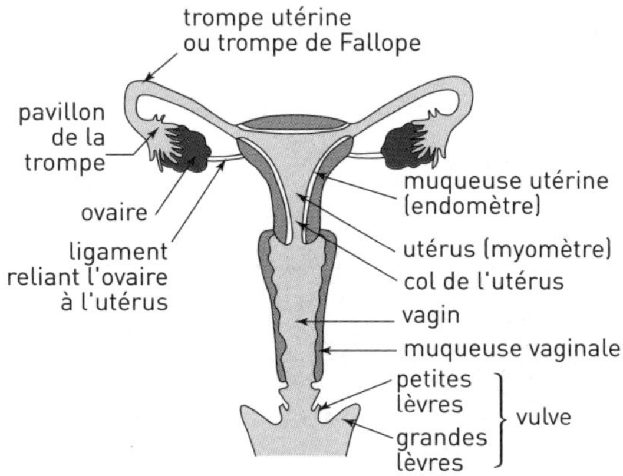

Fig. 5 - L'appareil génital féminin

Page 181

1 **Nommez les hormones féminines.**
Réponse : La progestérone et les œstrogènes.

2 **Les ovaires sont des glandes mixtes.**
Réponse : Vrai.

Page 183

1 **Les gonades sont les glandes sexuelles.**
Réponse : Vrai.

2 **Qu'est-ce que la fécondation ?**
Réponse : La fécondation est l'union d'un spermatozoïde avec un ovule pour constituer un œuf.

Page 184

1 **Le flagelle permet le déplacement de l'ovaire.**
Réponse : Faux.

2 **Qu'appelle-t-on la nidation ?**
Réponse : La nidation est l'implantation de l'œuf dans la muqueuse utérine.

3 **Citez deux rôles du placenta.**
Réponse :
– Permet les échanges gazeux entre l'enfant et la mère ;
– produit des hormones.

Page 185

À quoi sert une amniocentèse ?
Réponse : L'amniocentèse (prélèvement du liquide amniotique) permet :
– le dépistage d'éventuelles anomalies chromosomiques grâce à la réalisation du caryotype de l'embryon ;
– le dépistage d'éventuelles anomalies génétiques grâce à l'étude de l'ADN.

Page 186

1 **Indiquez le principe du préservatif masculin.**
Réponse : Le préservatif masculin est un fin réservoir de caoutchouc qui se dépose sur la verge en érection et qui recueille le sperme. Il est utilisé comme moyen de protection contre les IST et/ou comme contraceptif.

2 **La pilule contient des œstrogènes et de la testostérone.**
Réponse : Faux.

Page 187

1 **Qu'est-ce que la fécondation *in vitro* ?**
Réponse : La fécondation *in vitro* est la rencontre d'un ovule et d'un spermatozoïde hors de l'organisme maternel.

2 **Que signifie le sigle IST ?**
Réponse : Infection sexuellement transmissible.

Entraînement 9 - La fonction de reproduction

1 Légendez le schéma ci-dessous.

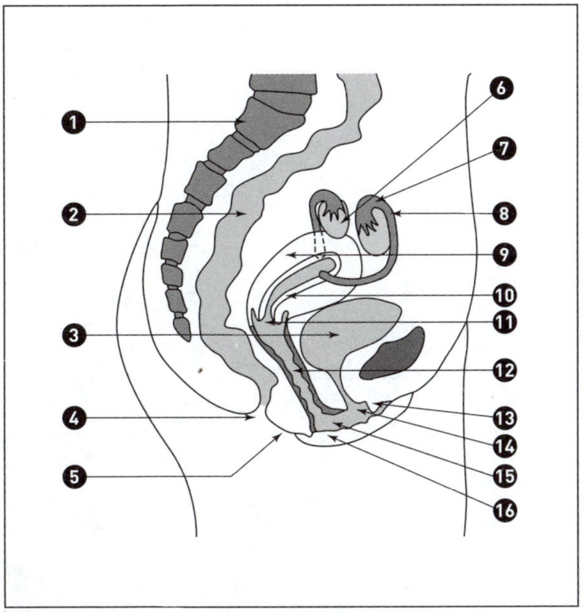

Fig. 1 - L'appareil génital féminin

2 Nommez l'organe féminin des rapports sexuels.

3 Précisez le lieu de la fécondation.

4 Précisez le lieu où se développe le fœtus.

....

5 Les ovaires assurent deux fonctions importantes. Citez-les :

– ....

– ....

6 Complétez le schéma du cycle féminin.

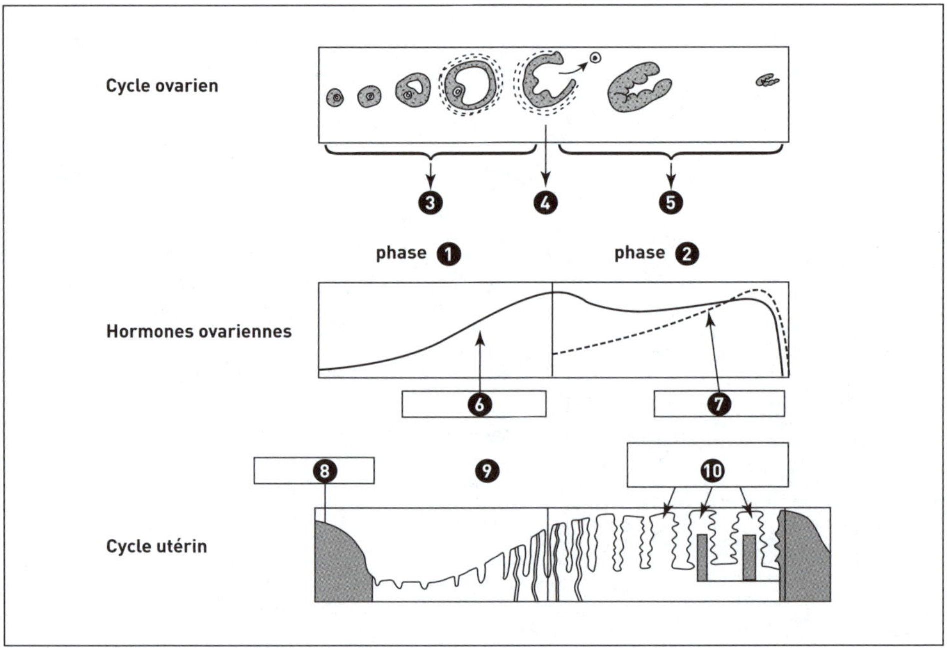

Fig. 2 - Le cycle menstruel

....

....

....

....

....

7 Indiquez le nombre de chromosomes que contient un spermatozoïde.

....

8 Indiquez le nom de l'élément anatomique permettant le déplacement d'un spermatozoïde.

....

9 Citez quatre méthodes locales de contraception :

– ....

– ....

– ....

– ....

10 Énoncez le principe d'action des pilules contraceptives.

....

11 Citez deux modes de transmission des infections sexuellement transmissibles.

– ....

– ....

– ....

Corrigé

1 **Réponses :**

Colonne vertébrale
Rectum
Vessie
Anus
Périnée
Ovaire
Pavillon
Trompe
Utérus
Muqueuse utérine
Col de l'utérus
Vagin
Clitoris
Méat urinaire
Petites lèvres
Grandes lèvres

2 **Réponse :** Le vagin.

3 **Réponse :** La trompe de Fallope.

4 **Réponse :** L'utérus.

5 **Réponses :**

– Produire des ovules ;
– produire des hormones : œstrogènes et progestérone.

6 **Réponses :**

Phase folliculaire	Œstrogènes
Phase progestative	Progestérone
Maturation du follicule	Règles
Ovulation	Développement de l'endomètre
Évolution du corps jaune	Dentelle de l'endomètre

7 **Réponse :** Le spermatozoïde est une cellule à 23 chromosomes.

8 **Réponse :** Le spermatozoïde est mobile grâce à son flagelle.

9 **Réponses :**
– Le préservatif masculin ;
– le diaphragme ;
– le stérilet ;
– le préservatif féminin.

10 **Réponse :** Elles agissent en modifiant le cycle ovarien et en bloquant l'ovulation.

11 **Réponses :**
– Voie sanguine ;
– voie sexuelle ;
– voie fœtale (mère-enfant).

Fiche 10 - Le système endocrinien et la stabilité du milieu intérieur

1. Le système endocrinien

Le système endocrinien est constitué de glandes **endocrines** qui sécrètent des hormones et de glandes **mixtes**.

A. Les différentes glandes

- Une glande **exocrine** est une glande qui déverse un produit de sécrétion par un canal excréteur.
Exemple : une glande sudoripare.

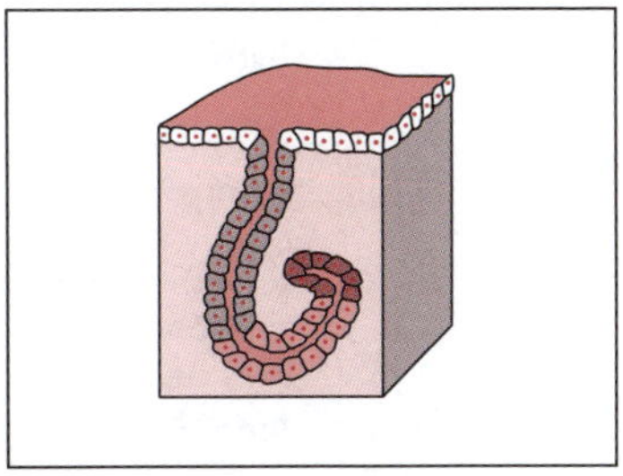

Fig. 1 - Glande sudoripare

- Une glande **endocrine** est une glande qui déverse un produit de sécrétion directement dans le sang.
Exemple : la glande thyroïde.

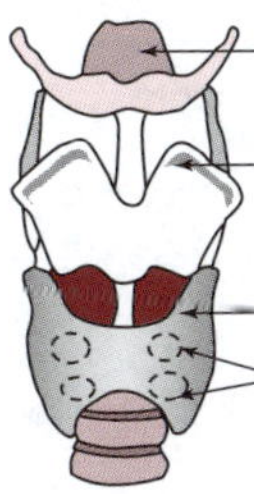

Fig. 2 - La glande thyroïde

- Une glande **mixte** est une glande endocrine et exocrine à la fois.
Exemple : le pancréas.

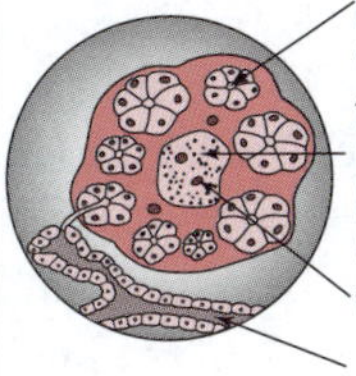

Fig. 3 - Le pancréas

Questions

1) Une glande exocrine déverse son produit de sécrétion dans le sang.

❒ Vrai ❒ Faux

2) Une glande mixte est à la fois endocrine et exocrine.

❒ Vrai ❒ Faux

Solutions à la fin de la fiche.

B. Les hormones

• Les hormones sont des produits de sécrétion spécialisés fabriqués par les glandes endocrines, et donc déversés directement dans le sang.

• Les hormones agissent en général en faible quantité et sont véhiculées par le sang vers les points du corps où elles exercent une action.

C. Les principales glandes endocrines, leur localisation et leurs fonctions

Nom des glandes	Localisation	Principaux rôles
Hypophyse	À la base du cerveau	– Stimule toutes les autres glandes endocrines. – Agit sur la croissance, sur les sécrétions des gonades et règle le taux de l'eau.
Thyroïde	À la base du cou	– Agit sur la croissance. – Règle les combustions.
Thymus	Derrière le sternum	– Règle la croissance. – Participe aux défenses immunitaires.
Pancréas (ilôts de Langerhans)	Derrière l'estomac	– Sécrète l'insuline et le glucagon. – Sécrète de l'adrénaline, qui participe à la régulation de la glycémie.
Surrénales	Au-dessus des reins	Règlent la pression artérielle.
Testicules	Dans les bourses	Produisent la testostérone.
Ovaires	Au bas de l'abdomen	Produisent les œstrogènes et la progestérone.
Placenta	Dans l'utérus au moment de la grossesse	Produit les hormones permettant le maintien et le bon déroulement de la grossesse.

2. L'homéostasie

• L'**homéostasie** correspond à la constance du milieu intérieur du corps humain.

• Certains organes participent à cette constance :
– la peau (sueur) ;
– les poumons (dioxyde de carbone et eau) ;
– les intestins (résidus des aliments) ;
– le pancréas (régulation de la glycémie) ;
– les reins (résidus des métabolismes).

• Le système endocrinien, associé au système nerveux, assure l'**homéostasie**.

Question

Qu'est-ce qu'une hormone ?

Solution à la fin de la fiche.

A. La régulation de la glycémie

1) Définitions

• La **glycémie** correspond au taux de **glucose** dans un litre de sang. Sa valeur normale est comprise entre 0,8 et 1,1 g/L.

• La **glycosurie** correspond à la présence anormale de glucose dans les urines. La présence de sucre dans les urines indique une pathologie métabolique : le diabète.

2) Les hormones pancréatiques

Les hormones pancréatiques (**insuline** et **glucagon**) règlent la glycémie.

Les hormones pancréatiques

	Insuline	Glucagon
Sécrétée par	Cellules bêta des îlots de Langerhans du pancréas	Cellules alpha des îlots de Langerhans du pancréas
Rôle	Elle abaisse le taux de glucose dans le sang, c'est donc une hormone **hypoglycémiante**.	Elle augmente le taux de glucose dans le sang, c'est donc une hormone **hyperglycémiante**.

B. Le diabète pancréatique ou diabète sucré

• Le diabète est une maladie caractérisée par une insuffisance ou une absence de sécrétion d'**insuline** (hormone pancréatique).

• On distingue deux types de diabète : le diabète maigre dit de type 1 et le diabète gras dit de type 2.

1) Les caractéristiques des différents diabètes

Diabète maigre	Diabète gras
C'est un diabète insulinodépendant (DID) : l'organisme ne fabrique plus d'insuline car le pancréas s'est autodétruit. Un des premiers symptômes est un amaigrissement. Les sujets doivent s'injecter régulièrement de l'insuline.	C'est un diabète non insulinodépendant (DNID) : il y a présence d'insuline mais elle est mal sécrétée. Une grande fatigue caractérise ce diabète. Les sujets n'ont pas besoin d'injection d'insuline mais d'un sérieux régime.

2) Les complications du diabète

Le diabète peut avoir pour complications :
- des atteintes cardio-vasculaires (artérite, athérosclérose, hypertension artérielle) ;
- des atteintes oculaires (obstruction ou rupture des artères rétiniennes entraînant la cécité) ;
- des atteintes cutanéo-muqueuses (furoncles, infections dentaires) ;
- des atteintes nerveuses (névrites, polynévrites).

3) Prévention du diabète

• Une surveillance de la glycémie et une éducation diététique sont les bases de la prévention.

Questions

1) L'insuline est une hormone hypoglycémiante.

❒ Vrai ❒ Faux

2) La glycémie correspond à la présence d'un taux élevé de glucose dans les urines.

❒ Vrai ❒ Faux

Solutions à la fin de la fiche.

- Chez le diabétique, la ration alimentaire journalière sera répartie en 4 ou 5 repas. Les conseils d'une diététicienne peuvent se révéler très utiles.
- Une activité physique régulière (faisant appel à l'endurance) est nécessaire.
- Une auto-surveillance est indispensable après consultation régulière d'un médecin, voire d'un endocrinologue.

Corrigé des questions

Page 195

1 **Une glande exocrine déverse son produit de sécrétion dans le sang.**
Réponse : Faux.

2 **Une glande mixte est à la fois endocrine et exocrine.**
Réponse : Vrai.

Page 196

Qu'est-ce qu'une hormone ?
Réponse : Une hormone est une substance fabriquée par une glande endocrine. Elle est déversée directement dans le sang, et agit sur l'organisme.

Page 197

1 **L'insuline est une hormone hypoglycémiante.**
Réponse : Vrai.

2 **La glycémie correspond à la présence d'un taux élevé de glucose dans les urines.**
Réponse : Faux.

Entraînement 10 - Le système endocrinien et la stabilité du milieu intérieur

1 Donnez la définition du mot homéostasie.

....

2 Donnez la définition d'une hormone.

....

....

3 Donnez le nom de chaque type de glande accompagné d'un exemple.

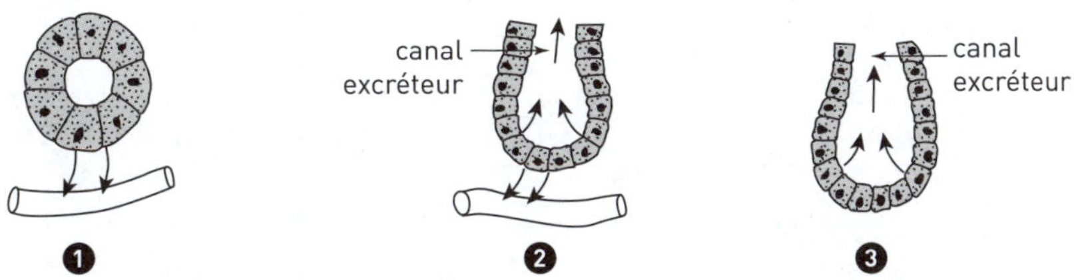

Fig. 1 - Les glandes

– ❶ ....

– Exemple ....

– Ⓑ ....

– Exemple ....

– ❸ ....

– Exemple ....

4 Nommez les glandes endocrines représentées sur le schéma.

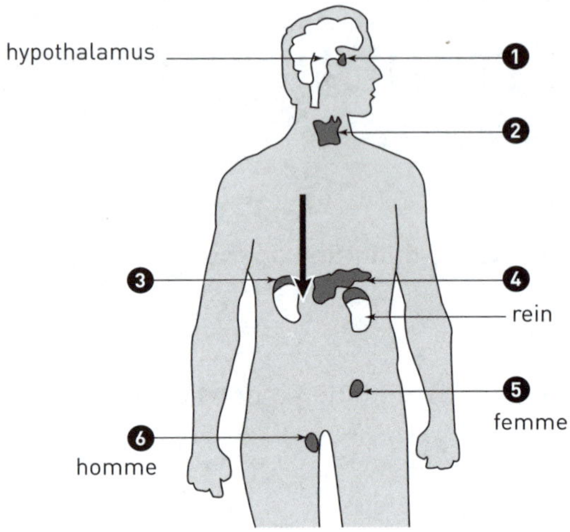

Fig. 2 - Localisation des principales glandes endocrines

....

....

....

....

....

....

5 Nommez la glande qui déclenche la puberté.

....

6 Nommez les glandes qui font apparaître les caractères physiques de la puberté.

....

7 La présence de glucose dans l'urine peut témoigner d'une maladie. Laquelle ?

....

8 Nommez l'organe qui est responsable de cette insuffisance.

....

9 Nommez l'hormone qu'il sécrète.

....

Corrigé

1 **Réponse :** L'homéostasie est la constance du milieu intérieur.

2 **Réponse :** Une hormone est une substance chimique élaborée par une glande endocrine. Déversée dans le sang, elle va aller exercer une action spécifique sur un organe cible.

3 **Réponses :**
– ❶ Glande endocrine
Exemple : thyroïde
– ❷ Glande mixte
Exemple : ovaire
– ❸ Glande exocrine
Exemple : glande sébacée

4 **Réponses :**
❶ Hypophyse
❷ Thyroïde
❸ Glande surrénale
❹ Pancréas
❺ Ovaire
❻ Testicule

5 **Réponse :** C'est le complexe hypothalamo-hypophysaire qui déclenche la puberté.

6 **Réponse :** Les ovaires et les testicules.

7 **Réponse :** Le diabète.

8 **Réponse :** Le pancréas.

9 **Réponse :** L'insuline.

Fiche 11 - Le système immunitaire et la résistance à l'infection microbienne

1. Quelques notions de microbiologie

• Les agents étrangers en contact avec l'organisme sont nombreux : **bactéries, virus, parasites, champignons**… Lorsqu'un micro-organisme **pathogène** (qui peut causer une maladie) envahit l'organisme, il y a **infection.**

• Certains germes sont dits **saprophytes** quand ils vivent sur ou dans l'organisme sans entraîner de troubles.

• Il existe quatre familles d'agents infectieux : les **bactéries** (les **coques** de forme arrondie, les **bacilles** de forme allongée, les **spirilles** de forme vrillée et les **vibrions**), les **virus** (de la rage, du SIDA…), les **parasites** (oxyures, ténia…) et les **levures** (champignons). On parle aujourd'hui d'une cinquième famille d'agents infectieux : les prions (ex. : agents pathogènes de la tremblante du mouton).

• Lors d'une infection, si l'agent est une bactérie, on parlera de maladie **bactérienne** (ex. : la salmonellose), un virus de maladie **virale** (ex. : la grippe), un champignon de **mycose** (ex. : le muguet).

• Les micro-organismes pénètrent dans l'organisme par la **peau** (blessure, piqûre, plaie…), par les **voies respiratoires**, la **voie digestive** (par les aliments), les **voies sexuelles** (IST) et la voie **sanguine**.

• La contagion peut être **directe** (d'une personne à une autre) ou **indirecte** (objet souillé, eau, mains sales…).

2. L'immunité humaine

• L'**immunité** est la **protection**, la **résistance**, naturelle ou acquise, d'un organisme vis-à-vis d'un agent infectieux.

• Le **système immunitaire** du corps humain se compose de moyens de défense **naturels non spécifiques** et de moyens de défense **spécifiques**.

A. Les défenses naturelles de l'organisme

1) La peau

La peau constitue à la fois une barrière **mécanique** (les différentes couches), **chimique** (sécrétions cutanées acides) et **biologique** (elle supporte des germes saprophytes capables de détruire certains germes pathogènes).

Questions

1) Un micro-organisme saprophyte est dangereux pour l'homme.

❒ Vrai ❒ Faux

2) Les coques sont des bactéries de forme ronde.

❒ Vrai ❒ Faux

Solutions à la fin de la fiche.

2) Les muqueuses

Les muqueuses (bouche, voies respiratoires, digestives) possèdent des **cils vibratiles**, des **poils** et sécrètent du **mucus.** Ces éléments servent à filtrer et à rejeter les micro-organismes.

3) La réaction inflammatoire

Lorsque l'agent a franchi les barrières naturelles de la peau et des muqueuses, il va déclencher quatre réactions locales : une **rougeur**, une **douleur** (affection des fibres nerveuses), un **gonflement** (arrivée massive des macrophages) et une **chaleur locale** (dilatation des vaisseaux sanguins).

4) La phagocytose

Les cellules immunitaires (**phagocytes**) de deux types sont capables de digérer l'**antigène** (l'agent infectieux).
Les **polynucléaires** (capables de se déformer et de se déplacer) traversent la paroi des capillaires sanguins (**diapédèse**) pour atteindre d'abord l'antigène et le digérer lorsqu'il est de petite taille.
Les **macrophages** absorbent les antigènes de plus grosse taille et les digèrent (présence des enzymes lytiques de la vacuole digestive).

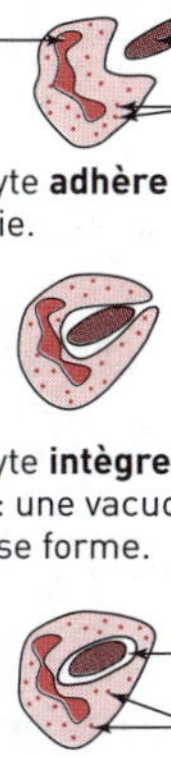

Fig. 1 - La phagocytose

B. Les moyens de défense spécifiques

Si l'antigène continue à se multiplier à l'intérieur du phagocyte, d'autres moyens de défense se mettent en place pour l'éliminer.

1) La réponse cellulaire

Ce sont les **lymphocytes T** qui sont les acteurs de cette réponse cellulaire.
– Les macrophages informent les lymphocytes T de la présence de l'antigène.
– La présence de l'antigène provoque la multiplication des lymphocytes T.
– Les lymphocytes T se différencient en deux groupes : les **lymphocytes T mémoire** (capables de réagir plus rapidement lors d'un second contact avec le **même** antigène : **mémoire immunitaire**) et les **lymphocytes T cytotoxiques** (capables de tuer l'antigène).
– Les lymphocytes T cytotoxiques vont perforer la membrane cytoplasmique de l'antigène et ainsi le détruire.
– Des macrophages vont alors nettoyer l'antigène détruit.
Les lymphocytes T mémoire restent en attente et seront activés lors d'un nouveau contact avec l'antigène.

Questions

1) Citez les signes de la réaction inflammatoire.

2) Qu'est-ce qu'un antigène ?

Solutions à la fin de la fiche.

2) La réponse humorale

Les **lymphocytes B** d'abord, puis les **anticorps**, sont les acteurs de cette réponse immunitaire :
– les macrophages capturent l'antigène et le présentent aux lymphocytes B ;
– la présence d'antigènes provoque la multiplication des lymphocytes B ;
– les lymphocytes B se différencient en deux groupes : les **lymphocytes B mémoire** (capables de réagir plus rapidement en cas de nouvelle rencontre avec l'antigène) et les **plasmocytes** (qui fabriquent des **anticorps spécifiques** à chaque antigène) ;
– les anticorps fixent l'antigène et le neutralisent (à chaque antigène correspond un anticorps) ;
– des macrophages éliminent l'antigène.

C. Les aides à la réponse immunitaire

Lorsque l'organisme ne peut se défendre avec les moyens naturels de son système immunitaire, les **vaccins** et les **sérums** lui confèrent des défenses artificielles.

1) Vaccination et sérothérapie

	Vaccins	Sérums
Mode d'action	Permettre à l'organisme de fabriquer des anticorps.	Apporter à l'organisme des anticorps tout fabriqués.
Préparation	– À partir du virus d'une maladie bénigne. – À partir de bactéries ou de virus inactivés. – À partir de cultures de bactéries ou de virus vivants mais dont la virulence a été atténuée. – À partir de toxines sécrétées par les bactéries.	– À partir d'un sérum animal contenant des anticorps. – À partir de sérum humain prélevé sur des sujets immunisés par la vaccination.
Caractéristiques de l'immunité	– **Active** (l'organisme fabrique ses anticorps). – **Retardée** (2 ou 3 semaines). – **Durable** (environ 5 ans). – **Préventive**.	– **Passive** (l'organisme reçoit les anticorps). – **Immédiate**. – **Passagère** (quelques semaines). – **Curative**.

2) Calendrier des vaccinations (certaines sont obligatoires* et d'autres conseillées)

4e-5e-6e mois	3 injections DTP-COQ (diphtérie*, tétanos*, poliomyélite*, coqueluche)
12e à 15e mois	Rougeole, oreillons, rubéole
2 ans	Rappel DTP*-COQ
5 ou 6 ans	Rappel DTP*
10 à 12 ans	Rappel DTP*

►►►

Questions

1) Nommez les cellules qui fabriquent les anticorps.

2) Citez deux vaccinations obligatoires.

Solutions à la fin de la fiche.

Tous les 10 ans après 21 ans	Rappel TP*
Tous les ans après 65 ans	Grippe

N. B. : La vaccination par le **BCG** des enfants rentrant en collectivité n'est plus obligatoire depuis le **décret du 19 juillet 2007**. Toutefois, ceci ne signifie pas que la tuberculose est éradiquée. La vaccination par le BCG reste recommandée pour les enfants qui sont nés ou qui ont séjourné dans un pays à forte endémie mais également pour ceux qui vivent dans des conditions de logement défavorables.

D. Dysfonctionnements de la mémoire immunitaire

Allergies	Elles peuvent être cutanées, respiratoires ou digestives. Lors d'un premier contact, des cellules spécialisées fabriquent de l'histamine, responsable des réactions inflammatoires. Lors de contacts ultérieurs, cette production d'histamine explose et entraîne des troubles allergiques.
Maladie auto-immune	L'organisme ne reconnaît plus ses propres composants et les détruit.
Choc anaphylactique	Il se produit lorsque l'allergène est introduit directement dans le sang (piqûre d'insecte). Gêne respiratoire, défaillance cardiaque pouvant aboutir à la mort.
Déficiences	– Des déficits immunitaires peuvent exister à la naissance : un enfant né avec un déficit immunitaire congénital ne peut pas lutter contre les germes pathogènes infectieux. Il doit vivre en milieu totalement stérile : « enfant bulle ». – Des déficits immunitaires acquis existent également : le SIDA s'inscrit comme une immunodéficience majeure et prolongée. C'est le VIH qui infecte et détruit les lymphocytes T4, supprimant ainsi une réponse immunitaire et induisant des infections dites « opportunistes ».

Corrigé des questions

Page 202

1 **Un micro-organisme saprophyte est dangereux pour l'homme.**
Réponse : Faux.

2 **Les coques sont des bactéries de forme ronde.**
Réponse : Vrai.

Page 203

1 **Citez les signes de la réaction inflammatoire.**
Réponse : Rougeur, chaleur, douleur, gonflement.

2 **Qu'est-ce qu'un antigène ?**
Réponse : Un antigène est un agent infectieux (bactérie, virus, etc.).

Page 204

1 **Nommez les cellules qui fabriquent les anticorps.**
Réponse : Les plasmocytes.

2 **Citez deux vaccinations obligatoires.**
Réponse : Le BCG et le DTP.

Entraînement 11 - Le système immunitaire et la résistance à l'infection microbienne

1 **La réaction inflammatoire locale est une réponse du système immunitaire. Replacez, dans le tableau ci-dessous, les mots manquants à l'aide de la liste suivante :**

douleur/phagocytose/rougeur/diapédèse/chaleur/macrophages/polynucléaires/micro-organismes

Action des leucocytes sur les micro-organismes	Réaction inflammatoire locale	Signes de la réaction inflammatoire locale
Lésion de la peau pénétration des microbes multiplication des ① Les ② englobent et détruisent les microbes : c'est la ③ Les ④ se déplacent vers le lieu de l'infection : c'est la ⑤	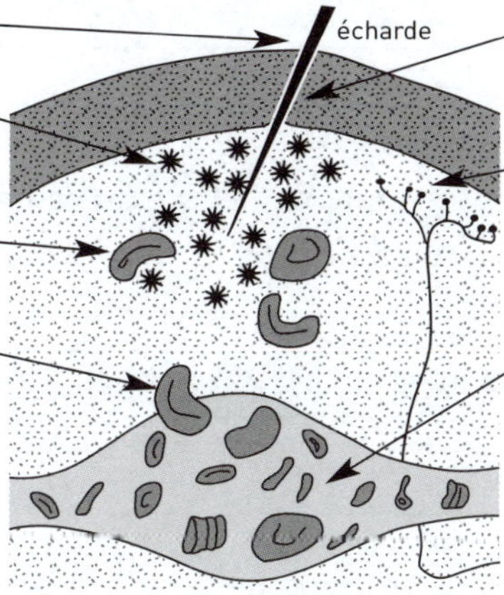	Accumulation de plasma et de lymphe : œdème Irritation des terminaisons nerveuses : ⑥ Le sang afflue vers la région infectée : ⑦ Un dégagement calorique se produit : ⑧

Fig. 1 - Les étapes de l'infection microbienne

2 **Définissez l'immunité non spécifique.**

....

3 **Citez les barrières naturelles de l'organisme contre l'infection :**

– ....

– ....

– ....

– ....

4 Citez quatre voies de pénétration des micro-organismes :

- ....
- ....
- ....
- ....

5 Définissez le rôle des globules blancs dans la défense immunitaire.

Nom des globules blancs	Rôle
Polynucléaires	....
Macrophages	....
Lymphocytes B	....
Lymphocytes T	....

6 Replacez les mots de la liste suivante dans le tableau ci-dessous.

active/longue/immédiate/anticorps/courte/passive/curative/différée/préventive/antigène

	Vaccin	Sérum
Composition	....	....
Action	....	....
Durée de la protection	....	....
Nature de la protection	....	....

Corrigé

1

Réponses :

Micro-organismes
Macrophages
Phagocytose
Polynucléaires
Diapédèse
Douleur
Rougeur
Chaleur

2

Réponse : L'immunité non spécifique se caractérise par des mécanismes de défense de l'organisme, quel que soit l'agent infectieux.

3

Réponses :

– Peau (sueur, sébum, poils, cils) ;
– muqueuses ;
– les sécrétions (larmes, salive) ;
– les globules blancs.

4

Réponses :

– Voie respiratoire ;
– voie sexuelle ;
– voie digestive ;
– voie cutanée.

5

Réponses :

Nom des globules blancs	Rôle
Polynucléaires	Phagocytose
Macrophages	Phagocytose
Lymphocytes B	Fabriquer des anticorps
Lymphocytes T	Tuer les antigènes

6

Réponses :

	Vaccin	Sérum
Composition	Antigènes	Anticorps
Action	Préventive	Curative
Durée de la protection	Longue	Courte
Nature de la protection	Active et différée	Passive et immédiate

Fiche 1 - Numération et arrondi

1. Les entiers

Un nombre est composé de chiffres. Chaque chiffre a une valeur qui dépend de son rang (unité, dizaine ou centaine, dans la classe des unités simples, des mille, des millions ou des milliards).

Classe des milliards			Classe des millions			Classe des mille			Classe des unités simples		
c	d	u	c	d	u	c	d	u	c	d	u
		1	0	2	3	2	1	8	0	2	0

Lorsqu'il n'y a pas de valeur pour un rang, on met « zéro ».

Exemple

1 milliard 23 millions 218 mille 20 s'écrit : 1 023 218 020.

Règle d'écriture

Pour faciliter la lecture, on laisse un espace entre chacune des classes (groupe de trois nombres).

2. Les nombres décimaux

Les nombres décimaux sont formés ainsi :

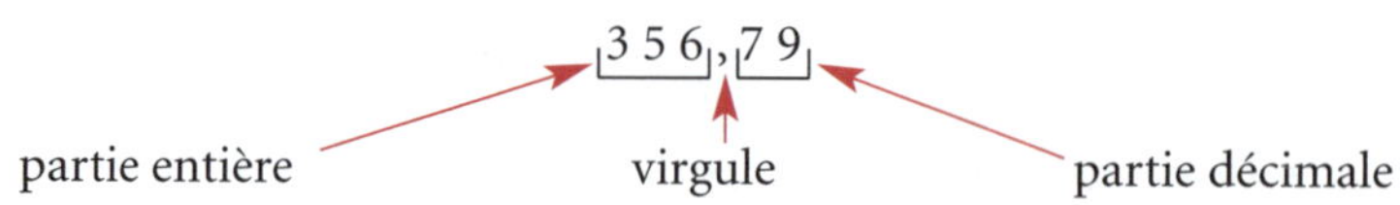

- Dans la partie décimale, le premier chiffre après la virgule est celui des dixièmes, le deuxième est celui des centièmes, le troisième celui des millièmes, etc.
- Dans l'exemple ci-dessus, on pourra lire la partie décimale de ces deux manières : « 0,79 » ou « 79 centièmes ».

Remarques

- Tout nombre entier peut s'écrire sous forme décimale.

Exemple

15 peut s'écrire 15,00.

- On peut supprimer le ou les zéros qui terminent la partie décimale d'un nombre sans en changer la valeur.

Exemple

131,40 peut s'écrire 131,4.

3. Savoir arrondir un résultat

Arrondir un résultat, c'est en donner la valeur la plus proche.

La règle pour arrondir à un rang particulier

On « coupe » le nombre au rang souhaité :
– si le chiffre qui suit est 1, 2, 3 ou 4, on conserve l'écriture du nombre (on obtient ainsi la valeur par défaut) ;
– si le chiffre qui suit est 5, 6, 7, 8 ou 9, on augmente d'une unité le dernier chiffre (on obtient ainsi la valeur par excès).

Exemples

- On peut arrondir **à l'unité**, c'est-à-dire sans chiffre après la virgule.

L'arrondi à l'unité de **5**,218 75 est 5 (car le chiffre qui suit celui des unités est 2).

- On peut arrondir **au dixième**, c'est-à-dire avec un chiffre après la virgule.

L'arrondi au dixième de 5,**2**18 75 est 5,2 (car le chiffre qui suit celui des dixièmes est 1).

- On peut arrondir **au centième**, c'est-à-dire avec deux chiffres après la virgule.

L'arrondi au centième de 5,2**1**8 75 est 5,22 (car le chiffre qui suit celui des centièmes est 8).

- On peut arrondir **au millième**, c'est-à-dire avec trois chiffres après la virgule.

L'arrondi au millième de 5,21**8** 75 est 5,219 (car le chiffre qui suit celui des millièmes est 7).

Conseil

Si l'énoncé ne précise rien, arrondissez vos résultats au centième (deux chiffres après la virgule).

Entraînement 1 - Numération et arrondi

1 **Écrivez en chiffres :**

a) Douze millions quatre-vingt-trois mille cinq
b) Trente-trois mille virgule sept
c) Mille neuf cent trois virgule cinq centièmes
d) Vingt-cinq virgule soixante-trois

2 **Écrivez en lettres :**

a) 1 300 050
b) 204 690
c) 1 000 005
d) 3 650

3 **Dans 4 300 000, combien y a-t-il :**

a) de millions ?
b) de milliers ?

4 **Rajoutez 2 dixièmes aux nombres suivants :**

a) 1 580
b) 45,65
c) 360,25
d) 32,81
e) 37,2

5 **Enlevez 2 centièmes aux températures suivantes :**

a) 37,4 °C
b) 36,95 °C
c) 38,23 °C
d) 39,85 °C

6 **Rangez en ordre croissant (du plus petit au plus grand) les quantités suivantes :**

25,63 g ; 25,603 g ; 24,063 g ; 24,36 g ; 25,36 g

7 **Voici les tailles de 6 élèves d'une même classe :**

Alex = 1,42 m ; Bob = 1,39 m ; Carl = 1,45 m ; Dan = 1,3 m ; Eva = 1,52 m ; Fred = 1,405 m

Entre quels élèves se placerait Gus qui mesure 1,4 m ?

8 Rangez en ordre décroissant (du plus grand au plus petit) les quantités suivantes :

450 mL ; 430,5 mL ; 430 mL ; 449,5 mL ; 449,05 mL

9 Arrondissez au centième près :

a) 12,367 1
b) 35,099
c) 589,123 9
d) 0,995
e) 1,333 33
f) 18,666 666

10 Arrondissez au millier de kJ près les besoins énergétiques quotidiens des individus suivants :

a) Adolescent : 10 868 kJ
b) Homme : 11 286 kJ
c) Femme : 10 032 kJ
d) Personne âgée : 8 360 kJ

11 Arrondissez au dixième de litre près :

a) 0,240 L
b) 16,45 L
c) 0,254 L
d) 1,36 L
e) 8,805 L

12 Arrondissez au litre près :

a) 3,56 L
b) 1,89 L
c) 0,5 L
d) 23,49 L
e) 0,23 L

Corrigé

1

Réponses :
a) 12 083 005.
b) 33 000,7.
c) 1 903,05.
d) 25,63.

2

Réponses :
a) Un million trois cent mille cinquante.
b) Deux cent quatre mille six cent quatre-vingt-dix.
c) Un million cinq.
d) Trois mille six cent cinquante.

3

Réponses :
a) 4,3 millions.
b) 4 300 milliers.

4

Réponses :
a) 1 580,2.
b) 45,85.
c) 360,45.
d) 33,01.
e) 37,4.

5

Réponses :
a) 37,38 °C.
b) 36,93 °C.
c) 38,21 °C.
d) 39,83 °C.

6

Réponse : 24,063 g < 24,36 g < 25,36 g < 25,603 g < 25,63 g.

7

Réponse : 1,4 est compris entre 1,39 et 1,405 ; Gus est entre Bob et Fred.

8

Réponse : 450 mL > 449,5 mL > 449,05 mL > 430,5 mL > 430 mL.

9

Réponses :

a) 12,37.
b) 35,10.
c) 589,12.
d) 1,00.
e) 1,33.
f) 18,67.

10

Réponses :

a) Adolescent : 11 milliers de kJ.
b) Homme : 11 milliers de kJ.
c) Femme : 10 milliers de kJ.
d) Personne âgée : 8 milliers de kJ.

11

Réponses :

a) 0,2 L.
b) 16,5 L.
c) 0,3 L.
d) 1,4 L.
e) 8,8 L.

12

Réponses :

a) 4 L.
b) 2 L.
c) 1 L.
d) 23 L.
e) 0 L.

Fiche 2 - Opérations

1. Additions et soustractions

A. Quelques astuces pour calculer rapidement

- Estimer l'ordre de grandeur d'un résultat.

Exemple

On cherche l'ordre de grandeur de 253 + 1 850 + 29 – 31.

200 + 1 800 = 2 000 ; 50 + 50 = 100 et 29 – 31 est négligeable.
Donc l'ordre de grandeur est 2 000 + 100, c'est-à-dire 2 100.

- Pour effectuer une suite d'additions, il faut penser à regrouper judicieusement les termes.

Exemple

$1 + 2 + 3 + 4 + 5 + 6 + 7 + 8 + 9 = (1 + 9) + (2 + 8) + (3 + 7) + (4 + 6) + 5$
$= 10 + 10 + 10 + 10 + 5$
$= 45$

- Pour effectuer une suite d'additions et de soustractions, il est souvent plus rapide de grouper les additions et de les effectuer, puis d'additionner les termes à soustraire, et enfin d'effectuer la soustraction.

Exemple

$254 - 25 + 36 - 15 - 10 = 254 + 36 - (25 + 15 + 10)$
$= 290 - 50$
$= 240$

B. Conseils particuliers pour effectuer les opérations sur les décimaux

- Pour additionner ou soustraire des nombres décimaux, il faut veiller à additionner ou soustraire les chiffres de même rang.

- Si on pose l'opération, on aligne verticalement les nombres (en positionnant la virgule sous la virgule, quand il y en a une).

2. Multiplication

A. Multiplication par 10, 100, 1 000...

Pour multiplier par 10, par 100 ou par 1 000 (ou diviser par 0,1 ou 0,01 ou 0,001), on ajoute 1, 2 ou 3 zéros ou bien on déplace la virgule de 1, 2 ou 3 rangs vers la droite.

Exemples

$25{,}6 \times 100 = 2\,560$ $\quad$ $25 : 0{,}1 = 250$

$25{,}6 : 0{,}01 = 2\,560$ $\quad$ $25 \times 10 = 250$

B. Multiplication par 11

Pour multiplier par 11, on multiplie par 10 et on ajoute une fois le nombre (car $11 = 10 + 1$).

Exemple

$1\,325 \times 11 = 13\,250 + 1\,325$

$= 14\,575$

C. Conseils pour vérifier le résultat d'une multiplication entre décimaux

Au résultat final, le nombre de chiffres derrière la virgule est égal à la somme des nombres de chiffres derrière la virgule des deux nombres à multiplier.

Exemples

$2{,}58 \times 3{,}1 \rightarrow$ le résultat aura 3 chiffres derrière la virgule.

$121 \times 0{,}25 \rightarrow$ le résultat aura 2 chiffres derrière la virgule.

Remarque

Dans cette règle, il peut y avoir des 0 derrière la virgule au résultat final (on pourra du reste les supprimer).

Exemple

Pour $240 \times 0{,}85$ le résultat aura 2 chiffres derrière la virgule : 204,00 soit 204.

3. Division

A. Division par 10, 100, 1 000...

Pour diviser par 10, 100 ou 1 000 (ou multiplier par 0,1 ou 0,01 ou 0,001), on enlève 1, 2 ou 3 zéros ou bien on déplace la virgule de 1, 2 ou 3 rangs vers la gauche.

Exemples

654,2 : 100 = 6,542   320 × 0,1 = 32

654,2 × 0,01 = 6,542   320 : 10 = 32

B. Prévoir si un nombre est divisible ou non

Pour savoir si la division d'un nombre « tombe juste », voici quelques critères de divisibilité :
- un nombre est divisible par 2 s'il est pair ;
- un nombre est divisible par 3 si la somme des chiffres qui le composent est divisible par 3 ;
- un nombre est divisible par 4 si les 2 derniers chiffres forment un nombre divisible par 4 ;
- un nombre est divisible par 5 s'il se termine par 0 ou 5 ;
- un nombre est divisible par 6 s'il est divisible à la fois par 2 et par 3 ;
- un nombre est divisible par 9 si la somme des chiffres qui le composent est divisible par 9.

Exemple

324 est divisible par 2, par 3, par 6, par 4, par 9 (donc aussi par 8, 12, 18, 24, etc.).

C. Astuce pour effectuer un calcul comportant des multiplications et des divisions

Dans une formule ne comportant que des multiplications et des divisions, il est judicieux d'effectuer la multiplication avant la division.

Exemple 1

15 objets coûtent 320 €, quel est le prix de 6 objets ?

Il s'agit d'une situation de proportionnalité (→ *Voir Fiche n° 7*).

Les opérations à effectuer sont : $\dfrac{320 \times 6}{15}$

- *1re méthode :*

$\dfrac{320}{15} = 21{,}333\,333\,333$ puis $21{,}333\,333\,333\,3 \times 6 = 127{,}999\,999$ soit en arrondissant 128 €.

- *2e méthode :*

$320 \times 6 = 1\,920$ et $\dfrac{1\,920}{15} = 128$ € ici la réponse est immédiate !

Exemple 2

Calculer les 15 % de 250 € (→ *Voir Fiche n° 8*).

Rappel : $15\ \% = \dfrac{15}{100}$

D'où le calcul de pourcentage : $250 \times 15\ \% = \dfrac{250 \times 15}{100}$

$= \dfrac{3\,750}{100}$

$= 37{,}5$ €

Entraînement 2 - Opérations

1 **Sans effectuer le calcul complet, choisissez le bon résultat parmi les quatre proposés :**

630,64 + 85, 47 – 125 = ?

- ❒ **A.** 514,187
- ❒ **B.** 670,17
- ❒ **C.** 591,11
- ❒ **D.** 591,20

2 **Sans effectuer le calcul complet, choisissez le bon résultat parmi les quatre proposés :**

872,2 × 51,01 = ?

- ❒ **A.** 44 490,922
- ❒ **B.** 44 472,201
- ❒ **C.** 444 909,22
- ❒ **D.** 44,490

3 **Déterminez l'ordre de grandeur du résultat parmi les quatre proposés :**

101,38 + 3,64 + 0,001 4 + 5 = ?

- ❒ **A.** 100
- ❒ **B.** 110
- ❒ **C.** 1 000
- ❒ **D.** 80

4 **Déterminez l'ordre de grandeur du résultat parmi les quatre proposés :**

55,694 + 89,3 + 3,000 5 – 0,04 = ?

- ❒ **A.** 100
- ❒ **B.** 150
- ❒ **C.** 1 000
- ❒ **D.** 130

5 **Effectuez le plus rapidement possible les 10 calculs suivants :**

a) 69,4 + 28,4 + 30,06
b) 258,79 – 99,07
c) 0,35 × 0,05
d) 36 : 0,25
e) 1,6 : 4
f) 456,23 × 0,01
g) 800,3 × 0,2
h) 25,6 : 100
i) 17 300 : 10 000
j) 0,235 × 500

6 **Vous êtes chargé de faire le bilan en litres de la consommation en eau (dans la boisson et dans l'alimentation) d'une patiente.** Elle a consommé : un demi-litre d'eau, 0,25 L de thé, 0,2 L de bouillon, ainsi que 0,127 L et 0,112 L d'eau dans son alimentation (arrondissez la réponse au litre près).

7 **Calculez la quantité d'urine émise sur 24 heures dans le cas suivant :** 45 cL à 7 h, 25 cL à 11 h, 35 cL à 15 h, 25 cL à 19 h et 20 cL à 22 h.

8 Le repas de votre amie se compose d'une entrée à 3,50 €, d'un plat à 7,80 €, d'un dessert à 2,90 € et d'une boisson à 1,80 €. Votre menu à vous, tout compris, coûte 11 €. Vous payez les deux repas avec un billet de 50 €. **Combien de monnaie vous rend-on ?**

9 X. prend chaque jour une douche qui nécessite environ 50 L d'eau. M. prend quotidiennement un bain qui nécessite environ 140 L d'eau.
Quel volume d'eau économise X. en une année de 365 jours par rapport à M. ?

10 Un adolescent boit 1,5 litre de soda par jour. Cette boisson contient 100 g de sucre par litre.
Quelle quantité de sucre absorbe-t-il en un mois de 30 jours ?

11 Un adulte fait 15 mouvements respiratoires par minute et il inspire 0,45 L d'air à chaque mouvement.
Quel volume d'air inspire-t-il en une heure ?

12 **Pour calculer les 12,5 % d'un nombre *N*, que doit-on faire ?**

❒ **A.** Multiplier *N* par 12,5 et diviser par 100.
❒ **B.** Multiplier *N* par 0,125.
❒ **C.** Multiplier *N* par 100 et diviser par 12,5.
❒ **D.** Multiplier *N* par 125 et diviser par 1 000.

13 Dans un steak, il y a 15 % de lipides et 30 % de protides. **Quelles sont les quantités de lipides et de protides dans un steak de 150 g ?**

Corrigé

1 **Réponse C : 591,11.**
En effet : 0,64 + 0,47 = 1,11 ; la partie décimale du résultat est obligatoirement égale à 11 centièmes.

2 **Réponse A : 44 490,922.**
En effet, le résultat final doit comporter trois chiffres après la virgule car la somme des nombres de chiffres derrière la virgule des deux nombres à multiplier est égale à trois. Par ailleurs, les derniers chiffres des nombres à multiplier sont 2 et 1, aussi le dernier chiffre du résultat doit être 2 × 1 c'est-à-dire 2.

3 **Réponse B : 110.**
En effet, l'ordre de grandeur est 100 + 5 + 5.

4 **Réponse B : 150.**
En effet, l'ordre de grandeur est 55 + 90 + 5.

5 **Réponses :**
a) 127,86.
b) 159,72.
c) 0,017 5.
d) 144.
e) 0,4.
f) 4,562 3.
g) 160,06.
h) 0,256.
i) 1,73.
j) 117,5.

6 **Réponse : 0,5 + 0,25 + 0,2 + 0,127 + 0,112 = 1,189 L soit 1 litre.**

7 **Réponse : 45 + 25 + 35 + 25 + 20 = 150 cL.**

8 **Réponse : 23 €.**
Repas de l'amie : 3,5 + 7,8 + 2,9 + 1,8 = 16 €.
Monnaie rendue : 50 – (16 + 11) = 23 €.

9 **Réponse : 32 850 L.**
Économie en un jour : 140 – 50 = 90 L.
Économie en une année : 90 × 365 = 32 850 L.

10 **Réponse : 4 500 g.**
En une journée, il absorbe : 150 g de sucre en 1,5 litre de soda.
En un mois : 150 × 30 = 4 500 g.

11 **Réponse : 405 L.**
En une minute : 0,45 × 15 = 6,75 L.
En une heure : 6,75 × 60 = 405 L.

12 ***Trois bonnes réponses.***
Réponse A : Multiplier *N* par 12,5 et diviser par 100.
Réponse B : Multiplier *N* par 0,125.
Réponse D : Multiplier *N* par 125 et diviser par 1 000.

13 **Réponses : 22, 5 g et 45 g.**
Lipides : $\frac{150 \times 15}{100} = 22{,}5$ g ; protides : $\frac{150 \times 30}{100} = 45$ g.

Fiche 3 - Appliquer une formule

1. Priorités dans l'ordre des opérations

RÈGLE

En l'absence de parenthèses, les multiplications et les divisions sont prioritaires sur les additions ou les soustractions.

EXEMPLES

- Soit à calculer : $2{,}3 + 4{,}5 - 1{,}3 \times 3$.

On effectue : $1{,}3 \times 3 = 3{,}9$ puis $2{,}3 + 4{,}5 = 6{,}8$ puis enfin $6{,}8 - 3{,}9 = 2{,}9$.

- Soit à calculer : $20 + \frac{50}{2}$.

On effectue $\frac{50}{2} = 25$ puis $20 + 25 = 45$.

- Soit à calculer : $1{,}8 \times 20 + 32$.

On effectue $1{,}8 \times 20 = 36$ puis $36 + 32 = 68$.

RÈGLE

Si une formule comporte des parenthèses, des multiplications, des additions, des divisions, des soustractions :

1. On effectue d'abord les calculs entre parenthèses.

2. On effectue ensuite les multiplications ou divisions (dans l'ordre que l'on veut).

3. On effectue en dernier les additions ou soustractions (de gauche à droite).

EXEMPLES

- Soit à calculer : $(6{,}2 - 3{,}1) + 2 \times 0{,}5 + \frac{52}{2}$.

On effectue d'abord $(6{,}2 - 3{,}1) = 3{,}1$.

Puis $2 \times 0{,}5 = 1$ et $\frac{52}{2} = 26$.

Enfin on additionne : $3{,}1 + 1 + 26 = 30{,}1$.

- Soit à calculer : $3 \times (50 + 2) - 3 \times 0{,}5$

On effectue d'abord $(50 + 2) = 52$.
Puis $3 \times 52 = 156$ et $3 \times 0{,}5 = 1{,}5$.
Et enfin on soustrait : $156 - 1{,}5 = 154{,}5$.

- Soit à calculer : $(100 - 32) : 1{,}8$.

On effectue d'abord $100 - 32 = 68$.
Puis $68 : 1{,}8 = 37{,}78$ (en arrondissant au centième près).

2. Savoir transformer une formule

À partir d'une formule, il faut savoir en déduire d'autres.
Si $X = Y + Z$ alors $Y = X - Z$ et $Z = X - Y$.
Si $A = B \times C$ alors $B = \dfrac{A}{C}$ et $C = \dfrac{A}{B}$ (avec B et C non nuls.)

Exemples

- Soit la formule : Volume d'air renouvelé = Rythme respiratoire × Volume d'air courant

On peut en déduire : $\text{Rythme respiratoire} = \dfrac{\text{Volume d'air renouvelé}}{\text{Volume d'air courant}}$.

Ou bien : $\text{Volume d'air courant} = \dfrac{\text{Volume d'air renouvelé}}{\text{Rythme respiratoire}}$.

- Soit la formule : Distance = Vitesse × Temps

Alors : $\text{Vitesse} = \dfrac{\text{Distance}}{\text{Temps}}$.

Ou bien : $\text{Temps} = \dfrac{\text{Distance}}{\text{Vitesse}}$.

3. Correspondances utiles

À savoir

- Les besoins énergétiques s'expriment en kilocalories ou en kiloJoules.
- La correspondance entre les deux unités est la suivante : **1 kcal = 4,185 kJ**.
- Pour transformer A kcal en kJ, on effectue $A \times 4{,}185$.
- Pour transformer B kJ en kcal, on effectue $B : 4{,}185$.

Exemples

Exprimer 4 kcal en kJ :
$4 \times 4{,}185 = 16{,}74$ kJ (soit 17 kJ en arrondissant à l'unité près)

Exprimer 25 kJ en kcal :
$\frac{25}{4{,}185} = 5{,}973\,7\ldots$ kcal (soit 6 kcal en arrondissant à l'unité près)

Ainsi :

1 g de glucides apporte 4 kcal soit 17 kJ (arrondi à l'unité près) ;
1 g de lipides apporte 9 kcal soit 38 kJ (arrondi à l'unité près) ;
1 g de protides apporte 4 kcal soit 17 kJ (arrondi à l'unité près).

Entraînement 3 - Appliquer une formule

1 **Quelle écriture est équivalente à cette expression : $0{,}7 \times 11 - 8{,}3 + 5$?**

❒ **A.** $0{,}7\,(11 - 8{,}3) + 5$
❒ **B.** $0{,}7\,(11 - 8{,}3 + 5)$
❒ **C.** $(0{,}7 \times 11) - (8{,}3 + 5)$
❒ **D.** $(0{,}7 \times 11) - 8{,}3 + 5$

2 La conversion de degrés Fahrenheit (°F) en degrés Celsius (°C) s'exprime avec la formule suivante : $°F = 1{,}8 \times °C + 32$.

Calculez en degrés F :

a) 0 °C
b) 37 °C
c) 40 °C

3 Réciproquement, la conversion de degrés Celsius en degrés Fahrenheit s'exprime avec la formule : $°C = \dfrac{°F - 32}{1{,}8}$.

Calculez en degrés Celsius :

a) 104 °F
b) 90 °F
c) 59 °F

4 **Sachant que 1 kcal = 4,185 kJ, quelle est la valeur en kJ des quantités suivantes (les réponses seront arrondies au centième près, puis à l'unité près) ?**

a) 4 kcal
b) 9 kcal
c) 362 kcal
d) 0,5 kcal

5 **Quelle est la valeur en kcal des quantités suivantes (les réponses seront arrondies à l'unité près) ?**

a) 90 kJ
b) 120 kJ
c) 18 kJ
d) 3 kJ

6 Le poids idéal (exprimé en kg) pour une femme est égal à :

$\text{Taille} - 100 - \left(\dfrac{\text{Taille} - 150}{2}\right)$ (la taille étant exprimée en cm).

Mlle D mesure 166 cm. Quel est son poids idéal ?

7 Le taux d'alcoolémie se calcule à l'aide de la formule suivante :

Taux d'alcoolémie (g/L) = $\frac{A}{P \times K}$

A est la quantité en grammes d'alcool pur absorbé ;
P est le poids en kg de la personne ;
K est un coefficient :
– 0,7 pour un homme ;
– 0,6 pour une femme.

Quel est le taux d'alcoolémie d'un homme pesant 75 kg, qui a bu un demi-litre de vin contenant 44 g d'alcool pur ?

8 Le volume d'air renouvelé par nos poumons est donné par la formule :
Volume d'air renouvelé = Rythme respiratoire × Volume d'air courant (le volume d'air étant exprimé en L/min et le rythme respiratoire en nombre de mouvements par minute).

Quel volume d'air est renouvelé par un individu dont le rythme respiratoire est de 50 mouvements par minute et le volume d'air courant de 1,5 L/min ?

9 **Quel est le rythme respiratoire d'un individu qui, pour un volume d'air courant de 1,5 L/min, a un volume d'air renouvelé de 55 L/min (réponse arrondie à l'unité près) ?**

10 **Quel est le volume d'air courant en L/min d'un individu dont le rythme respiratoire est de 15 et dont le volume d'air renouvelé en une minute est de 7,5 L ?**

Corrigé

1 **Réponse D : (0,7 × 11) – 8,3 + 5.**

2 **Réponses :**

a) $1{,}8 \times 0 + 32 = 32$ °F

b) $1{,}8 \times 37 + 32 = 66{,}6 + 32 = 98{,}6$ °F

c) $1{,}8 \times 40 + 32 = 72 + 32 = 104$ °F

3 **Réponses :**

a) $\frac{104 - 32}{1{,}8} = \frac{72}{1{,}8} = 40$ °C

b) $\frac{90 - 32}{1{,}8} = \frac{58}{1{,}8} = 32{,}22$ °C

c) $\frac{59-32}{1,8} = \frac{27}{1,8}$

$= 15\ °C$

4

Réponses :

a) $4 \times 4,185 = 16,74$ kJ au centième près et 17 kJ à l'unité près.

b) $9 \times 4,185 = 37,67$ kJ au centième près et 38 kJ à l'unité près.

c) $362 \times 4,185 = 1\,514,97$ kJ au centième près et 1 515 kJ à l'unité près.

d) $0,5 \times 4,185 = 2,09$ kJ au centième près et 2 kJ à l'unité près.

5

Réponses :

a) $90 \div 4,185 = 21,505$ soit 22 kcal.

b) $120 \div 4,185 = 28,6$ soit 29 kcal.

c) $18 \div 4,185 = 4,3$ soit 4 kcal.

d) $3 \div 4,185 = 0,7$ soit 1 kcal.

6

Réponse : 58 kg.

En effet, pour 166 cm la formule donne : $166 - 100 - \frac{166-150}{2} = 66 - \frac{16}{2}$

$= 66 - 8$

$= 58$ kg

7

Réponse : 0,84.

En effet : $\frac{44}{75 \times 0,7} = \frac{44}{52,5}$

$= 0,84$ (résultat arrondi au centième près)

8

Réponse : 75 L.

Volume renouvelé $= 50 \times 1,5 = 75$ L

9

Réponse : 37 mouvements par minute.

Rythme = Volume d'air renouvelé/Volume d'air courant

$= \frac{55}{1,5}$

= 37 mouvements par minute

10

Réponse : 0,5 L/min.

Volume d'air courant $= \frac{\text{Volume d'air renouvelé}}{\text{Rythme respiratoire}}$

Volume d'air courant $= \frac{7,5}{15}$

$= 0,5$ L/min

Fiche 4 - Les unités et les conversions dans le système métrique

1. Les unités de longueur, de masse et de capacité

- L'unité principale de longueur est le mètre (m).
- L'unité principale de masse est le gramme (g).
- L'unité principale de capacité est le litre (L).

A. Multiples et sous-multiples

Préfixes des multiples de l'unité de base	Préfixes des sous-multiples de l'unité de base
déca : 10 fois plus (dam, dag, daL) **hecto** : 100 fois plus (hm, hg, hL) **kilo** : 1 000 fois plus (km, kg) (kL n'est pas utilisé)	**déci** : 10 fois moins (dm, dg, dL) **centi** : 100 fois moins (cm, cg, cL) **milli** : 1 000 fois moins (mm, mg, mL)

Le préfixe kilo est aussi utilisé pour signifier « 1 000 fois plus » dans le cas des calories et des joules : 1 kJ = 1 000 joules, 1 kcal = 1 000 calories.

B. Complément pour les unités de masse

On utilise également les multiples suivants : la tonne (1 t = 1 000 kg) et le quintal (1 q = 100 kg).

2. Conversion des unités de longueur, de masse et de capacité

Règle

Pour convertir dans une nouvelle unité :

1. On réalise un tableau avec tous les multiples et sous-multiples de l'unité.

2. On note dans le tableau la valeur à convertir en inscrivant un chiffre par colonne.

3. On complète éventuellement par des 0 dans les colonnes vides et on place la virgule au niveau de la nouvelle unité désirée.

Exemple 1

Convertir 325 cL en hL.

On note 325 dans le tableau de conversion, le 5 (chiffre des unités) étant placé dans la colonne des cL.

hL	daL	L	dL	cL	mL
		3	2	**5**	

On complète les colonnes hL et daL avec des zéros et on place la virgule dans la colonne hL :

hL	daL	L	dL	cL	mL
0,	0	3	2	**5**	

On lit la valeur convertie :
325 cL = 0,032 5 hL

Exemple 2

Convertir 1 031 052,4 g en mg.

Le tableau de conversion se présente ainsi :

t	q	10 kg	kg	hg	dag	g	dg	cg	mg
1	0	3	1	0	5	2,	4		

On complète avec des zéros les colonnes des cg et des mg :

t	q	10 kg	kg	hg	dag	g	dg	cg	mg
1	0	3	1	0	5	2	4	0	0

On lit le résultat obtenu :
1 031 052,4 g =1 031 052 400 mg

3. Calculs lorsque les unités de mesures sont différentes

Règle

Pour pouvoir effectuer un calcul sur des mesures, il faut d'abord que les mesures soient exprimées dans la même unité.

EXEMPLE

Calculer 5 L + 13 cL + 128 dL.

On convertit 13 cL et 128 dL en L :
13 cL = 0,13 L
128 dL = 12,8 L
On effectue ensuite le calcul :
5 + 0, 13 + 12,8 = 17,93 L
Conclusion : 5 L + 13 cL + 128 dL = 17,93 L

4. Les mesures de volume et leurs conversions

L'unité principale de volume est le mètre cube (m^3).
On utilise uniquement les sous-multiples :
– le décimètre cube (dm^3) ;
– le centimètre cube (cm^3) ;
– le millimètre cube (mm^3).

RÈGLE

Pour convertir dans une nouvelle unité de volume :

1. On réalise un tableau avec tous les sous-multiples de l'unité (**3 colonnes** par sous-multiple).

2. On note dans le tableau la valeur à convertir en inscrivant **3 chiffres** par sous-multiple.

3. On complète éventuellement par des 0 dans les colonnes vides et on place la virgule au niveau de la nouvelle unité désirée.

EXEMPLE

Convertir 3,25 m^3 en cm^3.

On place 3,25 m^3 dans le tableau de conversion :

m³			**dm³**			**cm³**			**mm³**		
		3,	2	5							

On ajoute les zéros dans les colonnes jusqu'aux cm^3 :

m³			**dm³**			**cm³**			**mm³**		
		3	2	5	0	0	0	0			

On lit le résultat :
3,25 m^3 = 3 250 000 cm^3

5. Passer d'une mesure de volume à une mesure de capacité

La conversion d'une mesure exprimée dans une unité de volume (m^3) à une mesure exprimée dans une unité de capacité (L) repose sur les égalités suivantes :
1 dm^3 = 1 L
1 cm^3 = 1 mL

m^3			dm^3			cm^3			mm^3		
			hL	daL	**L**	dL	cL	**mL**			
...	...	...	...	...	...	...	...	...	...	...	...

Règle

Pour passer d'une unité de volume à une unité de capacité :

1. On convertit la valeur en dm^3.

2. On indique que la valeur exprimée en dm^3 est égale à la même valeur exprimée en L.

Si nécessaire, on convertit la valeur trouvée dans l'unité de capacité désirée.
(La même méthode fonctionne avec l'égalité 1 cm^3 = 1 mL).

Exemple

Convertir 350 mm^3 en cL.

On convertit 350 mm^3 en cm^3 :
350 mm^3 = 0,35 cm^3
Donc 350 mm^3 = 0,35 mL
On convertit 0,35 mL en cL :
350 mm^3 = 0,35 mL
= 0,035 cL

Attention !

Avant d'effectuer un calcul dans lequel les unités de volume sont mélangées à des unités de capacité, il faut convertir toutes les valeurs dans la même unité.

Entraînement 4 - Les unités et les conversions dans le système métrique

1 **Écrivez les masses suivantes en grammes :**

a) 2 852 mg
b) 32 dag
c) 1,532 hg
d) 43 cg

2 **Écrivez les masses suivantes en kg :**

a) 1 200 g
b) 0,5 t
c) 325 hg
d) 15 320 g

3 **Complétez les égalités suivantes :**

a) 160 cL = ... mL

b) 20,4 L = ... mL

c) 46 000 mL = ... dm^3

d) 6,3 cL = ... dm^3

4 **Complétez les égalités suivantes :**

a) 352 kcal = ... cal

b) 5,32 kcal = ... cal

c) 3 652 joules = ... kJ

d) 897 joules = ... kJ

5 Pour préparer une purée en sachet, il faut verser les flocons dans un mélange de 0,5 L d'eau et 25 cL de lait. Vous disposez d'un pot doseur de 125 mL. **Combien de pots d'eau et de lait remplissez-vous ?**

6 L'eau de l'océan contient environ 30 g de chlorure de sodium par litre. **Quelle masse de ce sel, exprimée en tonnes, peut-on obtenir en évaporant 1 750 m^3 de cette eau ?**

7 **Calculez la quantité d'urine émise par 24 h dans le cas suivant (réponse en litres) :**

– miction à 7 h : 360 mL,
– miction à 12 h : 0,430 L,
– miction à 16 h : 24 cL,
– miction à 21 h : 440 cm^3.

8 Le compte-gouttes d'un flacon de gouttes pour les yeux peut contenir 32 cm^3 de liquide, c'est-à-dire environ 80 gouttes.
Quel est en mm^3 le volume d'une goutte ?

9 On estime le nombre minimum des globules rouges à 3,7 millions par mm^3 de sang, et la quantité minimum de sang dans un corps humain à 4 litres.
Quelle est la quantité minimum de globules rouges contenue dans un être humain ?

10 **Si 1 dL de produit coûte 85 centimes, combien coûte(nt) (les réponses seront arrondies au centime près) :**

a) 1 L
b) 1 cL
c) 1 mL
d) 10 L

Corrigé

1 **Réponses :**

a) 2,852 g.
b) 320 g.
c) 153,2 g.
d) 0,43 g.

Les nombres sont lus dans le tableau de conversion :

t	q	10 kg	kg	hg	dag	g	dg	cg	mg
						2,	8	5	2
				3	2	0			
				1	5	3,	2		
						0,	4	3	

2 **Réponses :**

a) 1,2 kg.
b) 500 kg.
c) 32,5 kg.
d) 15,32 kg.

Les nombres sont lus dans le tableau de conversion :

t	q	10 kg	kg	hg	dag	g	dg	cg	mg
			1,	2	0	0			
0	5	0	0						
		3	2,	5					
		1	5,	3	2	0			

3

Réponses :

a) 1 600 mL.

b) 20 400 mL.

c) 46 dm^3.

d) 0,063 dm^3.

hL	daL	L	dL	cL	mL
		1	6	0	0
	2	0	4	0	0
	4	6,	0	0	0
		0,	0	6	3

Pour c) et d), on a d'abord converti en L, puis on a utilisé la correspondance 1 L = 1 dm^3.

4

Réponses :

a) 352 000 cal.

b) 5 320 cal.

c) 3,652 kJ.

d) 0,897 kJ.

Rappel : 1 kcal = 1 000 cal et 1 kJ = 1 000 J.

5

Réponse : 4 pots d'eau et 2 pots de lait.

On effectue la conversion : 0,5 L = 500 mL. Le nombre de pots d'eau sera :

$\frac{500}{125} = 4$ pots

On effectue la conversion : 25 cL = 250 mL. Le nombre de pots de lait sera :

$\frac{250}{125} = 2$ pots

6

Réponse : 52,5 tonnes.

On effectue la conversion :

1 750 m^3 = 1 750 000 dm^3 ou L

Si 1 litre contient 30 g de sel, alors 1 750 000 L en contiennent :

1 750 000 × 30 = 52 500 000 g

On effectue la conversion :

52 500 000 g = 52,5 tonnes

7

Réponse : 1,470 L.

On convertit en litres toutes les quantités puis on les additionne :

0, 360 + 0,430 + 0,240 + 0,440 = 1,470 L

8

Réponse : 400 mm^3

On effectue la conversion :

32 cm^3 = 32 000 mm^3

Le volume d'une goutte est :

32 000 : 80 = 400 mm^3

9

Réponse : au minimum 14 800 000.
On effectue la conversion : 4 L = 4 000 000 mm^3.
Le nombre minimal de globules est de : $3{,}7 \times 4\ 000\ 000 = 14\ 800\ 000$.

10

Réponses :

a) 8,50 €.
85 centimes = 0,85 €
1 L = 10 dL donc 1 L coûte $10 \times 0{,}85 = 8{,}50$ €

b) 0,09 €.
1 cL = 0,1 dL donc 1 cL coûte : $0{,}1 \times 0{,}85 = 0{,}085$ € soit 0,09 €

c) 0, 01 €.
1 mL = 0,01 dL donc 1 dL coûte : $0{,}01 \times 0{,}85 = 0{,}008\ 5$ € soit 0,01 €

d) 85 €.
10 L = 100 dL donc 10 L coûtent : $100 \times 0{,}85 = 85$ €

Fiche 5 - La mesure du temps

1. Les unités de temps

1 an = 365 jours ou 366 jours (pour les années bissextiles tous les 4 ans)
1 jour (j) = 24 heures
1 heure (h) = 60 minutes (min) = 3 600 secondes (s)
1 minute (min) = 60 secondes (s)

Le système de conversion entre les unités **heure, minute et seconde** est appelé système **sexagésimal** car il se calcule sur une base de **60** (alors que le système décimal se calcule sur une base de 10).

2. Conversions de durées

A. Conversion de durées en secondes

Règle

Pour convertir une durée en secondes, on convertit la valeur des heures et des minutes en secondes puis on additionne les résultats obtenus.

Exemple

Convertir en secondes 18 h 35 min.

$$\begin{aligned} 18 \text{ h } 35 \text{ min} &= (18 \times 3\,600) + (35 \times 60) \\ &= 64\,800 + 2\,100 \\ &= 66\,900 \text{ s} \end{aligned}$$

B. Conversion de durées en h ; min ; s

Règle

Pour convertir une durée exprimée en secondes en une durée exprimée en h ; min ; s :

1. On effectue une division par 60 pour trouver le nombre de minutes.
2. On convertit les minutes trouvées en heures, en les divisant par 60.
3. On regroupe les résultats obtenus.

Exemple

Conversion de 7 900 s en h ; min ; s.

1. 7 900 s = (131 × 60) + 40
   7 900 s = 131 min 40 s
2. 131 min = (2 × 60) + 11
   131 min = 2 h 11 min
3. Regroupons les résultats : **7 900 s = 2 h 11 min 40 s**

3. Opérations sur les durées

A. Additions et multiplications

Règle

- Pour additionner deux durées, il faut effectuer les additions séparément sur les valeurs de chaque unité puis effectuer les conversions nécessaires.
- Pour multiplier une durée par un nombre, il faut multiplier les valeurs de chaque unité par ce nombre puis effectuer les conversions nécessaires.

Exemple 1

Additionner 48 min 23 s et 12 min 50 s.

48 min 23 s + 12 min 50 s = (48 + 12) min + (23 + 50) s = 60 min 73 s
Mais 73 s = 1 min 13 s
Donc le résultat devient :
48 min 23 s + 12 min 50 s = 61 min 13 s
Mais 61 min = 1 h 1 min
D'où la réponse définitive :
48 min 23 s + 12 min 50 s = **1 h 1 min 13 s**

Exemple 2

Multiplier 25 min 10 s par 3.

3 × (25 min 10 s) = (3 × 25) min (3 × 10) s = 75 min 30 s
Mais 75 min = 1 h 15 min
D'où la réponse définitive :
3 × (25 min 10 s)= **1 h 15 min 30 s**

B. Soustraction de deux durées

Règle

- On effectue trois soustractions : d'abord les secondes entre elles, puis les minutes entre elles, enfin les heures entre elles.
- Lorsque le nombre de secondes à soustraire est plus grand que le nombre auquel on doit le soustraire, il faut poser une retenue : on retire 1 minute au premier nombre et en même temps on lui ajoute 60 secondes.
- Lorsque c'est nécessaire, on pose une retenue de la même manière pour les heures.

Exemple

Calculer (2 h 17 min 34 s) – (1 h 14 min 57 s).

On ne peut pas soustraire 57 s à 34 s, qui est plus petit.
On soustrait donc 1 min aux 17 min, pour ajouter 60 s aux 34 s.
L'opération devient :
(2 h 16 min 94 s) – (1 h 14 min 57 s)
On peut à présent effectuer les trois soustractions. On obtient :
(2 h 16 min 94 s) – (1 h 14 min 57 s) = 1 h 2 min 37 s

4. Conversions de durées avec le système décimal

A. Conversion du système sexagésimal vers le système décimal

Règle

Pour convertir une écriture sexagésimale en écriture décimale, on divise par 60 le nombre de minutes puis on additionne ce nombre avec le nombre d'heures.

Exemple

Convertir 3 h 12 min dans le système décimal.

$$3\text{ h }12\text{ min} = 3\text{ h} + \left(\frac{12}{60}\right)\text{ h}$$

$$3\text{ h }12\text{ min} = 3\text{ h} + 0{,}2\text{ h}$$

$$3\text{ h }12\text{ min} = 3{,}2\text{ h}$$

Correspondances utiles

Il existe quelques correspondances simples qu'il est utile de retenir :
15 min = 0,25 h soit un quart d'heure
30 min = 0,5 h soit une demi-heure
45 min = 0,75 h soit trois quarts d'heure

B. Conversion du système décimal vers le système sexagésimal

Règle

Réciproquement, pour convertir une écriture décimale d'heure en écriture sexagésimale, on multiplie par 60 la partie décimale pour obtenir les minutes (et s'il reste une partie décimale, on multiplie une seconde fois par 60 pour obtenir le nombre de secondes).

Exemple

Convertir 3,5 h dans le système sexagésimal.

$$3{,}5 \text{ h} = 3 \text{ h} + (0{,}5 \times 60) \text{ min}$$
$$= 3 \text{ h } 30 \text{ min}$$

Attention !

Il ne faut surtout pas écrire 3,5 h = 3 h 50 min.

Comme nous venons de le calculer : 3,5 h = 3 h 30 min.

Entraînement 5 - La mesure du temps

1 Complétez les égalités suivantes :

a) 1 j = ... s

b) 2 h 50 min = ... min

c) 1 h 15 min = ... min

d) 50 min 15 s = ... s

2 Complétez les égalités suivantes :

a) 1 600 s = ... min .... s

b) 530 s = ... min .... s

c) 65 000 s = ... h .... min .... s

d) 13 200 min = ... j .... h

3 Effectuez les opérations suivantes dans le système sexagésimal :

a) 25 min 30 s + 10 min 36 s
b) 2 h 52 min 45 s + 1 h 35 s
c) 3 min 05 s – 2 min 53 s
d) 14 h 04 min – 3 h 45 min
e) 25 s × 6
f) 3 min 32 s × 3

4 Écrivez les durées suivantes dans le système décimal (arrondissez au centième près) :

a) 3 h 45 min
b) 2 h 50 min
c) 12 h 05 min
d) 2 min 20 s

5 Écrivez les durées suivantes dans le système sexagésimal :

a) 2,30 h
b) 3,50 h
c) 13,25 h
d) 3,75 min

6 M. travaille quotidiennement de 7 h 45 à 11 h15 et de 13 h 15 à 17 h. Il travaille 5 jours par semaine.
Quelle est la durée hebdomadaire de travail de M. (réponse en h et min puis en h) ?

7 Un salarié a effectué au cours des 4 semaines d'un mois 37,25 h puis 36,75 h puis 42 h et enfin 27,5 h de travail. **Si la norme est de 35 h hebdomadaires, combien d'heures supplémentaires a-t-il effectuées (réponse en h et min et en h) ?**

8 Pour réaliser un gâteau, il faut compter 20 min de préparation et 35 min de cuisson, ensuite il faut le laisser refroidir un quart d'heure avant de le déguster.
À quelle heure faut-il commencer à le préparer pour le manger à 17 h ?

9 Le nombre de mouvements respiratoires par minute d'un adulte est en moyenne de 15.
À chacun de ces mouvements, un adulte inspire 43 cL d'air.
Quel volume d'air, en litres, un adulte inspire-t-il en une journée ?

10 Un adulte a inspiré 907,20 L d'air en 2 heures à raison de 18 mouvements en moyenne par minute.
Quelle quantité d'air a-t-il inspirée en moyenne à chaque mouvement (réponse en cL) ?

Corrigé

1 **Réponses :**

a) $1\ \text{j} = 24 \times 3\,600$
$= 86\,400$ s

b) 2 h 50 min $= 2 \times 60 + 50$
$= 170$ min

c) 1 h 15 min $= 60 + 15$
$= 75$ min

d) 50 min 15 s $= 50 \times 60 + 15$
$= 3\,015$ s

2 **Réponses :**

a) 1 600 s $= 26 \times 60 + 40$
= 26 min 40 s

b) 530 s $= 8 \times 60 + 50$
= 8 min 50 s

c) 65 000 s $= 3\,600 \times 18 + 60 \times 3 + 20$
= 18 h 3 min 20 s

d) 13 200 min = 220 h
= 9 j 4 h

3 **Réponses :**

a) 25 min 30 s + 10 min 36 s = 35 min 66 s
= 36 min 06 s

b) 2 h 52 min 45 s + 1 h 35 s = 3 h 52 min 80 s
= 3 h 53 min 20 s

c) 3 min 05 s = 2 min 65 s
on effectue : 2 min 65 s – 2 min 53 s = 12 s

d) 14 h 04 min = 13 h 64 min
on effectue : 13 h 64 min – 3 h 45 min = 10 h 19 min

e) 25 s × 6 = 150 s = 2 min 30 s

f) 3 min 32 s × 3 = 9 min 96 s
= 9 min +1 min 36 s
= 10 min 36 s

4

Réponses :

a) 3 h 45 min = 3 + (45 : 60) = 3,75 h

b) 2 h 50 min = 2 + (50 : 60) = 2,83... h

c) 12 h 05 min = 12 + (5 : 60) = 12,08... h

d) 2 min 20 s = 2 + (20 : 60) = 2,33... min

5

Réponses :

a) 2,30 h = 2 + 0,30 × 60
= 2 h 18 min

b) 3,50 h = 3 h + 0,5 × 60
= 3 h 30 min

c) 13,25 h = 13 h + (0,25 × 60)
= 13 h 15 min

d) 3,75 min = 3 + (0,75 × 60)
= 3 min 45 s

6

Réponse : 36 h 15 min ou 36,25 h.
Le matin : 11 h 15 – 7 h 45 = 3 h 30.
L'après-midi : 17 h – 13 h 15 = 3 h 45.
En une journée : 3 h 30 + 3 h 45 = 6 h 75 soit 7 h 15 min.
En une semaine : 7 h 15 × 5 = 35 h 75 min soit 36 h 15 min.

7

Réponse : 3,5 h ou 3 h 30 min.
Temps total : 37,25 + 36,75 + 42 + 27,5 = 143,5 h.
Durée normale : 4 × 35 = 140 h.
Donc le nombre d'heures supplémentaires est de : 143,5 – 140 = 3,5 h.

8

Réponse : 15 h 50 min.
Temps total de réalisation : 20 min + 35 min + 15 min = 70 min soit 1 h 10 min.
Début de la préparation : 17 h – 1 h10 = 16 h 60 – 1 h 10 = 15 h 50 min.

9

Réponse : 9 288 L.
En une minute, il inspire : 15 × 43 = 645 cL.
Une journée (soit 24 heures) = 24 × 60 = 1 440 min.
Volume d'air inspiré en une journée : 645 × 1 440 = 928 800 cL soit 9 288 L.

10

Réponse : 42 cL.
907,20 L = 90 720 cL
2 h = 120 min

Donc en une minute, il a inspiré : $\frac{90\,720}{120}$ = 756 cL.

En un mouvement, il a inspiré : $\frac{756}{18}$ = 42 cL.

Fiche 6 - Les fractions

1. Comment passer d'une fraction à un nombre décimal

- Une fraction se présente sous la forme d'un quotient de deux entiers :

$\frac{1}{3}$ (« un tiers »)

$\frac{3}{5}$ (« trois cinquièmes »)

$\frac{8}{9}$ 8 → numérateur, 9 → dénominateur

- Une fraction peut se transformer en nombre décimal, en divisant le numérateur par le dénominateur.

$\frac{1}{10} = 1 : 10 = 0{,}1$

0,1 est l'écriture décimale de 1/10.

$\frac{1}{3} = 1 : 3 = 0{,}333\ 3\ldots$

0,33 est la valeur décimale arrondie au centième de la fraction $\frac{1}{3}$.

2. Comment simplifier une fraction

Règle

Pour simplifier une fraction, on divise le numérateur et le dénominateur par un même nombre.

Exemple

Simplifions la fraction $\frac{72}{180}$.

Divisons 72 par 36
72 : 36 = 2

Divisons 180 par 36 :
$180 : 36 = 5$

Donc $\frac{72}{180} = \frac{2}{5}$

$\frac{2}{5}$ est appelée fraction **irréductible** car elle n'est plus simplifiable.

3. Comment calculer la fraction d'une quantité

Règle

Prendre la fraction d'une quantité, c'est multiplier cette quantité par le numérateur, puis diviser le résultat obtenu par le dénominateur.

Exemple

Prenons les $\frac{2}{3}$ de 522.

$\frac{2 \times 522}{3} = 1\,044 : 3$

$\frac{1044}{3} = 348$

348 représente les $\frac{2}{3}$ de 522.

4. Comment utiliser une fraction pour comparer deux quantités

Une fraction peut permettre de retrouver le rapport de proportionnalité entre deux quantités.

Exemple

La part de *A* représente les $\frac{3}{4}$ de la part de *B*.

Cela signifie que la part de *B* est composée de 4 éléments égaux et celle de *A* de 3 éléments égaux.
On dit aussi que les parts de *A* et *B* sont respectivement proportionnelles à 3 et à 4.

5. Opérations sur les fractions

Règle

Pour **additionner ou soustraire** deux fractions, elles doivent d'abord être exprimées avec le même dénominateur.

Exemple

Effectuons $\frac{2}{3} + \frac{7}{4}$.

Le dénominateur commun de $\frac{2}{3}$ et de $\frac{7}{4}$ est $3 \times 4 = 12$.

Mettons $\frac{2}{3}$ et $\frac{7}{4}$ au dénominateur 12 :

$$\frac{2}{3} = \frac{2 \times 4}{3 \times 4} = \frac{8}{12}$$

$$\frac{7}{4} = \frac{7 \times 3}{4 \times 3} = \frac{21}{12}$$

On effectue l'addition des numérateurs ainsi obtenus :

$$\frac{8}{12} + \frac{21}{12} = \frac{29}{12}$$

Règle

Pour **multiplier** deux fractions, on multiplie les numérateurs entre eux et les dénominateurs entre eux.

Exemple

Calculons $\frac{16}{9} \times \frac{3}{2}$.

$$\frac{16}{9} \times \frac{3}{2} = \frac{16 \times 3}{9 \times 2}$$

$$= \frac{48}{18}$$

Ce résultat peut se simplifier. En divisant par 2 le numérateur et le dénominateur, on obtient :

$$\frac{48 : 2}{18 : 2} = \frac{24}{9}$$

Règle

Pour **diviser** deux fractions, on multiplie la première par l'inverse de l'autre.

Exemple

Calculons $\dfrac{\dfrac{4}{7}}{\dfrac{5}{4}}$.

$$\frac{\frac{4}{7}}{\frac{5}{4}} = \frac{4}{7} \times \frac{4}{5}$$

On effectue à présent la multiplication :

$$\frac{4}{7} \times \frac{4}{5} = \frac{4 \times 4}{7 \times 5}$$
$$= \frac{16}{35}$$

Entraînement 6 - Les fractions

1 Simplifiez les fractions suivantes :

a) $\frac{10}{25}$

b) $\frac{8}{48}$

c) $\frac{49}{14}$

d) $\frac{75}{100}$

2 Effectuez les opérations suivantes (en laissant le résultat sous la forme d'une fraction) :

a) $\frac{5}{3}+\frac{1}{2}$

b) $\frac{1}{4}+\frac{1}{3}$

c) $\frac{3}{7}-\frac{6}{14}$

d) $32\times\frac{2}{3}$

e) $60\times\frac{5}{100}$

f) $\frac{1}{2}\times\frac{2}{3}$

3 On doit partager une somme de 500 € entre deux personnes de façon que la part de l'une soit les $\frac{2}{3}$ de la part de l'autre.

Retrouvez la part de chacune des deux personnes.

4 Un flacon rempli aux trois quarts contient 27 cL.
Quelle est la contenance totale de ce flacon ?

5 Un flacon est rempli aux $\frac{3}{4}$; pour qu'il soit plein, il faudrait rajouter 20 cL de produit.

Quelle est la contenance totale de ce flacon ?

6 Pour faire de la gelée pomme-coing, la recette propose d'utiliser une masse de coings égale aux $\frac{3}{5}$ de la masse de pommes.

Quelle masse de coings devez-vous employer si vous disposez de 6 kg de pommes ?

7 **Complétez le tableau suivant :**

	$A = 540$	$A = 1\,200$	$A = 2\,400$	$A = 1\,500$
$\frac{3}{4}$ de A				
$\frac{3}{2}$ de A				
$\frac{1}{3}$ de A				
$\frac{5}{12}$ de A				

8 Les $\frac{3}{4}$ des candidats à un concours sont reçus à l'écrit et $\frac{1}{3}$ d'entre eux sont définitivement reçus. Il y a eu finalement 280 reçus.
Combien de candidats se sont présentés à ce concours ?

9 Un quatre-quarts est un gâteau qui contient une quantité égale de beurre, de sucre, de farine et d'œufs. On utilise 4 œufs de 40 g chacun.

Quelle sera la masse finale du gâteau s'il perd $\frac{3}{16}$ de sa masse à la cuisson ?

10 Un fromage blanc est composé de $\frac{4}{5}$ d'humidité, et la matière sèche contient $\frac{3}{10}$ de matières grasses.

Quelle est la masse de matières grasses pour 100 g de ce fromage blanc ?

11 Dans 100 mL de lait entier, on a 120 mg de calcium, soit les $\frac{3}{20}$ des apports journaliers recommandés.
a) Quelle est la quantité de calcium recommandée ?
b) En buvant un bol de 250 mL, quelle fraction des apports journaliers recommandés aura-t-on absorbée ?

Corrigé

1

Réponses :

a) $\frac{2}{5}$.

On a divisé par 5 le numérateur et le dénominateur.

b) $\frac{1}{6}$.

On a divisé par 8 le numérateur et le dénominateur.

c) $\frac{7}{2}$.

On a divisé par 7 le numérateur et le dénominateur.

d) $\frac{3}{4}$.

On a divisé par 25 le numérateur et le dénominateur.

2

Réponses :

a) $\frac{10}{6}+\frac{3}{6}=\frac{13}{6}$

b) $\frac{3}{12}+\frac{4}{12}=\frac{7}{12}$

c) $\frac{6}{14}-\frac{6}{14}=0$

d) $32\times\frac{2}{3}=\frac{64}{3}$

e) $60\times\frac{5}{100}=\frac{300}{100}=3$

f) $\frac{1}{2}\times\frac{2}{3}=\frac{2}{6}=\frac{1}{3}$

3

Réponse : elles reçoivent 200 € et 300 €.

L'une reçoit 2 « parts », l'autre reçoit 3 « parts ».

La somme totale, soit 500 €, correspond donc à 2 + 3 = 5 « parts ».

Une « part » vaut 100 €.

Les deux personnes reçoivent respectivement : 2 × 100 = 200 € et 3 × 100 = 300 €.

4

Réponse : 36 cL.

27 cL représentent les $\frac{3}{4}$ du flacon donc :

27 cL correspondent à 3 « parts » et le flacon entier compte 4 « parts ».

Une « part » : $\frac{27}{3}=9$ et 4 « parts » : $4\times 9=36$ cL.

5 **Réponse : 80 cL.**

Le flacon est rempli aux $\frac{3}{4}$ donc il reste $\frac{1}{4}$ du flacon inutilisé.

20 cL correspondent à $\frac{1}{4}$ de la contenance totale.

La contenance totale est : $20 \times 4 = 80$ cL.

6 **Réponse : 3,6 kg.**

Masse de coings : $6 \times \frac{3}{5} = \frac{18}{5} = 3,6$ kg.

7 **Réponse :**

	$A = 540$	$A = 1\,200$	$A = 2\,400$	$A = 1\,500$
$\frac{3}{4}$ de A	405	900	1 800	1 125
$\frac{3}{2}$ de A	810	1 800	3 600	2 250
$\frac{1}{3}$ de A	180	400	800	500
$\frac{5}{12}$ de A	225	500	1 000	625

8 **Réponse : 1 120 candidats.**

Si 280 représente le $\frac{1}{3}$ des admis après l'écrit, alors :

280 = 1 « part » et les admis = 3 « parts ».
3 « parts » = $280 \times 3 = 840$ admis après l'écrit.

Si 840 représente les $\frac{3}{4}$ des candidats, alors :

840 = 3 « parts » et les candidats = 4 « parts ».

1 « part » = $\frac{840}{3} = 280$ et 4 « parts » = $280 \times 4 = 1\,120$.

9 **Réponse : 520 g.**
La masse totale des œufs est : $40 \times 4 = 160$ g.
La masse totale des ingrédients est : $160 \times 4 = 640$ g.

La perte à la cuisson est : $640 \times \frac{3}{16} = 120$ g.

La masse finale du gâteau est : $640 - 120 = 520$ g.

10 **Réponse : 6 g.**

Masse de la matière humide : $100 \times \frac{4}{5} = 80$ g.

Masse de la matière sèche : $100 - 80 = 20$ g

Masse de matières grasses : $20 \times \frac{3}{10} = 6$ g.

11 **Réponses :**

a) 120 mg de calcium représentent 3 « parts » et la quantité recommandée 20 « parts ».

1 « part » $= \frac{120}{3} = 40$ g et la quantité recommandée est : $40 \times 20 = 800$ mg.

b) Dans 250 mL (soit $100 \times 2{,}5$) de lait, on a $120 \times 2{,}5 = 300$ mg de calcium.

La fraction représentée par ce calcium est : $\frac{300}{800} = \frac{3}{8}$.

Fiche 7 - Calculs utilisant la proportionnalité

Des quantités sont proportionnelles entre elles lorsqu'elles sont liées par un même coefficient.

Exemple

Nombre d'articles	4	5	10	12
Prix à payer	3,6 €	4,5 €	9 €	10,8 €

($\times$ 0,9)

1. Calculer une quantité proportionnelle en utilisant la règle de 3

On sait que deux quantités sont proportionnelles entre elles et on fait varier l'une d'entre elles. Comment faire varier l'autre quantité de telle sorte qu'elles restent proportionnelles ?

Méthode

On calcule le rapport entre les deux valeurs initiales (c'est-à-dire que l'on effectue la division de l'une par l'autre) et on obtient ainsi la valeur pour 1 unité. On effectue ensuite la multiplication de cette valeur pour une unité, avec la nouvelle quantité pour laquelle le résultat est demandé.

Exemple

Il faut 60 g de beurre pour 200 g de farine, trouvez la quantité de beurre nécessaire pour 500 g de farine.

On effectue la division de 60 par 200 pour trouver la quantité de beurre nécessaire pour 1 g de farine : $\frac{60}{200} = 0{,}3$.

Donc pour 500 g de farine, il faut :
$500 \times 0{,}3 = 150$ soit 150 g de beurre

2. Calculer une quantité proportionnelle en utilisant le « produit en croix »

MÉTHODE

- On peut résoudre le problème précédent en construisant un tableau de proportionnalité.

Quantité 1	a	c
Quantité 2	b	d

- Les quantités étant proportionnelles, on peut écrire le produit en croix : $a \times d = b \times c$
- Connaissant trois de ces valeurs, on peut alors calculer la quatrième.

EXEMPLE

Reprenons l'exemple précédent.

Construction du tableau de proportionnalité :

Beurre (en g)	60	?
Farine (en g)	200	500

On effectue le produit « en croix » :

$60 \times 500 = 200 \times ?$

Donc $? = \dfrac{60 \times 500}{200}$

(on a ainsi multiplié les 2 nombres qui se trouvaient sur la diagonale et on les a divisés par le troisième).

Donc la quantité inconnue se calcule : $\dfrac{60 \times 500}{200} = 150$ soit 150 g de beurre.

3. Calculer quel pourcentage une valeur représente par rapport à une autre

Un pourcentage est une proportion particulière : il est exprimé pour 100 unités.
On cherche à calculer le pourcentage que représente une valeur par rapport à une autre.

- **Méthode 1** : on utilise la règle de 3.

EXEMPLE

Sur 3 020 candidats, il y a 225 reçus à un concours. Trouvez le % de reçus.

On calcule le rapport de 225 sur 3 020 soit : $\frac{225}{3\ 020} = 0{,}074\ 503\ldots$

Le pourcentage s'obtient en multipliant ce rapport par 100 :

$\frac{225}{3\ 020} \times 100 = 7{,}450\ 3\ldots$

On obtient : 7,45 % (résultat arrondi au centième près).

- **Méthode 2** : On utilise le produit en croix.

Exemple

Reprenons l'exemple précédent.
On établit un tableau de proportionnalité :

Reçus	225	?
Candidats	3 020	100

Le produit en croix donne :

$\frac{225 \times 100}{3\ 020} = 7{,}450\ 3...$

Soit un résultat de 7,45 %.

Entraînement 7 - Calculs utilisant la proportionnalité

1 On dissout 50 g de sucre dans 1,5 L d'eau. **Pour obtenir une eau sucrée de même concentration, combien faut-il dissoudre de sucre dans 3 L d'eau ?**

2 Pour remplir un biberon de 210 mL, on utilise du lait en poudre et de l'eau. **Sachant qu'une cuillère-mesure de lait se dissout dans 30 mL d'eau, combien de cuillères-mesures utilise-t-on ?**

3 L'eau de l'océan contient environ 30 g de chlorure de sodium par litre. **Quelle masse de ce sel exprimée en tonnes peut-on obtenir en évaporant 1 750 m^3 de cette eau ?**

4 **Si 100 mL de lait contiennent 125 mg de calcium, quelle quantité de lait devrait consommer un enfant pour avoir les 7,50 g de calcium quotidiens nécessaires à sa croissance ?**

5 On lit : « la fabrication d'un camembert de 250 g nécessite 2 kg de lait ».
Quelle masse de lait faut-il pour un camembert de 320 g ?

6 L'apport calorique pour 100 g de bœuf est de 170 kcal.
L'apport calorique pour 100 g de thon frais est de 225 kcal.
Par quelle quantité de bœuf (arrondie au centième près) peut-on remplacer une tranche de thon de 120 g pour avoir le même nombre de calories ?

7 **Complétez le tableau ci-dessous, qui présente les valeurs nutritionnelles pour le lait demi-écrémé :**

	Pour 100 mL	Pour 25 cL	Pour 1 L	Pour 1,5 L
Énergie	45 kcal			
Protides	3,2 g			
Lipides	1,6 g			
Glucides	4,5 g			
Calcium	130 mg			

8 250 g de pâte à tartiner contiennent 35 g de noisettes.
Quel est le pourcentage de noisettes dans ce produit ?

9 Si 140 mg de calcium représentent 16 % des besoins journaliers d'un adulte, retrouvez les besoins quotidiens en calcium de cette personne.

10 Dans 100 g de yaourt, il y a : 4,5 g de protides, 1,2 g de lipides et 5 g de glucides. Sachant que : 1 g de protides apporte 4 kcal, 1 g de lipides apporte 9 kcal et 1 g de glucides apporte 4 kcal, combien de kilocalories apporte un yaourt de 130 g ?

Corrigé

1 **Réponse : 100 g**

On peut observer que 3 L est le double de 1,5 L donc la quantité de sucre sera le double de 50 g soit 100 g.

2 **Réponse : 7 cuillères-mesures.**

Le nombre de cuillères correspond à $\frac{210}{30} = 7$.

3 **Réponse : 52,5 tonnes.**

1 750 m^3 = 1 750 000 dm^3 ou 1 750 000 L

Masse de sel : 1 750 000 × 30 = 52 500 000 g = 52,5 tonnes

4 **Réponse : 0,6 L de lait.**

7,50 g = 750 mg

Lait (en mL)	100	?
Calcium (en mg)	125	750

On effectue le produit en croix :

$\frac{750 \times 100}{125}$ = 600 mL soit 0,6 L de lait

5 **Réponse : 2,56 kg de lait.**

2 kg = 2 000 g

Camembert (en g)	250	320
Lait (en g)	2 000	?

On effectue le produit en croix :

$\frac{2\,000 \times 320}{250}$ = 2 560 g soit 2,56 kg de lait

6 **Réponse : 158,82 g de bœuf.**

Thon (en g)	100	120
Calories (en kcal)	225	?

Pour 120 g de thon, le nombre de calories est de : $\frac{225 \times 120}{100} = 270$ kcal.

Bœuf (en g)	100	?
Calories (en kcal)	170	270

Le poids de bœuf équivalent à 270 kcal est de : $\frac{270 \times 100}{170} = 158{,}823\,52$

soit 158,82 g au centième près.

7 **Réponses :**

	Pour 100 mL	**Pour 25 cL**	**Pour 1 L**	**Pour 1,5 L**
Énergie	45 kcal	112,5 kcal	450 kcal	675 kcal
Protides	3,2 g	8 g	32 g	48 g
Lipides	1,6 g	4 g	16 g	24 g
Glucides	4,5 g	11,25 g	45 g	67,5 g
Calcium	130 mg	325 mg	1 300 mg	1 950 mg

- **Pour 25 cL :** 25 cL = 250 mL, donc l'énergie est de : $45 \times \frac{250}{100} = 112{,}5$ kcal ; protides : $3{,}2 \times \frac{250}{100} = 8$ g ; lipides : $1{,}6 \times \frac{250}{100} = 4$ g ; glucides : $4{,}5 \times \frac{250}{100} = 11{,}25$ g ; calcium : $130 \times \frac{250}{100} = 325$ mg.

- **Pour 1 L :** 1 L = 1 000 mL soit 10 × 100 mL, les quantités sont donc à multiplier par 10.

- **Pour 1,5 L :** 1,5 L = 1 500 mL, d'où l'énergie : $45 \times \frac{1\,500}{100} = 675$ g ; protides : $3{,}2 \times \frac{1\,500}{100} = 48$ g ; lipides : $1{,}6 \times \frac{1\,500}{100} = 24$ g ; glucides : $4{,}5 \times \frac{1\,500}{100} = 67{,}5$ g ; calcium : $130 \times \frac{1\,500}{100} = 1\,950$ mg.

8

Réponse : 14 % de noisettes.

On dresse un tableau de proportionnalité.

Pâte (en g)	250	100
Noisettes (en g)	35	?

Le % de noisettes est de : $\frac{35 \times 100}{250} = 14$ %.

9

Réponse : 875 mg de calcium.

Tableau :

Calcium (mg)	140	?
%	16	100

$\frac{140 \times 100}{16} = 875$ mg de calcium

10

Réponse : 63,44 kcal.

Pour 130 g de yaourt, il y a :

$4{,}5 \times \frac{130}{100} = 5{,}85$ g de protides ;

$1{,}2 \times \frac{130}{100} = 1{,}56$ g de lipides ;

$5 \times \frac{130}{100} = 6{,}5$ g de glucides.

Le nombre de kilocalories est de :

$5{,}85 \times 4 = 23{,}4$ kcal pour les protides ;

$1{,}56 \times 9 = 14{,}04$ kcal pour les lipides ;

et $6{,}5 \times 4 = 26$ kcal pour les glucides ;

soit un total de : $23{,}4 + 14{,}04 + 26 = 63{,}44$ kcal.

Fiche 8 - Calculs utilisant un pourcentage

1. Comment passer d'un pourcentage à une fraction ou à un nombre décimal

Un pourcentage d'une quantité est une fraction de dénominateur 100 de cette quantité :

$3\ \% = \frac{3}{100}$

Il peut aussi se transformer en nombre décimal :

$\frac{3}{100} = 0{,}03$

2. Comment prendre *x* % d'une quantité

Pour calculer x % d'une quantité donnée, on multiplie cette quantité par $\frac{x}{100}$.

Exemple

Trouvez les 30 % de 750 L.

Calculer 30 % de 750, c'est multiplier 750 par $\frac{30}{100}$.

$$750 \times \frac{30}{100} = \frac{22\,500}{100}$$
$$= 225$$

La réponse est 225 L.

3. Trouver une quantité après *x* % d'augmentation (ou de diminution)

On augmente (ou on diminue) une quantité de x %. On cherche la nouvelle quantité obtenue.

Méthode 1

On calcule le montant de l'augmentation (ou de la diminution) en calculant x % de la quantité initiale. Puis on additionne la valeur de l'augmentation à la quantité initiale (ou l'on soustrait la valeur de la diminution à la quantité initiale).

Exemple

Une quantité initiale de 360 g doit être augmentée de 20 %, trouvez la nouvelle quantité obtenue.

On calcule la valeur de l'augmentation :

$$360 \times 20\ \% = 360 \times \frac{20}{100} = \frac{7\,200}{100} = 72$$

La nouvelle quantité obtenue est : 360 + 72 = 432 soit 432 g.

Méthode 2

On considère que la quantité après augmentation est égale à (100 % + x %) de la quantité initiale. On calcule donc (100 + x) % de la quantité initiale. Dans le cas d'une diminution, on calcule (100 – x) % de la quantité initiale.

Exemple

Une quantité initiale de 400 g doit être baissée de 40 %, trouvez la nouvelle quantité obtenue.

La nouvelle quantité représente (100 – 40) % c'est-à-dire 60 % de la quantité initiale.

$$400 \times \frac{60}{100} = \frac{24\,000}{100} = 240$$

soit une nouvelle quantité de 240 g.

4. Retrouver la valeur initiale d'une quantité qui a augmenté (ou diminué)

On connaît la valeur d'une quantité après qu'elle a augmenté (ou diminué) de x %. On cherche quelle était la valeur initiale de cette quantité.

Méthode

- On construit un tableau de proportionnalité, dans lequel la valeur de la quantité avant augmentation (ou diminution) correspond à 100 %, et celle de la quantité après augmentation correspond à $(100 + x)$ % (dans le cas d'une diminution, à $(100 - x)$ %).
- On effectue ensuite le produit en croix.

Exemple

Le prix TTC d'un appareil est de 10 560 €, trouvez le prix HT (hors taxes) sachant que la TVA est de 19,6 %.

Le prix TTC représente (100 + 19,6) % soit 119,6 % du prix initial.
Construisons le tableau de proportionnalité :

HT	100	Prix initial
TTC	119,6	10 560

On effectue le produit en croix :
$100 \times 10\,560 = 119{,}6 \times \text{Prix initial}$
Ce qui donne :

$$\text{Prix initial} = \frac{10\,560 \times 100}{119{,}6}$$
$$= 8\,829{,}43 \text{ €} \text{ (valeur arrondie au centime près)}$$

Entraînement 8 - Calculs utilisant un pourcentage

1 Un steak grillé de 150 g contient 16 % de lipides et 30 % de protides. **Quelles sont les quantités de lipides et de protides de ce steak, exprimées en g ?**

2 Une personne a consommé 2 petits-suisses de 30 g chacun (taux d'humidité : 70 %), 150 g de compote (taux d'humidité : 80 %) et 125 g de fromage blanc (taux d'humidité : 70 %).
Estimez la consommation d'eau en mL de cette personne avec ces trois produits.
(Rappel : 1 mL d'eau « pèse » 1 g.)

3 Un adulte inspire 9 720 L d'air en une journée. L'air inspiré contient 20 % d'oxygène et sur cette quantité 5 % sont retenus lors des échanges gazeux.
Quelle est la quantité d'oxygène retenue par cet adulte en une journée ?

4 **En consommant un plat préparé de 250 g contenant 1,3 % de lipides, 7 % de protides et 5 % de glucides, combien absorbe-t-on de calories ?**
(Rappel : 1 g de lipides apporte 9 kcal, 1 g de protides apporte 4 kcal et 1 g de glucides apporte 4 kcal.)

5 Sur une boîte de céréales qui est habituellement de 300 g, il est écrit « 20 % de produit offert en plus ».
Quel est le poids total de la boîte ?

6 Voici une estimation de la ration moyenne par jour pour un homme de quelques aliments : viande : 80 g; poisson 15 g; œufs 20 g; lait : 350 g; fromage : 40 g.
Quelles seraient ces quantités pour une femme sachant que pour une femme les quantités sont en moyenne inférieures de 15 % ?

7 Un fromage blanc indique 15 % de matières grasses et 80 % d'humidité.
Calculez la masse de matières grasses pour 250 g de fromage blanc, sachant que le taux de matières grasses s'applique sur l'extrait sec.

8 En période de soldes, vous bénéficiez d'une réduction de 20 % sur un article et vous payez ainsi 120 €.
Quel était le prix de cet article avant cette réduction ?

9 Le poids idéal d'un homme est donné par la formule : $T - 100 - \left(\frac{T - 150}{4}\right)$
(T étant la taille en cm).

Un homme est qualifié d'obèse lorsque son poids est supérieur de 15 % à ce poids idéal.
M. mesurant 1,75 m et pesant 77 kg peut-il être qualifié d'obèse ?

10 Dans une journée, une personne a bu :
150 mL de café, 300 mL de soupe, 25 cL de bière et 0,75 L d'eau.
Elle a uriné 1,2 L.
Quel est le pourcentage de liquide éliminé par rapport au liquide absorbé ?
(Réponse à l'unité près.)

Corrigé

1 **Réponse : 24 g de lipides et 45 g de protides.**
Lipides : 150 × 16 % = 24 g.
Protides : 150 × 30 % = 45 g.

2 **Réponse : 249,5 mL.**
Eau contenue dans 2 petits-suisses : 60 × 70 % = 42 g soit 42 mL.
Eau contenue dans la compote : 150 × 80 % = 120 g soit 120 mL.
Eau contenue dans le fromage blanc : 125 × 70 % = 87,5 g soit 87,5 mL.
Consommation d'eau totale : 42 + 120 + 87,5 = 249,5 mL.

3 **Réponse : 97,2 L.**
Oxygène absorbé : 9 720 × 20 % = 1 944 L.
Oxygène retenu : 1 944 × 5 % = 97,2 L.

4 **Réponse : 149,25 kcal.**
Lipides : 250 × 1,3 % = 3,25 g.
Protides : 250 × 7 % = 17,5 g.
Glucides : 250 × 5 % = 12,5 g.
Calories absorbées : 3,25 × 9 + 17,5 × 4 + 12,5 × 4 = 29,25 + 70 + 50
= 149,25 kcal.

5 **Réponse : 360 g.**
Masse de produit offerte : 300 × 20 % = 60 g.
Nouveau poids : 300 + 60 = 360 g.

6 **Réponses :**
Viande : 80 × 85 % = 68 g.
Poisson : 15 × 85 % = 12,75 g.
Œufs : 20 × 85 % = 17 g.
Lait : 350 × 85 % = 297,5 g.
Fromage : 40 × 85 % = 34 g.

7 **Réponse : 7,5 g de matières grasses.**
La masse de l'extrait sec représente 20 % de la masse totale, soit : 250 × 20 % = 50 g.
Masse de matières grasses : 50 × 15 % = 7,5 g.

8 **Réponse : 150 €.**

Le prix soldé représente 80 % du prix initial.

Prix (en €)	120	?
%	80	100

Prix avant réduction : $\dfrac{120 \times 100}{80} = 150$ €.

9 **Réponse : non.**

Poids idéal de M. : $175 - 100 - \left(\dfrac{175 - 150}{4}\right) = 75 - 6{,}25 = 68{,}75$ kg.

avec 15 % en plus M. pèserait : $68{,}75 \times 115~\% = 82{,}5$ kg.

M. pesant 77 kg, il n'entre pas donc pas dans la catégorie des obèses.

10 **Réponse : 83 %.**

Quantité absorbée en L : $0{,}150 + 0{,}300 + 0{,}25 + 0{,}75 = 1{,}45$ L.

Pourcentage de liquide éliminé : $\dfrac{1{,}2}{1{,}45} \times 100 = 82{,}758\ldots$ % soit 83 %.

Sujet 1

Durée : 2 heures

Concours d'admission à la formation d'aides-soignants IFSI – Région Centre – mars 2008

Consignes

- Dictionnaire, calculette, portable ne sont pas autorisés.
- Utiliser une seule couleur d'encre : noire ou bleue.
- Ne mettez aucun signe distinctif sur votre copie.

12 points

Texte de culture générale

GRANDS-PARENTS ET PETITS-ENFANTS
ÉLOGE DU TEMPS GRATUIT

Soumis à la pression professionnelle et aux obligations éducatives, les parents n'ont souvent d'autre choix que d'imposer des cadences soutenues à leurs enfants.

Face à cette agitation, les grands-parents sont susceptibles d'offrir un peu de quiétude et de sérénité.

« Maman, elle m'énerve. Elle me dit toujours de me dépêcher et moi, j'ai pas envie ! » se plaint, Flore 6 ans, la mine boudeuse.

Il faut reconnaître que tout va très vite dans la vie de cette petite écolière de cours préparatoire dont les deux parents travaillent. « Dans notre société, beaucoup d'enfants souffrent de l'urgence et de la rapidité des rythmes. Ils sont pris dans la tourmente de la vie des parents, remarque Christine Castelain-Meunier sociologue.

Nous assistons actuellement à une véritable accélération des modes de vie : pour ne pas être hors-jeu, il faut toujours être dans l'action, dans la compétition, se projeter dans le futur. Il faut tout remplir : ses placards – même si cela passe par la surconsommation – et aussi son emploi du temps. »

La psychanalyste Simone Korff-Sausse constate le même emballement des « tempos ».

« Inquiets et incertains quant à l'avenir de leurs enfants, les parents ont tendance à vouloir leur donner toutes les chances. Pour cela, ils mettent en place des tas d'activités, des apprentissages de toutes sortes qui font ressembler le planning des petits à ceux de ministres. Ils n'ont plus le temps de souffler », souligne-t-elle. Et pourtant, quoi de plus fragile qu'un enfant ? Alors qu'il a tout à apprendre de la vie – marcher, parler, lacer ses chaussures, s'habiller tout seul, lire, écrire, grandir… – il a avant tout besoin qu'on lui laisse du temps et de la latitude.

▸▸▸

Mais il n'est pas facile de tenter un ralentissement dans cette course effrénée contre la montre et d'oser parfois lever le pied. Bonne nouvelle, certaines personnes ont toutes les qualités requises pour aider les parents dans cette entreprise, des hommes et des femmes pour qui le temps a pris une autre dimension, une certaine relativité : les grands et arrière-grands-parents !

« Quand on vieillit, on a le sentiment que le temps devient éphémère et précieux. On a alors envie qu'il soit beau et plein : pas au sens de l'accumulation des activités mais plutôt rempli d'humanité », estime Christine Castelain-Meunier.

Article extrait du *Pèlerin* n° 6515
du jeudi 11 octobre 2007
Auteur : Isabelle GRAVILLON

6 points

1 Dégagez les idées principales du texte.

6 points

2 Commentez la phrase suivante : *« Bonne nouvelle, certaines personnes ont toutes les qualités requises pour aider les parents dans cette entreprise, des hommes et des femmes pour qui le temps a pris une autre dimension, une certaine relativité : les grands et arrière-grands-parents ».*

4 points

Biologie humaine

0,75 point

3 Cocher « VRAI » ou « FAUX » pour les affirmations suivantes :

		VRAI	FAUX
1.	Lors de la respiration, on inspire du monoxyde de carbone.		
2.	Le vaccin contre la rougeole, les oreillons et la rubéole (ROR) est obligatoire.		
3.	Le vagin permet les rapports sexuels.		
4.	Les méninges sont au nombre de 3.		
5.	Le biceps est un nerf moteur.		
6.	Le néphron est l'unité fonctionnelle du rein.		
7.	Les néphrons assurent l'épuration chimique du sang et participent à l'homéostasie.		
8.	L'insuline est l'hormone intervenant dans la régulation des protides.		
9.	Les hématies participent à la défense de l'organisme contre les infections.		
10.	Les vaisseaux coronaires sont les vaisseaux nourriciers du foie.		

0,5 point

4 **Compléter le texte à partir des mots suivants :**

La nidation ; la trompe de Fallope ; l'ovulation ; le 1er jour des règles ; la ménopause ; fécondation ; la puberté ; 28 jours.

Le cycle menstruel est l'ensemble des phénomènes physiologiques qui se produisent simultanément dans les organes de l'appareil génital féminin de .... à ....
Il a une durée d'environ ....
Il débute .... et se termine la veille des règles suivantes.
.... survient 14 jours avant les règles suivantes et provoque l'éclatement du follicule qui se rompt et libère l'ovule.
L'ovule est happé par le pavillon frangé de ...., lieu d'une éventuelle ....
Au 7e jour, l'ovule fécondé s'implante dans la muqueuse utérine : c'est ....

1 point

5 **Entourer la lettre correspondant à la réponse exacte :**

a) L'œsophage communique avec l'estomac par :
❒ **A.** le cardia
❒ **B.** le pylore
❒ **C.** la valvule sigmoïde

b) Le circuit de l'urine est :
❒ **A.** rein → urètre → vessie → uretère
❒ **B.** urètre → rein → uretère → vessie
❒ **C.** rein → uretère → vessie → urètre

c) L'endomètre est la muqueuse qui tapisse :
❒ **A.** l'ovaire
❒ **B.** l'utérus
❒ **C.** le vagin

d) Le pancréas sécrète :
❒ **A.** des hormones uniquement
❒ **B.** des sucs digestifs uniquement
❒ **C.** des hormones et des sucs digestifs

e) Les os métacarpiens sont les os :
❒ **A.** du pied
❒ **B.** de la main
❒ **C.** du poignet

f) L'os spongieux est rempli de :
❒ **A.** moelle jaune
❒ **B.** moelle rouge
❒ **C.** moelle épinière

g) L'air inspiré suit le circuit :
❒ **A.** larynx → pharynx → trachée
❒ **B.** pharynx → larynx → trachée
❒ **C.** trachée → larynx → pharynx

h) Les échanges gazeux pulmonaires ont lieu dans :

❒ **A.** les bronches
❒ **B.** les alvéoles pulmonaires
❒ **C.** la plèvre

0,75 point

6 Rayer l'intrus dans les listes suivantes :

a) ostéocyte – diaphyse – dendrite – périoste

b) thyroïde – pancréas – hypophyse – apophyse

c) poil – derme – mélanine – myéline

d) cochlée – macula – cornée – pupille

e) tympan – étrier – enclume – rétine

f) coronaires – oreillette – cardia – aorte

g) bronches – scrotum – trachée – larynx

h) péricarde – endocarde – endomètre – myocarde

1 point

7 Replacer les mots suivants sur le schéma :

artère aorte - valvule mitrale – valvule sigmoïde pulmonaire – valvule tricuspide – valvule sigmoïde aortique – veines pulmonaires – endocarde – veine cave inférieure – septum – myocarde – veine cave supérieure – artère pulmonaire – péricarde

Le cœur

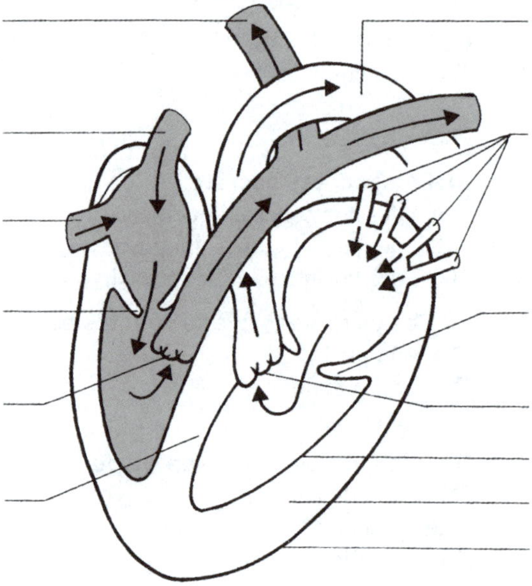

Concours d'entrée AS/AP, épreuves écrites, 9e éd.
Jacqueline Gassier, coll. « Guide prépa santé », janvier 2008.

4 points

Opérations numériques de base et exercices mathématiques de conversion

8 **Situation 1**

M. W doit avoir un apport de liquide quotidien de 1,5 L. Ce jour il a bu :
- une carafe d'eau de 750 mL
- un bol de café au lait de 2 dL
- une canette de soda de 33 cL
- un café de 20 mL.

0,5 point **a)** Calculer l'apport liquidien déjà absorbé. Donner la réponse en mL.

0,5 point **b)** Ce soir, il désire boire une soupe. Quelle quantité de soupe pouvez-vous lui servir ?

Donner le résultat :
- en litres
- en millilitres.

9 **Situation 2**

Le petit Tom est né le 13 février 2008. Il pesait 3 250 grammes.
Le 16 février, il a perdu 10 % de son poids.

0,5 point **a)** Quel est son poids à ce jour ?

0,25 point **b)** Convertir ce poids en kilogrammes.

10 **Situation 3**

Voici les horaires de garde de Tom à la halte garderie :
- lundi : 8 h 30 à 18 h
- mardi : 9 h à 12 h 45
- mercredi : 13 h 15 à 17 h 15
- jeudi : 7 h 10 à 15 h 40

0,5 point **a)** Établir la durée hebdomadaire de garde de Tom à la halte garderie.

0,5 point **b)** Sachant qu'une heure de garde est payée 2,79 euros. Calculer le montant à payer pour 150 heures.

11 **Situation 4**

Jeanne veut réaliser un gâteau aux noix de 1 kilogramme dont la composition est indiquée comme suit :

Ingrédients :
- farine : 12 %
- sucre : 24 %
- beurre : 15 %
- noix : 26 %
- œufs : 4

0,5 point **a)** Quelle quantité, exprimée en grammes, doit-elle préparer pour chaque ingrédient ?

0,25 point **b)** D'après vos calculs, combien pèse un œuf ?

12

Situation 5

Anne, Laure et Aurélie mettent en commun leurs économies pour acheter un cadeau d'anniversaire à leur amie Elise pour ses 16 ans.
Anne dispose de 17 euros, Laure de 19 euros et Aurélie de 13 euros.
Le cadeau qu'elles veulent acheter coûte 57 euros.
Pour que le partage soit équitable, elles décident de demander le complément à leurs parents respectifs si besoin.

0,25 point

a) Calculer le montant de la participation de chacune d'elle pour l'achat du cadeau.

0,25 point

b) Calculer la somme que chacune d'elle doit demander à ses parents.

Corrigé

Texte de culture générale

ATTENTION !

Il est impératif de bien construire vos réponses à l'aide de phrases complètes et bien orthographiées. Votre syntaxe doit être rigoureuse et vos réponses organisées, structurées.

1

Réponse :

L'auteur de ce texte met en avant le problème des rythmes de vie dans notre société actuelle. La notion de temps est évoquée pour les différents âges de la vie :

– l'enfant qui n'a plus « le temps de souffler », qui doit toujours se dépêcher alors que par essence il devrait bénéficier de temps pour apprendre, pour devenir autonome ; la multitude d'activités proposées pour leur éveil impose aux enfants des cadences trop lourdes ;

– les parents pressés par leurs obligations professionnelles et qui veulent toutefois offrir un maximum de chances à leurs enfants ; la multiplicité des activités offertes aux enfants s'inscrit dans le domaine de la surconsommation et dans celui de la course au temps ;

– les grands-parents et/ou arrière-grands-parents posent un autre regard sur l'existence et le grandissement de l'enfant. Pour eux, le temps ne représente plus une course « contre la montre » ; ils peuvent constituer une alternative éducative dans laquelle le moment présent est essentiel à bien vivre.

2

Réponse :

Les grands et arrière-grands-parents constituent une ressource de qualité pour les parents.

Les parents détiennent une autorité éducative, ils ont à cœur de donner un maximum de chances à leurs enfants pour un avenir qu'ils craignent. Les générations des grands-parents peuvent s'investir dans une autre forme de relation avec les petits-enfants. Outre les liens affectifs, ils transmettent aussi leurs connaissances, les histoires familiales dans un climat où le temps n'a pas la même rapidité et où la responsabilité éducative n'a pas lieu d'être aussi forte que celle des parents. Le monde des grands et arrière-grands-parents est un monde de contes, d'histoires pour les plus petits, de découvertes, de tendresse, parfois de connivence pour les plus grands.

Biologie humaine

3 Réponses :

		VRAI	FAUX
1.	Lors de la respiration, on inspire du monoxyde de carbone.		X
2.	Le vaccin contre la rougeole, les oreillons et la rubéole (ROR) est obligatoire.		X
3.	Le vagin permet les rapports sexuels.	X	
4.	Les méninges sont au nombre de 3.	X	
5.	Le biceps est un nerf moteur.		X
6.	Le néphron est l'unité fonctionnelle du rein.	X	
7.	Les néphrons assurent l'épuration chimique du sang et participent à l'homéostasie.	X	
8.	L'insuline est l'hormone intervenant dans la régulation des protides.		X
9.	Les hématies participent à la défense de l'organisme contre les infections.		X
10.	Les vaisseaux coronaires sont les vaisseaux nourriciers du foie.		X

4 Réponses :

Le cycle menstruel est l'ensemble des phénomènes physiologiques qui se produisent simultanément dans les organes de l'appareil génital féminin de **la puberté** à **la ménopause**.

Il a une durée d'environ **28 jours**.

Il débute **le 1er jour des règles** et se termine la veille des règles suivantes.

L'ovulation survient 14 jours avant les règles suivantes et provoque l'éclatement du follicule qui se rompt et libère l'ovule.

L'ovule est happé par le pavillon frangé de **la trompe de Fallope**, lieu d'une éventuelle **fécondation.**

Au 7e jour, l'ovule fécondé s'implante dans la muqueuse utérine : c'est **la nidation.**

5 Réponses :

a) A ; **b)** C ; **c)** B ; **d)** C ; **e)** B ; **f)** B ; **g)** B ; **h)** B.

6 Réponses :

a) dendrite.
b) apophyse.
c) myéline.
d) cochlée.
e) rétine.
f) cardia.
g) scrotum.
h) endomètre.

7 **Réponses :**
De droite à gauche :

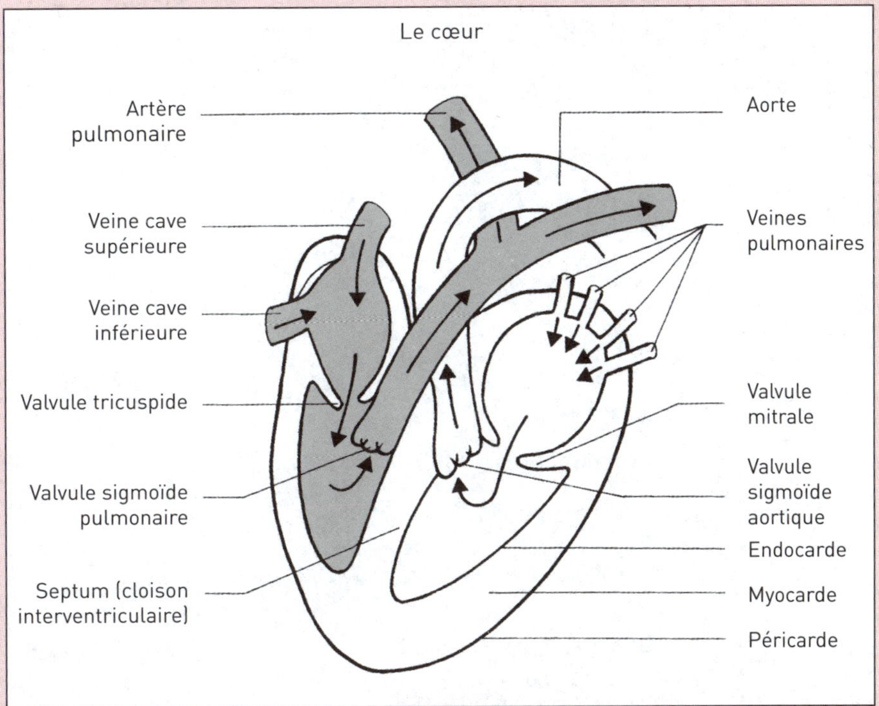

Mathématiques

ATTENTION !
Vous devez indiquer vos calculs et toujours indiquer les unités lors de vos résultats.

8 **Réponses :**

a) 2 dL = 200 mL ; 33 cL = 330 mL
750 + 200 + 330 + 20 = **1 300 mL de liquide déjà absorbé**

b) 1 300 mL = 1,3 L
1,5 - 1,3 = 0,2 L soit **200 mL de soupe possible**

9 **Réponses :**

a) $\frac{3\,250 \times 10}{60}$ = 325 g de perte. 3 250 – 325 = 2 925 g est le nouveau poids.

b) 2 925 g soit **2,925 kg**

10 **Réponses :**

a) 9 h 30 + 3 h 45 + 4 h + 8 h 30 = **25 h 45 mn**

b) 150 × 2, 79 = **418,50 €**

11 **Réponses :**

a)

Farine $= \frac{1\,000 \times 12}{100} = \mathbf{120\ g}$

Sucre $= \frac{1\,000 \times 24}{100} = \mathbf{240\ g}$

Beurre $= \frac{1\,000 \times 15}{100} = \mathbf{150\ g}$

Noix $= \frac{1\,000 \times 26}{100} = \mathbf{260\ g}$

b)

120 g + 240 g + 150 g + 260 g = 770 g , les 4 œufs pèsent donc : 1 000 – 770 = 230 g

Le poids d'un œuf : $\frac{230}{4} = \mathbf{57{,}50\ g}$

12 **Réponses :**

a) $\frac{57}{3} = \mathbf{19}$ **€**

b) Anne : 19 – 17 = **2 €**
Laure : **0 €**
Aurélie : 19 – 13 = **6 €**

Sujet 2

Concours d'admission à la formation d'aides-soignants – Saône-et-Loire – mars 2010

Texte de culture générale

ACCIDENTS DU TRAJET : LES JEUNES DE PLUS EN PLUS TOUCHÉS

Les moins de 25 ans ont plus d'accidents que les autres sur la route du travail, mais autant d'accidents du travail, selon une enquête de l'Observatoire régional de santé.

(*étude réalisée dans 5 branches professionnelles : métallurgie, BTP, agro-alimentaire, commerce et services*)

Accidents du trajet :

1 079 jeunes sont impliqués dans 30 % des accidents, la moitié concernant le travail temporaire et le commerce non alimentaire. Pour Jacques Bordon, président de l'Observatoire régional de santé au travail (ORST), « certains conduisent trop vite et/ou ne partent pas forcément en avance au travail, et ils sont de toute façon plus exposés aux accidents de la route ».

Accidents du travail :

La moitié concerne les intérimaires et le BTP. Les mains représentent 18 % des accidents chez les jeunes suivis par les chutes : 15 %, les risques routiers ou circulations internes : 12 %, les manutentions : 8 %. Plus les entreprises sont importantes, moins il y a de risques. Elles sont plus organisées et disposent de plans de prévention.

Les jeunes ont 7 % d'accidents aux mains de plus que les autres salariés. En cause : le non-port des gants de protection, mais aussi le manque de prévention. « Nous avons été étonnés par ce chiffre », déclare Jacques Bordon. L'Observatoire régional de santé a donc décidé de rencontrer un chirurgien de la main, à Nantes, pour étudier avec lui les mesures de prévention.

Manque d'expérience :

45 % des accidents sont liés à de mauvais gestes, de mauvaises postures, au non-respect des consignes et au non-port des équipements de sécurité ou à leur mauvaise utilisation, et enfin au

manque de formation aux risques. Les jeunes ont aussi une résistance physique plus faible.

Pas assez de prévention :
Les entreprises considèrent que les jeunes ne sont pas plus exposés aux risques. La majorité des employeurs déclare ne pas faire de prévention, ce que regrette l'ORST « une journée serait nécessaire pour les former à ces questions. Il faudrait aussi que les entreprises distribuent un livret spécifique sur la sécurité au travail ».

Caroline Bonnin – *Ouest-France* – janvier 2009.

A Dégagez les idées principales du texte.

B Questions :

Question n° 1 : Quelle catégorie d'âge est concernée par ces accidents ? Pourquoi les jeunes sont-ils lus touchés par les accidents du trajet et du travail ? Donnez votre avis.

Question n° 2 : Pensez-vous que le développement de la prévention dans les entreprises sera suffisant pour limiter ce fléau ? Que proposez-vous ? Justifiez votre réponse à l'aide de vos connaissances et de votre expérience personnelle.

Biologie

1 Décrire le trajet de l'air du nez jusqu'à son entrée dans le sang.

2 Citer les déviations de la colonne vertébrale.

3 Remettre dans l'ordre chronologique les évènements suivants, et nommer le phénomène respiratoire auquel correspond cette description d'évènements :

a. Les poumons augmentent de volume
b. La cage thoracique augmente de volume
c. Les muscles des côtes et du diaphragme se contractent
d. L'air entre dans l'appareil respiratoire

4 Expliquer la différence entre l'infection et la contamination.

5 Présenter les 3 phrases du cycle cardiaque.

Questions sur les opérations numériques de base

Faire apparaître les calculs

6 Pauline a acheté une voiture neuve valant 16 200 €. Elle la paye par des règlements sur 3 ans. **De quelle somme sont les mensualités payées par Pauline sur 3 ans ?**

7 Une seringue de 3 mL est remplie au quart d'un médicament. Le patient reçoit 2 injections par jour. **Quel volume du médicament est injecté au patient en une semaine ?**

8 Dans une boîte de thon de 840 g, il y a 320 g de matières grasses. **Quel est le pourcentage de matières grasses ?**

Questions d'exercice mathématiques de conversion :

Faire apparaître le détail des conversions

9 Convertir 1,25 dL en cm^3.

10 Convertir 145 secondes en heure(s) minute(s) et seconde(s).

Corrigé

Texte de culture générale

A

Idées principales :

– Au sein de la population active, les jeunes représentent une large part des victimes d'accident de trajet.

– Pour ce qui est des accidents de travail dans cette population jeune, les causes sont majoritairement liées à l'absence de prévention et au manque d'expérience et/ou à l'inattention des intéressés.

– Il s'avère indispensable que toutes les entreprises prennent conscience de la nécessité d'organiser des actions de prévention autour de la sécurité au travail.

B

Réponses :

1. Les chiffres cités dans le texte et provenant de l'ORST indiquent qu'il s'agit d'une **population plutôt très jeune** – moins de 25 ans – donc vraisemblablement une population qui entre dans la vie active. Les accidents de trajet peuvent s'expliquer par le manque de temps consacré au trajet, ceci implique alors une vitesse excessive afin d'éviter une arrivée tardive au travail qui serait préjudiciable au nouveau salarié.

Les accidents de travail dépendent du secteur d'activité considéré et des risques inhérents à celle-ci : par exemple, le secteur des industries du bâtiment et des travaux publics présente des risques potentiels supérieurs au secteur des activités culturelles.

Les jeunes qui débutent dans la vie active ne se préoccupent pas ou peu du risque accident alors qu'ils y sont autant exposés que les plus anciens, voire plus puisqu'ils manquent d'expérience et/ou de maturité professionnelle. Selon la taille de l'entreprise employeur, le rythme de travail, le tutorat, les outils de production, etc. seront différents dans les établissements plus importants, il existera des conditions plus/mieux sécurisées et des informations/conseils concernant la prévention.

La catégorie socioprofessionnelle de travail intervient également : les ouvriers sont plus exposés au risque accident de travail que les techniciens/agents de maîtrise ou les cadres.

2. Cette question vous interpelait sur le développement de la **prévention** au sein des entreprises et vous demandait de vous positionner à partir de votre **propre expérience** associée à vos **connaissances**. Il fallait organiser et structurer votre réponse (introduire, argumenter, conclure).

Quelques pistes possibles de réflexion :

Vous pouviez réfléchir en termes de définition du risque accident de travail, de secteurs professionnels plus ou moins exposés, d'intérêt de l'information sur les risques et conséquences des accidents du travail.

L'amélioration de l'hygiène et la sécurité en milieu professionnel était également une autre thématique : rôle du CHSCT par exemple.

Il était indispensable de penser également à la responsabilité individuelle du salarié : le respect des consignes de sécurité, le port des « équipements spéciaux » éventuels, etc.

Biologie

1 **Réponse :**
L'air entre par **le nez** puis traverse **le pharynx** ; il passe ensuite dans **le larynx** et **la trachée** afin d'arriver **aux bronches** puis **aux bronchioles** et enfin **aux alvéoles pulmonaires**. L'échange gazeux s'effectue à ce niveau où le dioxygène passe dans le sang grâce aux capillaires.

2 **Réponse :**
Les déviations de la colonne vertébrale se nomment :
– **scoliose :** il s'agit d'une déviation en S (déviation latérale) ;
– **cyphose :** la déviation du « bossu », en dos rond, la courbure dorsale est convexe ;
– **lordose** : la courbure est concave.

3 **Réponse :**
d – c – b – a ; ceci concerne le phénomène actif de l'inspiration.

4 **Réponse :**
Ces deux termes sont très proches. **L'infection** indique qu'un microbe, un germe (un agent infectieux pathogène, un micro-organisme) est entré dans l'organisme ; **la contamination** désigne la transmission d'une pathologie, d'une infection.

5 **Réponse :**
– la contraction des oreillettes et l'éjection du sang vers les ventricules grâce à l'ouverture des valvules tricuspide et mitrale : c'est la **systole auriculaire** ;
– elle est suivie par la contraction des ventricules : le sang est chassé hors du cœur vers le système circulatoire grâce à l'ouverture des valvules aortique et pulmonaire : c'est la **systole ventriculaire** ;
– le dernier temps est le relâchement de toutes les cavités cardiaques ou **diastole**.

Mathématiques

6 **Réponse : 450 €.**
Il faut diviser le prix du véhicule par le nombre de mensualités.
Le nombre de mois en 3 ans est : $3 \times 12 = 36$ mois
La mensualité est de : $16\,200 \div 36 = 450$ €

7 **Réponse : 10,5 mL.**
Il faut multiplier le volume d'une injection par le nombre d'injections.
Le volume d'une injection est : 3 mL $\div 4 = 0{,}75$ mL
En 1 jour, le patient reçoit : $0{,}75 \times 2 = 1{,}5$ mL
En 1 semaine, soit 7 jours, il reçoit : $1{,}5 \times 7 = 10{,}5$ mL

8

Réponse : 38 % en arrondissant à l'unité près.
C'est un calcul de pourcentage donc de proportionnalité : quelle serait la quantité de matière grasse dans une boîte de 100 g ?

Le pourcentage de matières grasses : $\frac{320}{840} \times 100 = 38{,}095$ soit 38 %

9

Réponse : 125 cm³.
On connaît la correspondance : 1 L = 1 dm³ et 1 mL = 1 cm³
1,25 dL = 125 mL et 125 mL = 125 cm³

Rappel : un extrait du tableau de conversion volume et capacité :

dm³			cm³		
		Litre	Décilitre	Centilitre	Millilitre
			1	2	5

10

Réponse : 2 min 25 s.
On connaît la correspondance : 1 min = 60 s donc 2 min = 120 s
Le nombre entier de minutes est : 145 ÷ 60 = 2 min ; il reste 145 – 120 = 25 s

Sujet 3

Concours d'admission à la formation d'aides-soignants – Pôle formation santé de Lyon – septembre 2010

Texte de culture générale

12 points

**LES BALADEURS,
VÉRITABLES DANGERS POUR LES OREILLES**

Alors que la visite chez l'ophtalmologiste fait souvent partie des incontournables annuels pour une majorité de Français, il n'en est pas de même pour la visite chez l'ORL. « Si la rétine compte 120 millions de cellules, l'oreille interne en dénombre seulement 16 000 (13 000 amplifient les sons et 3 000 permettent d'entendre) », relève le Dr. Gérald Fain, ORL à Paris et assistant à la fondation Rothschild. Or contrôler régulièrement son ouïe permet d'avoir des points de repères. Jeudi, à l'occasion de la Journée de l'audition, l'association éponyme à l'origine de cette manifestation a publié une enquête sur le sujet. Les résultats sont édifiants. L'interrogatoire a été mené sur 1 001 jeunes âgés de 12 à 25 ans. Il en ressort que ces derniers utilisent leur baladeur une heure et demie par jour en moyenne avec une durée d'écoute en continu d'une heure. Les plus grands utilisateurs sont les 15-17 ans avec une durée moyenne de 2 heures et 5 minutes. Par ailleurs, 40 % des jeunes interrogés déclarent avoir déjà ressenti des acouphènes après avoir écouté leur baladeur ou en sortant de discothèque.

Quand les jeunes consultent, il est souvent trop tard. Ce fut le cas pour ce jeune homme de 19 ans qui a perçu un sifflement dans l'oreille après une soirée en discothèque. Il n'a vu un médecin que quatre jours plus tard et une surdité définitive lui a été diagnostiquée. Un exemple saisissant mais loin d'être isolé. Pour l'instant, la médecine est démunie face à cette destruction de cellules de l'oreille interne. Mis à part des traitements corticoïdes par voie orale à prendre pendant une huitaine de jours, les pistes thérapeutiques sont assez minces. D'où la nécessité de se protéger. L'une des solutions consiste, bien sûr, à porter des protections dans ses oreilles. « Prendre du repos sonore constitue également une façon de se préserver, relève le Pr. Frachet, chef du service ORL à l'hôpital Avicenne de Bobigny. Comme sortir dehors [sic] de temps en temps quand on est en boîte de nuit, ne pas utiliser un

▸▸▸

baladeur en continu ou s'éloigner des baffles lors d'un concert : à 2 mètres on divise le danger par 4. »

Contrairement aux idées reçues, nous ne sommes pas tous égaux face au bruit. « Si vous êtes dans une discothèque et que la musique vous semble trop forte, ne soyez pas rassuré si votre voisin vous dit qu'il la supporte bien, explique le Pr. Bruno Frachet, il existe une tolérance génétique au bruit. De la même façon, certains vont devenir sourds au premier coup de fusil alors que d'autres vont très bien le supporter. »

L'étude menée pour la Journée de l'audition met également en avant le fait que 75 % des 12-14 ans ne savent pas ce que représentent les décibels. Or un iPod acheté en Europe est limité à 100 dB, ce qui équivaut au niveau acoustique d'une boîte de nuit ou à un TGV lancé à 300 km/heure ! À titre de comparaison, 75 dB correspondent à un aspirateur en marche et 115 dB à un marteau-piqueur. « Écouter son baladeur à 100 dB, c'est énorme ! explique Pascal Petitpas, directeur du laboratoire d'essai de la Fnac, le risque pour l'oreille est déjà avéré à 80 dB. » Un avis que partage le Dr. Fain : « Écouter son iPod à 100 dB, c'est du suicide ! »

Malgré tout, certains ne se satisfont pas de ce volume, et débrident leur baladeur pour augmenter le son. Sans compter qu'aux États-Unis, ces appareils sont vendus avec une limitation de 115 dB, soit un volume nettement supérieur à ce qui se fait en Europe. Malgré cette « épidémie de troubles auditifs », selon l'expression du Dr. Fain, les messages de prévention ont du mal à passer dans la population, a fortiori chez les jeunes.

Anne Jouan, *Le Figaro*, vendredi 12 mars 2010.

4,5 points

1 Dégagez les idées principales du texte.

3 points

2 Quels sont les comportements à risque décrits dans le texte ?

3 points

3 Expliquez en commentant la dernière phrase du texte « *les messages de prévention ont du mal à passer dans la population, a fortiori chez les jeunes* ».

4 points

Biologie

1 Citez les os de l'avant-bras.

2 Donnez le nom des unités portées par les chromosomes et responsables des caractéristiques des individus (couleur des yeux, cheveux...).

3 Comment appelle-t-on la perturbation électrique qui se propage à la surface et le long des nerfs.

4 Quel est l'intrus parmi ces 4 éléments ? Enclume, marteau, carpe, étrier et pourquoi ?

5 Quelle est la glande située sous la vessie secrétant un liquide qui, additionné au liquide séminal, forme le sperme ?

4 points

Mathématiques

1 Calculer :

514,80 + 751,44 + 0,055 =

$402{,}5 \times 6{,}53 =$

2 Sachant que le muscle représente 40 % du poids du corps humain, **calculez pour un homme de 78 kg sa masse musculaire.**

3 90 ml de médicaments sont contenus dans un flacon fermant avec un bouchon compte gouttes ; 20 gouttes font 1 ml. Si un malade doit prendre 10 gouttes le matin, le midi et le soir, **combien de jours lui faudra t-il pour absorber la totalité du flacon ?**

4 À l'occasion d'un effort physique vous prenez vos pulsations 28 pouls pour 15 secondes ; **calculer la correspondance pour une minute.**

5 Pour préparer une purée en sachet, il faut verser les flocons dans un mélange de 0,5 litre d'eau et 35 cl de lait, vous utilisez un récipient doseur de 100 ml pour obtenir la préparation.

Combien de fois faut-il remplir le récipient pour l'eau ? Pour le lait ?

Corrigé

Texte de culture générale

REMARQUE

Ce sujet n'était pas bien difficile, une lecture attentive du texte permettait une bonne compréhension des propos tenus par les différents intervenants.

1

Réponse :

Les Français en général et la population jeune en particulier ne prêtent pas une attention suffisante aux nuisances provoquées par le bruit, ni à la prévention nécessaire pour éviter l'atteinte auditive.

Les 12-25 ans utilisent des appareils de type « baladeur » pendant des temps très (trop) longs, sans prendre garde à leur niveau acoustique, voire pour certains en le débridant ; d'ores et déjà, les professionnels constatent des lésions irrécupérables de l'oreille interne et de graves dommages auditifs.

2

Réponse :

Dans ce texte, on relève plusieurs données témoignant de comportements à risque essentiellement dans la population jeune, à savoir :

– utilisation d'appareils baladeurs/Ipod pendant des durées continues trop importantes et à niveau sonore trop élevé ;
– pas de protection auditive lors des concerts/en boîte de nuit ;
– consultation tardive en cas de symptômes auditifs.

3

Réponse :

Ici vous devez rédiger une réponse structurée, c'est-à-dire présenter ce dont vous parlerez (petite introduction), argumenter vos propos et enfin rédiger une courte conclusion.

Arguments possibles :

– le Dr. Fain constate que les messages de prévention (journée de l'audition, campagnes d'information…) ne produisent pas d'effets notables parmi la population, notamment auprès de la jeunesse : ses affirmations reposent sur des chiffres, constats et études connus et validés ;
– bien que la sensibilisation des adolescents soit régulièrement faite par diverses instances éducatives (et sanitaires), les baladeurs et/ou appareils de musique continuent d'être un objet privilégié dans cette tranche d'âge qui ne se préoccupe que fort peu des explications, conseils, informations sanitaires ;
– la population française en général ne respecte pas les recommandations qui vantent l'intérêt d'un examen auditif régulier : les enfants adoptent d'autant moins un comportement préventif à cet endroit qu'ils n'en ont pas eu l'habitude, ni la recommandation parentale ;
– les appareils vendus ne sont pas conformes à ce qui serait indispensable pour éviter des lésions irrécupérables et les plus jeunes n'ont aucune représentation des unités sonores.

Biologie

1

Réponse :
Les deux os de l'avant-bras sont le **radius et le cubitus** (ou ulna).

2

Réponse :
Les unités portées par les chromosomes et responsables des caractéristiques de l'individu sont les **gènes** qui sont constitués d'ADN.

3

Réponse :
Il s'agit de **l'influx nerveux.**

4

Réponse :
Le **carpe** est l'intrus dans cette liste puisqu'il n'est pas, au contraire des autres éléments, un osselet de l'oreille.

5

Réponse :
Il s'agit de la **prostate.**

Mathématiques

1

Réponse : 1 266,295.
Réponse : 2 628,325.

2

Réponse : 31,2 kg.
Compréhension de la question : il faut calculer les 40 % de 78 kg.

$40\ \% = \dfrac{40}{100}$

La masse musculaire de cet homme est de :

$78 \times \dfrac{40}{100} = 31{,}2 \text{ kg}$

3

Réponse : 60 jours.
Compréhension de la question : il faut comparer le nombre de gouttes dans le flacon au nombre de gouttes nécessaires chaque jour.
Si 1 mL contient 20 gouttes, alors 90 mL contiennent : $90 \times 20 = 1\,800$ gouttes
Il y a 1 800 gouttes dans le flacon.

Si le malade prend 10 gouttes matin, midi et soir alors il en prend : $10 \times 3 = 30$ gouttes
Le malade doit prendre 30 gouttes chaque jour.

Pour absorber le contenu du flacon il faut : $1\,800 \div 30 = 60$
Il faut 60 jours pour vider le flacon.

4 **Réponse : 112 pulsations.**

Compréhension de la question : c'est une situation de proportionnalité: connaissant le nombre de pulsations pour 15 s, on calcule le nombre pour 1 minute.
1 minute = 60 secondes

Pulsations	28	?
Durée	15	60

Le nombre de pulsation pour une minute est de :

$\frac{28}{15} \times 60 = \mathbf{112}$

5 **Réponse : 5 remplissages d'eau et 3 remplissages et demi de lait.**

Compréhension de la question : il faut comparer les quantités, donc les convertir.
On convertit les quantités dans la même unité : 100 mL = 10 cL ; 0,5 L = 50 cL
Pour obtenir 50 cL d'eau, il faut : 50 ÷ 10 = **5 remplissages du doseur**
Pour obtenir 35 cL de lait, il faut : 35 ÷ 10 = **3,5 remplissages du doseur**

REMARQUE

On peut choisir une autre unité pour la conversion :
100 mL = 1 dL ; 0,5 L = 5 dL ; 35 cL = 3,5 dL
Le résultat des divisions reste toujours le même.

Épreuve de tests d'aptitude

Testez-vous !

Effectuez ce test puis consultez les réponses pour connaître vos forces et vos faiblesses.

1 **Quel est l'intrus ?**

❒ **A.** Poule ❒ **B.** Pipistrelle ❒ **C.** Vache ❒ **D.** Souris ❒ **E.** Brebis

2 **Si « chiot » est associé à 5, « chienne » à 7, « colley » à 6, à quel chiffre est associé « labrador » ?**

....

3 **Si « trop » peut être associé à 69 et « assez » à 70, à quoi peut-on associer « autant » ?**

....

4 **Complétez les séries logiques suivantes par une note :**

a) *do – fa – si – mi –?*
b) *la – mi – si – fa –?*

c)

do	*sol*	*mi*	*?*
ré	*?*	*fa*	*do*

5 **Trouvez le bon nombre de quatre chiffres sachant que :**

1 900 a 1 chiffre bien placé et 1 chiffre mal placé ;
1 024 a 2 chiffres bien placés et 1 mal placé ;
1 994 a 1 chiffre bien placé ;
2 000 a 3 chiffres bien placés.

6 **Comptez pour l'ensemble des 15 lignes suivantes les mots exacts appartenant à la phrase :**

« Tout vient à point à qui sait attendre ».

1. vient pour ton qui rester à sait un soir cherche
2. par son au mais a qui sait attendre avant parce
3. tiens coin toute des vais a sonne pied après à
4. malgré sans vient toit que quoi atteindre çà tous
5. des non zéro pas de tous part attendre nous tout
6. jeu arbre ride profite point arrive rival lueur coin jouit
7. acquis bien attendre qui se point tout à sol tuer
8. plus aisé bien poing point qui se est d'apprendre
9. en hors dehors du partie attendre son lien pour bois
10. souvent tout point à qui soit à sait don attendre

11. il faut toujours évite devoir destin point tour mal à
12. timbre vaut que certes nul déçu sien faux à plus
13. bond au je nuire avenir rien a une qui soi
14. tout près avant bien vient point attendre à jour qui
15. renvoi attendre tendre coin vent tout boule vient rival vase

7

Un livre comprend 160 pages. Combien de fois a-t-on utilisé le chiffre 1 pour le numéroter ?

....

8

Un pont suspendu ne peut supporter que 70 kg.
Un adulte de 70 kg, un enfant de 40 kg et deux sacs de 30 kg chacun doivent traverser.
En combien de passages l'adulte, l'enfant et les sacs se retrouveront-ils sur l'autre rive ?

....

Réponses

Après chaque réponse vous sont indiquées les fiches à consulter en priorité pour combler vos lacunes.

1

Réponse A : Poule.
La poule est le seul animal de la liste à ne pas être un mammifère.
→ *Voir Fiche 2 - Les tests de raisonnement logique.*

2

Réponse : 8.
Il s'agit du nombre de lettres composant le mot.
→ *Voir Fiche 2 - Les tests de raisonnement logique.*

3

Réponse : 77.
On associe à chaque lettre son rang dans l'alphabet : T = 20 ; R = 18 ; O = 15 ; P = 16.
trop = 20 + 18 + 15 + 16 = 69
assez = 1 + 19 + 19 + 5 + 26 = 70
autant = 1 + 21 + 20 + 1 + 14 + 20 = 77
→ *Voir Fiche 2 - Les tests de raisonnement logique.*

4

Réponses :
a) ***La.***
On avance dans la progression des notes de la gamme en sautant 2 notes à chaque fois (rappel de la gamme : *do-ré-mi-fa-sol-la-si-do-ré-mi-fa-sol-*…).

b) ***Do.***
On recule selon la progression des notes de la gamme en sautant 2 notes à chaque fois ou on avance en en sautant 3.

c)

do	*sol*	*mi*	*si*
ré	*la*	*fa*	*do*

Les notes se suivent verticalement dans le tableau.
→ *Voir Fiche 2 - Les tests de raisonnement logique.*

5

Réponse : 2 004.
2 000 contient un chiffre qui n'appartient pas au nombre recherché, soit 2, soit 0. Supposons que le 2 soit en trop.
Dans ce cas, dans 1 900 les deux 0 appartiendraient au nombre recherché. Il est dit que dans 1 900 il y a un chiffre mal placé. Or, l'un des deux 0 ne peut pas être mal placé dans 1 900 tandis que les trois 0 le seraient bien dans 2 000. Donc, le 2 appartient au nombre recherché, et c'est l'un des trois 0 de 2 000 qui ne lui appartient pas. Par ailleurs, 1 et 9 n'appartiennent pas au nombre recherché dans 1 900, donc dans 1 994 le chiffre bien placé est le 4.
Donc, le premier chiffre du nombre recherché est 2, le dernier est 4, et au milieu on trouve deux des 0 de 2 000. Le nombre recherché est 2 004.
→ *Voir Fiche 2 - Les tests de raisonnement logique.*

6 **Réponse : 40.**

On décompte ligne à ligne :

4 + 3 + 1 + 1 + 2 + 1 + 5 + 2 + 1 + 7 + 2 + 1 + 1 + 6 + 3 = 40

➔ *Voir Fiche 1 - Les tests d'attention.*

7 **Réponse : 97 fois.**

Il s'agit de compter en regroupant judicieusement les nombres.

Ainsi on peut commencer par les chiffres des unités : 1, 11, 21, 31, 41, 51, 61, 71, 81, 91, 101, 111, 121, 131, 141, 151, soit 16 « chiffres 1 ».

Puis les chiffres des dizaines : 10, 11, 12, 13, 14, 15, 16, 17, 18, 19, soit 10 « chiffres 1 », 110, 111, 112, 113, 114, 115, 116, 117, 118, 119, soit 10 « chiffres 1 ».

Puis les chiffres des centaines : de 100 à 109 = 10 chiffres ;

de 110 à 119, de 120 à 129, de 130 à 139, de 140 à 149, de 150 à 159 et 160, soit 51 « chiffres 1 ».

On additionne : 16 + 10 + 10 + 10 + 51 = 97.

➔ *Voir Fiche 1 - Les tests d'attention.*

8 **Réponse : 4 passages.**

1er passage : l'enfant et un sac, ce sac reste sur la rive.

2e passage : retour de l'enfant.

3e passage : l'enfant et le sac, ils restent sur la rive.

4e passage : l'adulte.

➔ *Voir Fiche 3 - Les tests d'organisation.*

Fiche 1 - Les tests d'attention

1. En quoi consistent les tests d'attention ?

- Comme le titre le suggère, aucune connaissance n'est requise pour réussir ces exercices. Seules la capacité de **concentration** et la **rapidité** sont mises en jeu.
- Certains exercices font appel uniquement au **dénombrement** : il s'agit de percevoir des différences ou des similitudes dans des tableaux de mots ou de symboles puis de les compter. La difficulté réside dans l'**attention soutenue** que l'on doit maintenir tout au long de l'épreuve.
- D'autres nécessitent une **interprétation d'un tableau**, auquel cas il faut porter la plus grande attention au libellé de la question.
- D'autres enfin s'appuient sur des **dessins** à observer ou bien à comparer.
- D'une manière générale, **ne vous précipitez pas**, lisez bien les consignes, et ensuite observez avec attention.
- Vous pouvez vous entraîner à faire des tests similaires dans des **magazines de jeu**.

2. Quels sont les principaux types de questions rencontrés ?

- **Exemple 1 – Quelles sont les trois rangées contenant le plus grand nombre de lettres ?**

1. WWW WWW W W WW
2. MMMMM MM M M MMMM
3. IIIIII III III IIII
4. IIV IIVV IVV IIIVV
5. ZJ ZZZ JJJZ ZJZJZJ
6. LJLLJ LL JJJLLL L

❒ **A.** 2, 4 et 6 ❒ **B.** 3, 5 et 6 ❒ **C.** 3, 4 et 5 ❒ **D.** 4, 5 et 6

Réponse : C.
Attention : il ne fallait pas se fier à la largeur de chaque ligne, les caractères n'ont pas tous la même largeur d'écriture et sont volontairement espacés différemment à chaque ligne.

• **Exemple 2 – Voici un tableau établi à partir d'une enquête auprès de 200 usagers réguliers d'un même restaurant d'entreprise pour savoir s'ils sont satisfaits ou non de l'accueil, de la qualité et de la variété des repas servis ainsi que des qualités diététiques des plats proposés (ils ont tous répondu aux quatre questions).**

	Repas servis							
Catégorie d'usagers	Accueil		Qualité		Variété		Diététique	
	Satisfaits	Non satisfaits	Satisfaits	Non satisfaits	Satisfaits	Non satisfaits	Satisfaits	Non satisfaits
Cadres supérieurs	20	5	5	20	5	20	20	5
Cadres moyens	60	15	60	15	25	50	50	25
Employés	35	15	?	20	20	30	40	10
Artisans	40	10	5	45	30	20	45	5

a) Combien de cadres sont satisfaits de l'accueil ?

❒ **A.** 20 ❒ **B.** 60 ❒ **C.** 80 ❒ **D.** 155 ❒ **E.** 100

b) Combien de non-cadres sont satisfaits de la qualité ?

❒ **A.** 5 ❒ **B.** 65 ❒ **C.** 70 ❒ **D.** 35 ❒ **E.** 100

c) Quelle est la proportion d'artisans qui déjeunent dans ce restaurant ?

❒ **A.** 50 /100 ❒ **B.** 2/3 ❒ **C.** 4/5 ❒ **D.** 1/4 ❒ **E.** 1/2

Réponses :

a) Réponse C.
20 cadres supérieurs satisfaits + 60 cadres moyens satisfaits, soit 80 au total.

b) Réponse D.
Les non-cadres sont les employés et les artisans.
Le nombre d'employés satisfaits de la qualité ne figure pas dans le tableau.
En regardant les autres colonnes, on sait qu'il y a 50 employés interrogés.
Le nombre d'employés non satisfaits de la qualité est 20, donc il y a 30 employés satisfaits de la qualité.
Le nombre de non-cadres satisfaits de la qualité est donc :
30 (employés) + 5 (artisans) = 35.

c) Réponse D.
50 artisans sont interrogés sur un total de 200 personnes.
Ces 50 artisans représentent 50/200 des personnes interrogées, soit 1/4.

Entraînement 1 - Les tests d'attention

1 Dans le tableau ci-dessous sont représentés divers symboles.
Vous devrez répondre aux questions posées.

♣	♣	♣	♣	♣	♣	♣	♣	♣	♣	♣	♣
♣	♣	✶	♣	✶	■	▲	❤	♣	♣	♣	♣
♣	❂	■	■	■	■	❐	❐	❐	■	❐	♣
♣	X	▲	❤	▲	❤	▲	❤	✶	■	▲	❤
♣	❂	✶	❂	♣	❐	❐	❂	■	■	❐	♣
♣	X	■	X	♣	❐	❂	X	▲	❤	▲	❤
♣	❂	▲	❤	♣	=	❐	❂	❂	❂	❐	♣
♣	X	✶	❐	❂	❂	❐	X	X	X	●	♣
♣	♣	■	■	X	X	❐	❐	❂	❐	❂	♣
♣	●	▲	❤	▲	✶	■	▲	X	❐	X	♣
♣	♣	♣	♣	♣	■	■	♣	♣	✶	■	▲
♣	♣	♣	♣	♣	▲	♣	▲	❤	♣	♣	♣

a) Combien de figures différentes dénombrez-vous ?

....

b) Quelle figure n'apparaît qu'une fois ?

....

c) Quelle est la figure qui apparaît deux fois ?

....

d) Combien de fois la séquence ✶ ■ ▲ apparaît-elle horizontalement, verticalement ou diagonalement ?

....

e) Combien de fois la figure ❤ est-elle immédiatement à droite de la figure ▲ ?

....

f) Combien de fois la figure ♣ apparaît-elle ?

....

g) Combien de fois la figure ✪ est-elle immédiatement au-dessus de X ?

....

h) En partant de la case supérieure droite et en parcourant la diagonale vers la case inférieure gauche, quel symbole apparaît exactement trois fois ?

....

i) En partant de la case inférieure gauche, on se déplace de quatre cases vers la droite puis de trois vers le haut et encore de quatre vers la droite. Quel est le symbole de la case d'arrivée ?

....

Astuce

L'astuce, pour les dénombrements, consiste à compter les symboles ligne après ligne et à indiquer au crayon le nombre de réponses correctes pour chacune de ces lignes. Il ne reste plus ensuite qu'à additionner les résultats.

2 Voici un planning des émissions de télévision pour la soirée du samedi. Les types d'émissions sont indiqués en gras.

Chaîne	Type d'émission	Horaire de début	Horaire de fin
F1	**Jeu**	20 h 55	23 h 25
	Série policière	23 h 25	0 h 15
RF2	**Sport**	21 h	23 h 20
	Magazine	23 h 20	1 h 25
A3	**Téléfilm**	20 h 55	22 h 40
	Informations	22 h 45	23 h
	Série américaine	23 h	24 h
M4	**Série** policière	20 h 50	22 h 30
	Série fantastique	22 h 30	23 h 20
	Série policière	23 h 20	0 h 10
F5	**Documentaire**	20 h 45	22 h 35
	Documentaire	22 h 35	23 h 30
	Informations	23 h 30	0 h 25
TV6	**Série** fantastique	21 h	22 h 25
	Sport : tennis	22 h 25	23 h 25
	Informations	23 h 25	0 h 15
TR7	**Film** inédit	20 h 40	22 h 55
	Film rediffusion	22 h 55	0 h 40
MC8	**Téléfilm** américain	20 h 50	22 h 30
	Série policière	22 h 30	24 h
P9	**Sport**	20 h 50	23 h 30
	Téléfilm polonais	23 h 30	01 h 25
E10	**Sport :** tournois	19 h 30	22 h 30
	Sport : patinage	22 h 30	1 h
F11	**Série** policière	20 h 50	21 h 40
	Série américaine	21 h 40	23 h 25
TV12	**Documentaire**	20 h 55	21 h 55
	Téléfilm	21 h 55	23 h 05
	Série policière	23 h 05	0 h 50

a) Quel est le nombre de séries se terminant avant minuit ?

....

b) Combien d'émissions débutent à 22 h 30 ?

....

c) Quel est le nombre d'émissions de sport débutant avant 21 h ?

....

d) Sur quelles chaînes doit-on zapper afin de suivre successivement du sport puis une série puis un magazine ?

....

e) Quel est le type d'émission le plus diffusé à 23 h 07 ?

....

f) Quels sont les types d'émissions n'apparaissant qu'une fois dans ce planning ?

....

3 Barrez dans le tableau ci-dessous les mots correspondant aux instructions, il restera une citation.

dimanche	bleu	cahier	rance	journée	cerise	zébu	orange
pomme	mieux	blanc	azur	stylo	aimant	bateau	pourpre
zèbre	examen	manade	rouge	raz	table	noir	rizière
bateau	vaut	stylo	transe	tard	que	examen	orange
page	livre	pamplemousse	coing	cahier	samedi	marron	ananas
poire	vantard	samedi	prune	violet	citron	charmant	page
vert	jaune	tournant	lundi	pêche	jamais	roman	lundi
abricot	figue	journée	brun	ocre	livre	mandarine	table

Instructions :

– Barrez les mots comportant les lettres « an » écrites dans cet ordre.
– Barrez les mots comportant un z.
– Barrez les adjectifs de couleur.
– Barrez les noms de fruits.
– Barrez les mots apparaissant deux fois.

Corrigé

1

Réponses :
a) 10 figures différentes.
b) =
c) ●
d) 15 fois.
e) 10 fois.
f) 53 fois.
g) 12 fois.
h) ✪
i) ✪

2

Réponses :
a) 5 séries.
b) 3 émissions.
c) 2 émissions de sport.
d) E10 puis M4 puis RF2.
e) Les séries.
f) Le magazine et le jeu.

3

Réponse : « Mieux vaut tard que jamais. »

Fiche 2 - Les tests d'organisation

1. En quoi consistent les tests d'organisation ?

- Ces tests font appel aux qualités **logiques** et **rationnelles** ainsi qu'à la **rapidité**. Les questions peuvent s'appuyer sur des informations abondantes, comme des plannings à établir, des tableaux à remplir ou des organigrammes. Elles peuvent aussi concerner des dénombrements ou des représentations en trois dimensions.
- Certaines questions, en apparence simples, réclament du candidat qu'il sache imaginer une méthode de résolution. Ainsi, il sera souvent judicieux de représenter les informations, quand elles sont nombreuses, sous la forme d'un tableau ou d'un graphique.
- Les jeux proposés dans certains magazines sont de bons entraînements.

2. Quels sont les types de questions rencontrés ?

- **Exemple 1 – Combien de triangles se trouvent dans ce dessin ?**

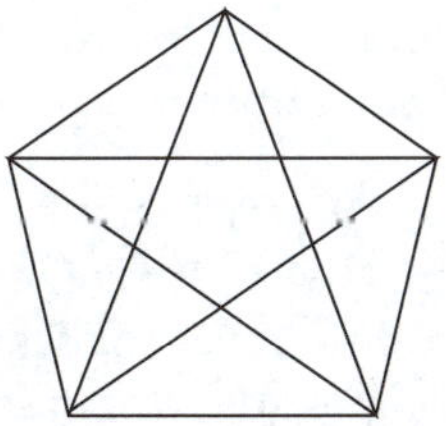

❒ **A.** moins de 26 ❒ **B.** de 27 à 30 ❒ **C.** de 31 à 35

Réponse : C.
Dans cet exercice de dénombrement, pour n'oublier aucun triangle, il faut d'abord déterminer une stratégie. On remarque que certains triangles sont composés de plusieurs autres triangles. Dénombrons les triangles selon leur composition.
Nombre de triangles indépendants : 10.
Nombre de triangles composés de 2 triangles : 10.
Nombre de triangles composés de 3 triangles : 5.
Nombre de triangles incluant le pentagone central : 10.
Soit un total de 35 triangles.

- **Exemple 2 – À quel patron correspond le dé ci-dessous ?**

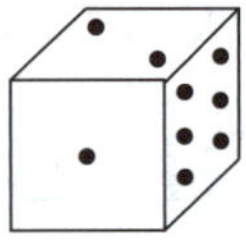

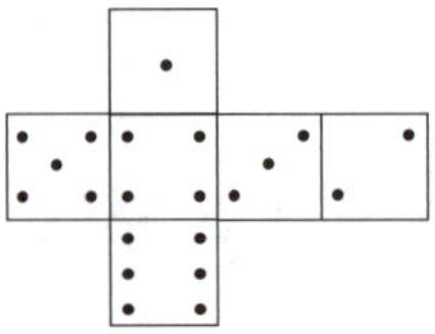

❒ A.

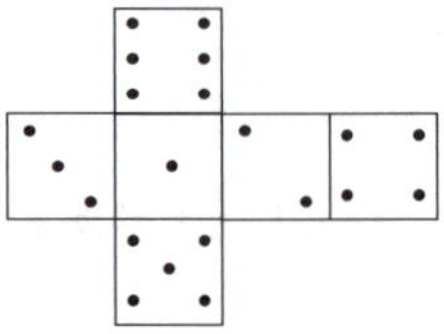

❒ B.

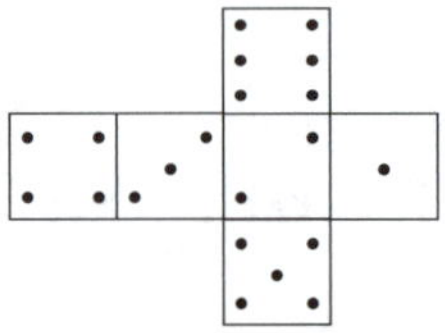

❒ C.

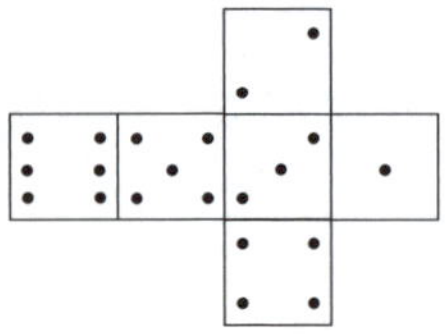

❒ D.

Réponse : C.
Il faut savoir se représenter une figure dans l'espace et imaginer le pliage du patron. Il ne faut pas hésiter à tourner la feuille sur laquelle sont dessinés les patrons.
Pour vous entraîner, vous pouvez effectuer le découpage du patron d'un cube, d'un parallélépipède ou d'une pyramide.

- **Exemple 3 – Pierre, Corinne, Fred et Martin ont passé un concours. Ils ont obtenu chacun une note différente à l'écrit, comprise entre 8 et 11. Ils ont également obtenu chacun une note différente à l'oral, comprise aussi entre 8 et 11.**

– Pierre a eu 11 à son écrit de concours mais pas 8 à l'oral.
– Corinne a été mieux notée à l'oral que le candidat qui a eu 9 à l'écrit.
– L'un des candidats a eu 8 à l'écrit et 10 à l'oral, mais celui qui a eu 11 à l'écrit n'a pas eu 9 à l'oral.
– Fred a eu la même note à l'écrit que la candidate qui a eu 10 à l'oral.
– Fred a eu 8 à l'oral.

Quelles sont les notes obtenues par Martin ?

Réponse : 9 à l'oral et 9 à l'écrit.
L'utilisation d'un tableau s'avère indispensable pour noter avec des **X** (non) ou des **O** (oui) les déductions provenant des informations de l'énoncé.
Le tableau se compose des colonnes « oral » et « écrit » pour chacun des candidats et, comme certaines informations mettent en relation les notes d'écrit et d'oral, il faut prolonger le tableau en croisant les notes « oral » et « écrit ».
On transcrit chaque phrase de l'énoncé dans le tableau :

« Pierre a eu 11 à l'écrit mais pas 8 à l'oral » : on met **O** (oui) dans la case « Pierre – 11 écrit » et **X** (non) dans les cases « Pierre – 8 écrit », « Pierre – 9 écrit » et « Pierre – 10 écrit », ainsi que dans les cases « Corinne – 11 écrit », « Fred – 11 écrit », et « Martin – 11 écrit ». On met **X** dans la case « Pierre – 8 oral » et **X** dans la case : « 11 écrit – 8 oral » (ce qui signifie que celui qui a eu 11 à l'écrit – Pierre – ne peut pas être celui qui a eu 8 à l'oral).

« Corinne a été mieux notée à l'oral que le candidat qui a eu 9 à l'écrit » : Corinne a eu plus de 9 à l'oral, on met donc **X** dans les cases « Corinne-8 oral » et « Corinne – 9 oral ». Ce n'est pas Corinne qui a eu 9 à l'écrit, on met donc un **X** dans la case « Corinne – 9 écrit ».

« L'un des candidats a eu 8 à l'écrit et 10 à l'oral, mais celui qui a eu 11 à l'écrit n'a pas eu 9 à l'oral » : on met **O** dans la case « 8 écrit – 10 oral » et des **X** dans les cases « 8 écrit – 8 oral », « 8 écrit – 9 oral », « 8 écrit – 11 oral », « 9 écrit – 10 oral », « 10 écrit – 10 oral », et « 11 écrit – 10 oral ». On met **X** dans la case « 9 oral – 11 écrit ».

« Fred a eu la même note à l'écrit que la candidate qui a eu 10 à l'oral » : seule Corinne est un prénom féminin, c'est donc Corinne qui a eu 10 à l'oral, on met donc **O** dans la case « Corinne-10 oral », et des **X** dans la case « Corinne – 11 oral », et dans les cases « Fred – 10 oral », « Pierre – 10 oral » et « Martin – 10 oral ». Fred a eu 10 à l'écrit, on met donc **O** dans « Fred – 10 écrit » avec des **X** dans les cases « Corinne – 10 écrit », « Martin – 10 écrit », « Fred – 8 écrit » et « Fred – 9 écrit ».

« Fred a eu 8 à l'oral » : on met **O** dans « Fred – 8 oral » et **X** dans les cases « Fred – 9 oral », « Fred – 11 oral » et « Martin – 8 oral ».
On déduit ensuite les résultats suivants :
– la seule note possible pour Corinne à l'écrit est 8, on met donc **O** dans la case « Corinne – 8 écrit » et **X** dans la case « Martin – 8 écrit » ;
– la seule note possible à l'écrit pour Martin est 9, on met donc **O** dans la case « Martin – 9 écrit » ;
– Fred a eu 8 à l'oral et 10 à l'écrit, on met donc **O** dans la case « 8 oral – 10 écrit », et **X** dans les cases « 8 oral – 9 écrit », « 9 oral – 10 écrit » et « 11 oral – 10 écrit » ;
– la seule combinaison possible oral/écrit pour 11 à l'écrit est 11 à l'oral ; on met donc **O** dans la case « 11 oral – 11 écrit » et **X** dans la case « 11 oral – 9 écrit » ;
– la seule combinaison oral/écrit restante est « 9 oral – 9 écrit », case dans laquelle on met **O** ; or c'est Martin qui a eu 9 à l'écrit, sa note d'oral est donc 9.

		ORAL				ÉCRIT			
		8	9	10	11	8	9	10	11
CANDIDAT	Corinne	X	X	O	X	O	X	X	X
	Fred	O	X	X	X	X	X	O	X
	Pierre	X	X	X	O	X	X	X	O
	Martin	X	O	X	X	X	O	X	X
ÉCRIT	8	X	X	O	X				
	9	X	O	X	X				
	10	O	X	X	X				
	11	X	X	X	O				

Entraînement 2 - Les tests d'organisation

1 Combien de nombres différents peuvent être écrits à l'aide des quatre mots : mille, deux, cent et sept pris chacun une et une seule fois ?

❒ **A.** moins de 15 ❒ **B.** entre 15 et 20 ❒ **C.** 64 ❒ **D.** 24

2 Combien de segments faut-il tracer pour relier chaque point avec tous les autres ?

❒ **A.** 18 ❒ **B.** 10 ❒ **C.** 12 ❒ **D.** 9

3 Quels sont les points qui se trouvent sur la face blanche du dé ?

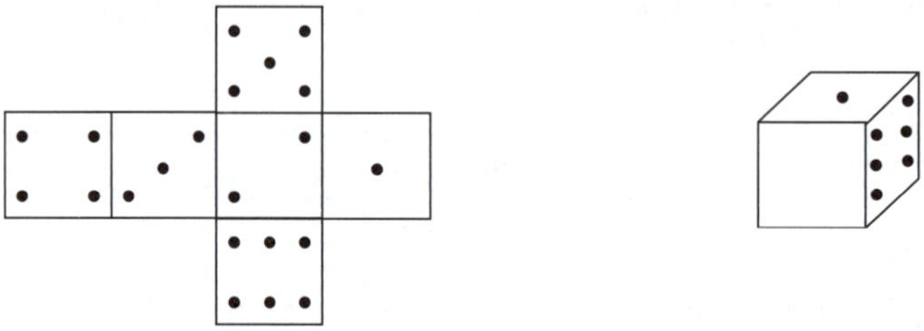

❒ **A.**  ❒ **B.**  ❒ **C.**  ❒ **D.** 

4 Quels sont les points qui se trouvent sur la face opposée à l'as ?

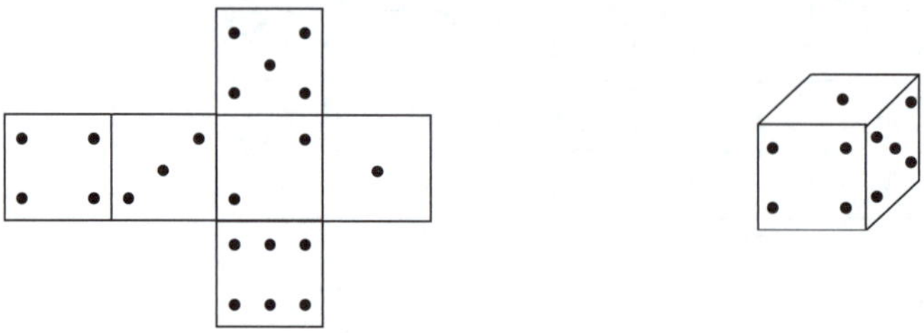

❒ **A.** 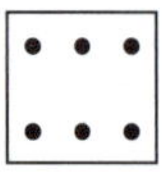 ❒ **B.**  ❒ **C.** 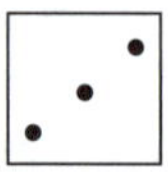

5 **Quelle est la figure qui se trouve sur la face marquée d'un point d'interrogation ?**

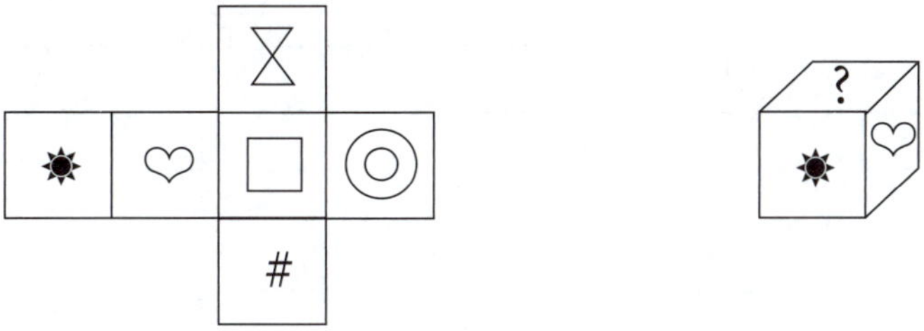

❐ A. ❐ B. ❐ C. ❐ D.

6 Anne, Béatrice, Claude et Dany ont chacune un loisir différent : cyclisme, bridge randonnée ou broderie. Elles pratiquent ces activités dans des clubs, chacune un jour différent : lundi, mardi, mercredi ou jeudi. À l'aide des informations suivantes, retrouvez les activités et les jours de pratique pour chacune des quatre amies.

– Anne et celle qui pratique le jeudi ne pratiquent ni la randonnée ni le bridge.
– Béatrice, Anne et celle qui pratique la broderie ne pratiquent pas le mercredi.
– Celles qui pratiquent le lundi et le mardi ainsi que Claude vivent à Paris alors que celle qui pratique le mercredi et aime le bridge habite en banlieue.
– Béatrice n'aime pas le bridge et pratique le mardi.

Complétez la grille de réponse.

	Loisirs	Jour
Anne	....	....
Béatrice	....	....
Claude	....	....
Dany	....	....

7 Dans cet arbre généalogique, les couples sont symbolisés par &, les enfants par des flèches, et les lettres f et h sont utilisées pour femme et homme.

Utilisez les renseignements suivants pour compléter l'organigramme.

– André et Marie ont eu 4 enfants dont l'un est resté célibataire.
– Béatrice et Paul ont eu 3 enfants : 2 filles et 1 garçon.
– Lisa est la cousine d'Emma et la sœur de Sophie.
– Michel a eu deux enfants dont Emma.
– Béatrice est la mère de Roch et la tante de Marc mais n'est pas l'épouse de Maurice qui est le père de deux enfants dont Antoine.
– Élisabeth est la mère de deux garçons et la sœur de Paul.
– Martine est la mère de Damien mais pas l'épouse de Didier.

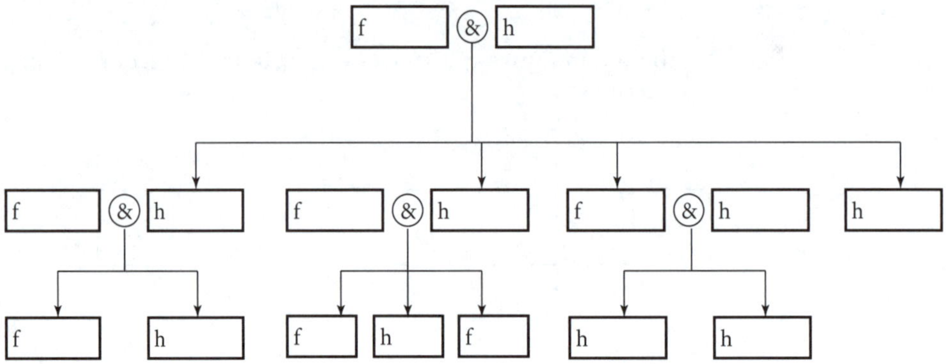

8 Un sac contient 50 jetons ayant chacun l'une des trois couleurs : rouge, verte ou jaune et une forme carrée ou bien ronde. On sait que 20 de ces jetons sont jaunes, il y a autant de carrés que de ronds, 10 jetons sont rouges et ronds, 10 jetons sont verts et carrés, aucun n'est vert et rond.

Combien de jetons sont rouges et carrés ?

❒ **A.** 10 ❒ **B.** aucun ❒ **C.** 5 ❒ **D.** 15

9 L'immeuble d'Arnaud est plus petit que celui de Marc.
Les maisons de Pierre et Fred sont voisines.
Quelle est la maison de Zoé sachant qu'elle est la plus étroite avec celle de Jack, qui par ailleurs ne côtoie pas celle d'Arnaud ?

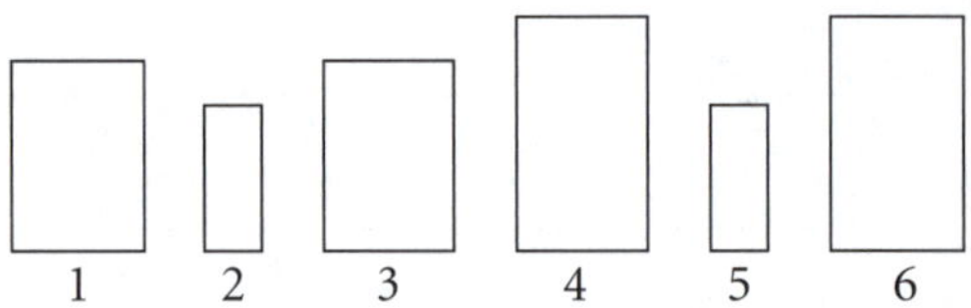

10 **Combien y a-t-il de cubes dans cette construction ?**

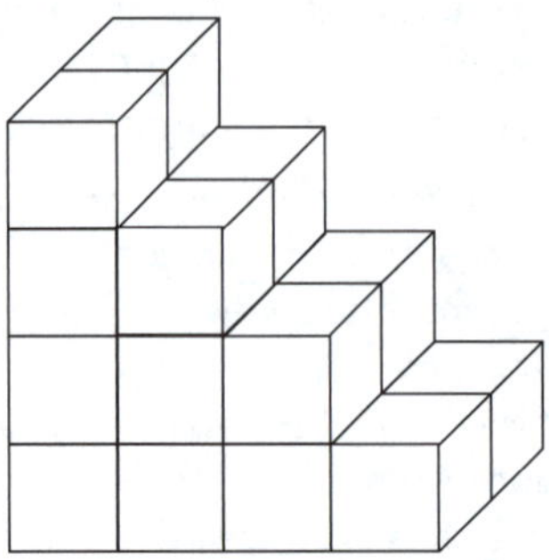

Corrigé

1 **Réponse A : moins de 15.**

Attention, certaines associations sont impossibles, par exemple « deux sept » et « sept deux ».

La stratégie consiste à déterminer d'abord toutes les associations possibles de deux termes :

deux mille, cent mille, sept mille, mille deux, cent deux, mille cent, deux cent, sept cent, mille sept, cent sept.

Ensuite, on forme à partir des ces dix associations tous les nombres possibles, en ajoutant les deux termes restants :

– **deux mille cent sept** et **deux mille sept cent** ;
– avec cent mille, impossible de poursuivre ;
– **sept mille deux cents** et **sept mille cent deux** ;
– **mille deux cent sept** ;
– **cent deux mille sept** ;
– avec mille cent, impossible de poursuivre ;
– **deux cent mille sept** et **deux cent sept mille** ;
– **sept cent mille deux** et **sept cent deux mille** ;
– **mille sept cent deux** ;
– **cent sept mille deux.**

On a ainsi recensé au total **12** nombres possibles.

2 **Réponse D : 9.**

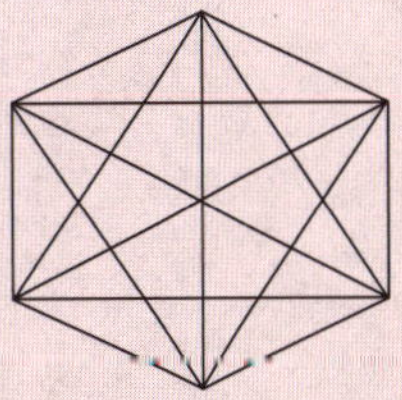

À partir d'un premier point, on trace 5 segments, puis à partir du point suivant on trace encore 4 segments (le 5e étant déjà tracé), puis à partir du 3e point on trace 3 segments (2 segments étant déjà tracés), à partir du 4e point on trace 2 segments (3 segments étant déjà tracés), et enfin à partir du 5e point on trace 1 segment (4 segments étant déja tracés). Il n'y a aucun segment restant à tracer à partir du 6e point. Au total, il y a donc 5 + 4 + 3 + 2 + 1 = 15 segments.

3 **Réponse B : 2 points.**

4 **Réponse C : 3 points.**

5 **Réponse : B.**

6 Réponses :

	Loisir	Jour
Anne	Cyclisme	Lundi
Béatrice	Randonnée	Mardi
Claude	Broderie	Jeudi
Dany	Bridge	Mercredi

On peut s'aider en construisant un tableau comme suit pour inscrire des **O** (OUI) et des **X** (NON) (voir exemple 3 de la fiche) :

	Cyclisme	Bridge	Randonnée	Broderie	Lundi	Mardi	Mercredi	Jeudi
Anne	O	X	X	X	O	X	X	X
Béatrice	X	X	O	X	X	O	X	X
Claude	X	X	X	O	X	X	X	O
Dany	X	O	X	X	X	X	O	X
Lundi	O	X	X	X				
Mardi	X	X	O	X				
Mercredi	X	O	X	X				
Jeudi	X	X	X	O				

7 Réponse :

Pour bien démarrer, il faut repérer le nombre d'enfants de chaque couple et leur sexe. Il n'y a ainsi qu'une possibilité pour André et Marie, et pour Béatrice et Paul.

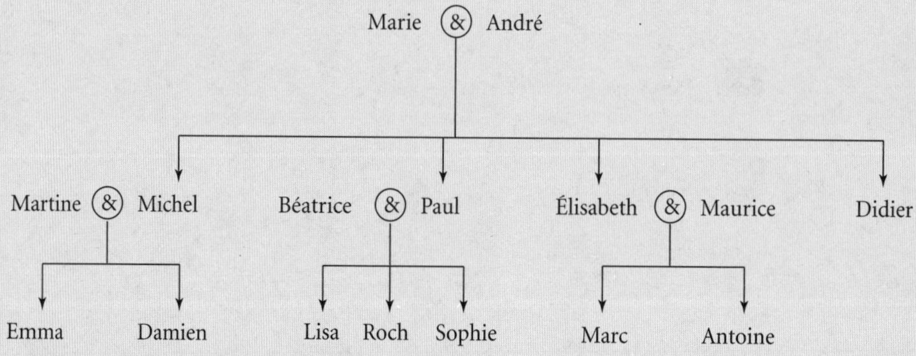

8 **Réponse A :** 10 jetons.
Il est utile de remplir un tableau avec les informations de départ (en gras) puis de le compléter en effectuant des soustractions (en commençant par calculer rond jaune, puis carré jaune, puis enfin carré rouge).

Couleur / Figure	Rouge	Vert	Jaune	Total
Carré	10	**10**	5	**25**
Rond	**10**	**0**	15	**25**
Total	20	10	**20**	**50**

9 **Réponse :** 2.
En effet, Arnaud est en 1 ou 3 et Marc en 4 ou 6 car les maisons étroites 2 et 5 sont pour Zoé et Jack. Or Jack n'est pas à côté d'Arnaud, en 2.
Ainsi Zoé ne peut être qu'en 2.

10 **Réponse :** 20.
On compte $4 \times 2 = 8$ cubes sur la rangée inférieure,
$3 \times 2 = 6$ cubes sur la rangée immédiatement supérieure,
et 4 cubes au-dessus, puis 2 cubes sur la rangée supérieure
soit $8 + 6 + 4 + 2 = 20$ cubes au total.

Fiche 3 - Les tests de raisonnement logique

1. En quoi consistent les tests de raisonnement logique ?

• Les tests de raisonnement logique ne nécessitent que **peu de connaissances particulières.** Certains tests semblent faire appel au calcul mathématique ou aux connaissances linguistiques, mais très souvent il n'en est rien.
Cependant, les énoncés sont parfois déstabilisants. **Lisez très attentivement les consignes** et les données des énoncés.

• On distingue plusieurs types de questions :
– les suites à compléter, dans lesquelles on trouve des suites de nombres, de lettres ou de symboles (il faut découvrir la loi qui en régit la succession);
– la logique visuelle, qui repose souvent sur des règles de symétrie ou des rotations ;
– les analogies, qui peuvent faire appel à la culture générale;
– la recherche d'une combinaison, qui consiste à mettre les bons éléments à la bonne place à partir des indications données.

2. Quels sont les types de questions rencontrés ?

A. Les suites à compléter

1) Suites utilisant des nombres

• **Exemple 1 – Quel est le nombre qui complète la suite : 89 – 84 – 79 – 74 – ?**

Réponse : 69.
Chaque nombre se déduit du précédent en enlevant 5.
En mathématique, on appelle cela une suite arithmétique décroissante de raison – 5 :
– arithmétique, car les termes progressent par addition ou soustraction;
– décroissante, car les termes sont de plus en plus petits;
– de raison – 5, car la différence entre deux termes consécutifs est toujours de 5 et la suite est décroissante (signe moins).

- **Exemple 2 – Avec quel nombre peut-on compléter la suite : 35 – 44 – 53 – ? – 71 ?**

Réponse : 62.
Chaque nombre se déduit du précédent en ajoutant 9.
En mathématique, c'est une suite arithmétique croissante de raison + 9 :
– croissante, car les termes sont de plus en plus grands ;
– de raison + 9, car la différence entre deux termes consécutifs est toujours de 9.

- **Exemple 3 – Quel est le nombre qui complète la suite : 5 – 6 – 8 – 11 – 15 – 20 – ?**

Réponse : 26.
On ajoute successivement 1, puis 2, puis 3, puis 4, puis 5, puis 6.

- **Exemple 4 – Quel est le domino qui complète la suite ?**

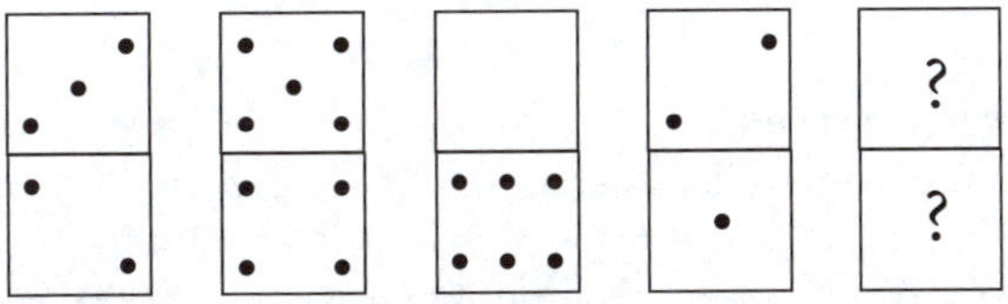

Réponse : 4 en haut et 3 en bas.
On ajoute 2 successivement aux points de la partie supérieure. On fait de même pour ceux de la partie inférieure.
Attention, les points possibles sur un domino sont : 6, 5, 4, 3, 2, 1 et 0.

- **Exemple 5 – Quel est le domino qui complète la suite ?**

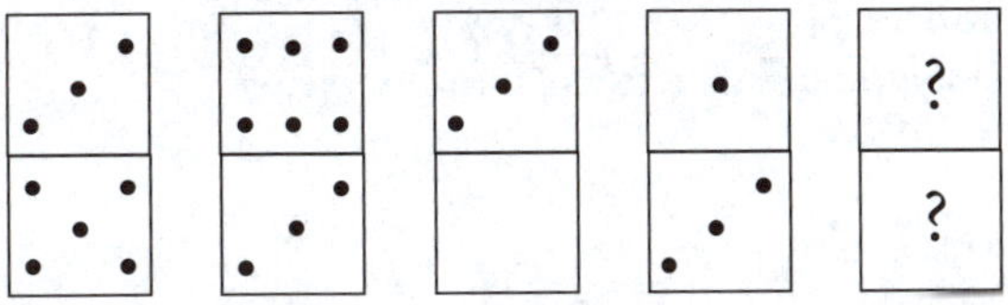

Réponse : 3 en haut et 2 en bas.
On trouve 3 alternativement en haut et en bas.
Par ailleurs, la suite croissante 5 – 6 – 0 – 1 – 2 se déroule successivement en haut et en bas.

2) Suites utilisant des lettres ou des symboles

- **Exemple 1 – Voici une liste de 8 symboles : & – é – « – * – $ – = – ç – ^**

Complétez la suite suivante avec l'un d'eux : & – « – $ – ç – & – ?

Réponse : «
Il y a 8 symboles différents en tout.
On progresse dans la liste en sautant à chaque fois un symbole.
Pour y voir plus clair, vous pouvez écrire au brouillon plusieurs séquences de suite :
& – é – « – * – $ – = ç – ^ – & – é – « – * – $ – = – ç – ^ – & – é – « – * – $ – = – ç – ^ …
Lorsque les symboles sont difficiles à mémoriser, on peut aussi effectuer un codage en attribuant un numéro à chacun.

- **Exemple 2 – Quelle est la lettre qui complète la série : A – D – B – E – C – F – ?**

Réponse : D.
On avance en sautant deux lettres puis en revenant une lettre en arrière.
Vous pouvez noter les premiers éléments de la liste alphabétique au brouillon pour vous aider à réfléchir.

3) Suites utilisant des chiffres et des lettres

- **Exemple 1 – Si éconduire = 574162895, alors quel mot est associé à 8162895 ?**

Réponse : induire.
Pour découvrir la loi, il faut trouver quelle lettre est associée à quel chiffre : E = 5, C = 7, O = 4, etc.
Pour aller plus vite, vous pouvez écrire les chiffres en indiquant sous chaque chiffre la lettre qui lui correspond.

- **Exemple 2 – Complétez : arbres – 6 ; salle – 5 ; cage – 4 ; table – ?**

❒ **A.** 3 ❒ **B.** 4 ❒ **C.** 5 ❒ **D.** 6

Réponse : C.
5 est le nombre de lettres du mot table.

4) Suites utilisant des chiffres et des figures géométriques

- **Exemple – Quelle est la carte qui complète la suite ?**

Réponse : roi de cœur.
Les valeurs croissent de 2 en 2 selon la progression classique : as, 2, 3, 4, 5, 6, 7, 8, 9, 10, valet, dame, roi. Les couleurs sont alternées : cœur, pique, cœur, pique, cœur.

B. Logique visuelle

• **Exemple 1 – Complétez les cases blanches du tableau par le motif qui convient, choisi parmi les six motifs :**

❍ ◊ ✤ □ ❂ ■

❂	□		□
□	■	□	
	□	◊	□
□	✤		✤
	□	❍	□

Réponse : 1re ligne : ❂ ; 2e ligne : ■ ; 3e ligne : ◊ ; 4e ligne : □ ; 5e ligne : ❍.
Une diagonale sur deux est occupée par des carrés vides. Donc chaque ligne comporte deux carrés vides. Par ailleurs, à la 4e ligne, on observe deux fois le même motif. Donc sur chaque ligne, il y a deux carrés vides et deux motifs identiques répétés.

• **Exemple 2 – Parmi les cinq carrés A, B, C, D et E, quel est celui qui complète la série ci-dessous ?**

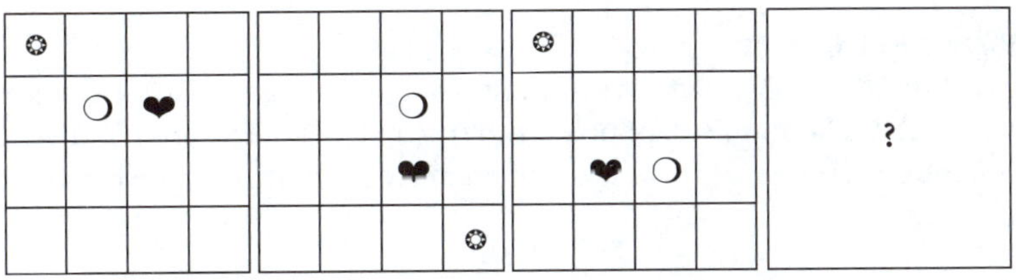

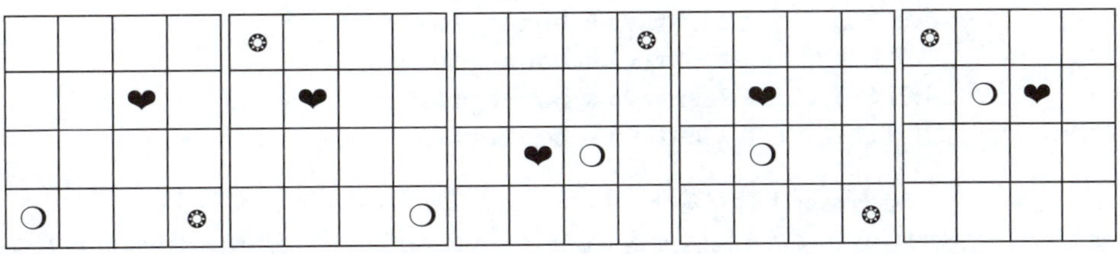

❒ A. ❒ B. ❒ C. ❒ D. ❒ E.

Réponse : D.
Le ❂ occupe alternativement le coin supérieur gauche et le coin inférieur droit.
Les deux autres motifs (❍ et ❤) tournent dans le sens des aiguilles d'une montre dans les quatre carrés du centre.

C. Analogie

• **Exemple 1 – Parmi ces capitales, Paris, Londres, Berlin, Stockholm, Rabat et Bruxelles, quelle est l'intruse ?**

Réponse : Stockholm.
Toutes les autres villes contiennent la lettre « r ».
Attention, cet exercice de logique n'appelle aucune connaissance de culture générale.

• **Exemple 2 – Complétez la suite : évier, rapide, événement, temps, sourd, ?**

❒ **A.** dard ❒ **B.** long ❒ **C.** élégant ❒ **D.** rond

Réponse : dard.
La lettre de fin d'un mot est la lettre de début du mot suivant.

• **Exemple 3 – On complète la suite : pistache, amande, tilleul, épinard avec :**

❒ **A.** bouteille ❒ **B.** cacahuète ❒ **C.** azur ❒ **D.** bleu

Réponse : A (ce sont des nuances de vert).

D. La bonne combinaison

• **Exemple 1 – Trouvez un couple de deux lettres sachant que :**

L E	**a une lettre à la bonne place ;**
J E	**a une lettre à la mauvaise place.**

Réponse : L J.
On élimine E qui ne peut être à la fois à la bonne et à la mauvaise place.
Il reste le L à la bonne place pour la première ligne et le J pour la deuxième ligne.
Comme le J est à la mauvaise place en première position, on le met en deuxième position.

• **Exemple 2 – Trouvez une suite de quatre lettres sachant que :**

A B C D	**a 2 lettres à la bonne place ;**
A B E G	**a 2 lettres à la bonne place ;**
E H C B	**a 2 lettres à la bonne place ;**
B H D G	**a 2 lettres à la bonne place.**

Réponse : A H C G.
Dans A B C D, il y a deux lettres à la bonne place. Supposons que B soit à la bonne place : il serait aussi à la bonne place dans la troisième ligne, or il occupe une place différente dans la troisième ligne, donc ce ne peut pas être B. Le même raisonnement nous fait exclure D. Ce sont donc A et C qui sont à la bonne place.
Dans la deuxième ligne, E ne peut pas être à la bonne place puisqu'il est à la place de C, donc c'est G qui est à la bonne place avec A.
Dans la quatrième ligne, nous éliminons B et D, il nous reste H et G.

- **Exemple 3 – Trouvez une séquence de quatre chiffres sachant que :**

1 2 3 4 a 2 chiffres mal placés ;
5 4 1 6 a 2 chiffres mal placés ;
4 2 3 1 a 2 chiffres mal placés ;
5 1 4 6 a 2 chiffres mal placés.

Réponse : 6 3 2 5.
1 et 4 ne peuvent pas être des chiffres mal placés, car ils occupent successivement toutes les places ! Ce sont donc 2 et 3 qui sont mal placés dans la première ligne, et 5 et 6 dans la deuxième.

- **Exemple 4 – Trouvez un triplet sachant que :**

○ □ △ a 1 symbole bien placé ;
○ △ * a 1 symbole bien placé ;
□ ● ♣ a 2 symboles mal placés.

Réponse : ○ ♣ ●.
○ est bien placé dans les deux premières lignes. Avec la troisième ligne, on découvre ● et ♣ ; comme ils sont mal placés, la séquence est ○ ♣ ●.

Entraînement 3 - Les tests de raisonnement logique

1 Voici les sept notes de musique dans l'ordre de la gamme montante : *do ré mi fa sol la si.*

Dans chacune des lignes de cinq notes suivantes, il en manque une. Vous devez la déterminer en découvrant la loi qui régit la succession (attention : cette loi est différente pour chaque ligne).

a) *do mi* ? *si ré*
b) *fa si mi* ? *ré*
c) *sol la do fa* ?
d) *si* ? *mi do la*

2 **Dans les tableaux suivants, la loi peut s'appliquer verticalement ou horizontalement. Retrouvez les notes manquantes.**

a)

do	*do*	*ré*	*ré*	*mi*
ré	?	*mi*	*do*	*fa*
mi	*la*	?	*si*	?
fa	*sol*	*sol*	*la*	?

b)

do	*do*	*ré*	*ré*	*mi*
?	*fa*	*fa*	?	*sol*
la	?	*si*	*si*	*do*
do	*ré*	*ré*	*mi*	?

c)

?	*ré*	*sol*	?	*si*
mi	*sol*	*do*	*ré*	*mi*
la	?	*fa*	*sol*	?
ré	*fa*	*si*	*do*	*ré*

3 **Trouvez l'intrus : Mozart, Bach, Musset, Chopin, Sartre.**

....

4 **Lequel de ces groupes de lettres n'est pas l'anagramme d'un mammifère ?**
Pinal, tahc, cranad, hicne, hèvrec.

5 L'un de ces mots est un intrus pour carnassier, lequel ?
Sac, nasse, raisin, crassier, sire.

6 Trouvez le nombre manquant parmi : 8, 4, 7, 15.

8	11	19	10
12	15	27	9
5	8	13	?

7 Si Jean vaut 24, Marie 31 et Benoît 26, quelle sera la valeur de Bertrand ?

8 Complétez la suite suivante : sortie, ? ,sort, sot, os.

9 Trouvez les lettres mises à la place des « ? ».

A	D	?	
	B	E	B
	F	C	?

10 Si vélo = 2, brouette = 1 et kart = 4, que vaut voiture ?

11 Complétez le dernier domino.

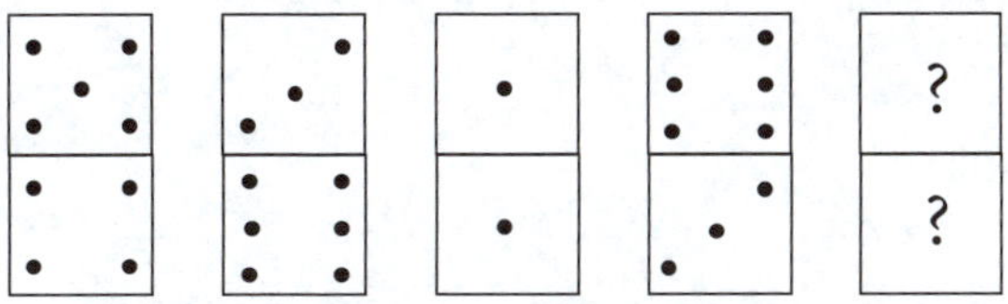

12 Quel est l'intrus parmi : marguerite, pensée, rose, violette ?

13 Retrouvez l'horloge qui donne l'heure juste sachant que :

- une horloge avance de 15 minutes;
- une autre avance de 5 minutes;
- une autre retarde de 5 minutes.

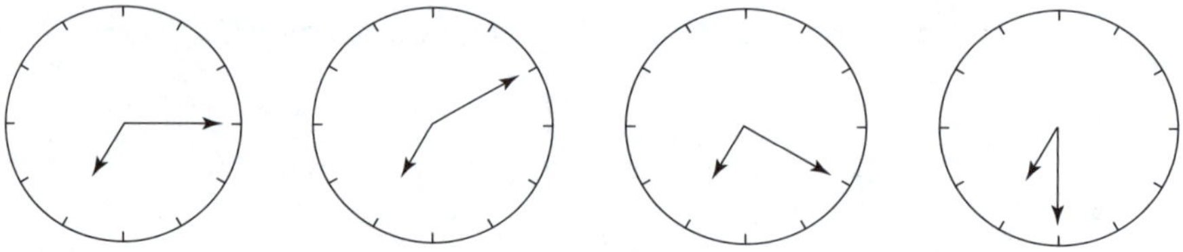

❒ A. ❒ B. ❒ C. ❒ D.

14 Trouvez une séquence de quatre chiffres sachant que :

3 5 6 4 contient 2 chiffres bien placés et 2 mal placés;
3 5 7 4 contient 2 chiffres bien placés et 1 mal placé;
3 6 7 4 contient 3 chiffres bien placés.

....

15 Trouvez une séquence de quatre lettres sachant que les séquences :

A B C D
E D A F
D B C A
E A D F

ont chacune deux lettres bien placées.

....

16 Trouvez un mot de quatre lettres sachant que :

P O R E a 3 lettres bien placées;
P I L E a 3 lettres bien placées;
L I O N a 2 lettres mal placées.

....

17 Si

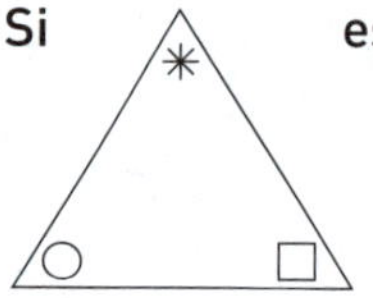

est associé à

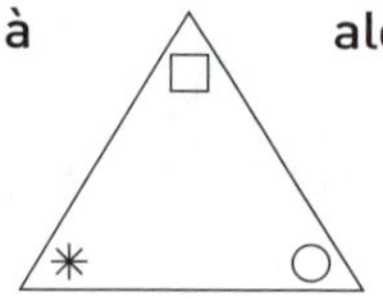

alors

est associé à ?

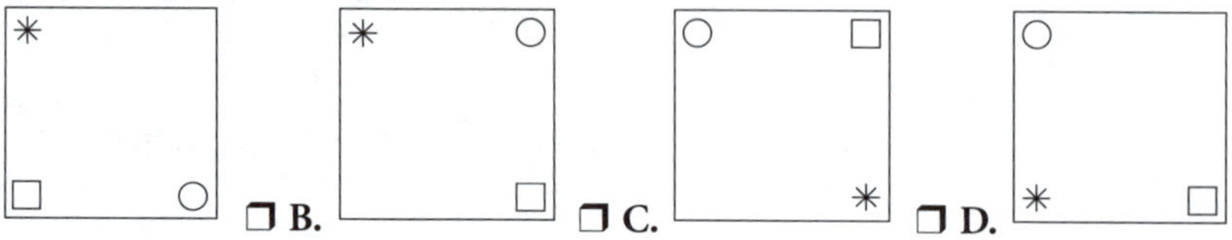

❒ A. ❒ B. ❒ C. ❒ D.

18 Découvrez l'horloge qui complète la série.

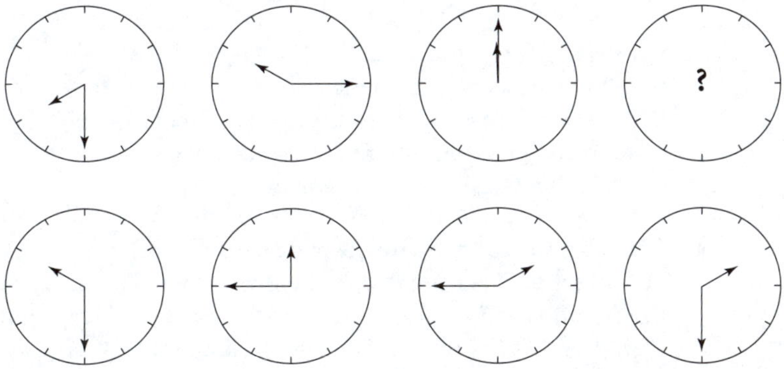

❒ A. ❒ B. ❒ C. ❒ D.

19 Quelle carte complète la série ?

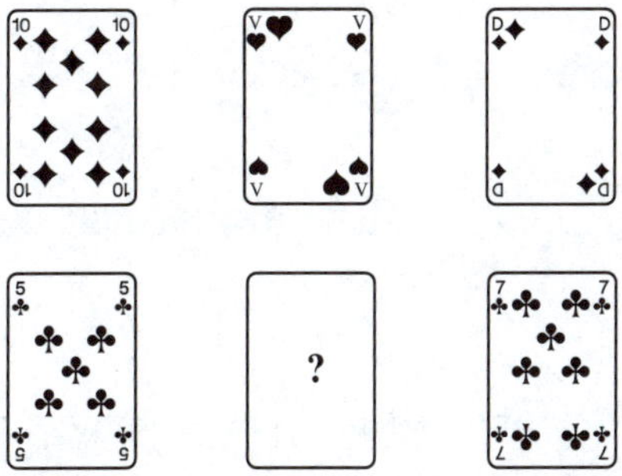

20 Quelle carte complète cette série ?

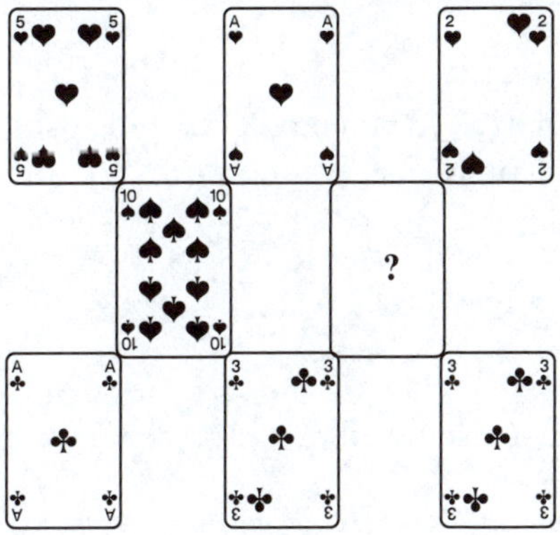

Corrigé

1

Réponses :
a) ***sol*** (progression d'une note sur deux).
b) ***la*** (à partir de fa, on progresse en sautant 2 notes).
c) ***do*** (on progresse en sautant 1, 2, 3, puis 4 notes).
d) ***sol*** (on progresse en sautant 4 notes).

2

Réponses (de gauche à droite et de haut en bas) :
a) ***si, fa, sol, la*** (il faut lire les colonnes alternativement de haut en bas et de bas en haut).
b) ***mi, sol, la, mi*** (il faut lire de gauche à droite en répétant les notes deux fois).
c) ***si, do, la, la*** (il faut lire de haut en bas en sautant deux notes à chaque fois).

3

Réponse : Bach.
Bach est le seul dont le nom ne comporte pas 6 lettres.

4

Réponse : canard.
Les autres anagrammes sont : lapin, chat, chien et chèvre.

5

Réponse : raisin.
Tous les mots sont composés à partir des lettres du mot carnassier, sauf raisin (un i en trop).

6

Réponse : 4.
Sur chaque ligne, on additionne les deux premiers nombres puis on fait la somme des chiffres de ce résultat.
1re ligne : 8 + 11 = 19, ensuite 1 + 9 = 10.
2e ligne : 12 + 15 = 27, puis 2 + 7 = 9.
3e ligne : 5 + 8 = 13 puis 1 + 3 = 4.

7

Réponse : 76.
À chaque consonne on associe le numéro de son rang dans l'ordre alphabétique. Puis on additionne la valeur de chaque consonne.
Ainsi Jean = J10 + N14 = 24.
Pour Bertrand : B = 2 ; R = 18 ; T = 20 ; R = 18 ; N = 14 ; D = 4 ;
Bertrand = 2 + 18 + 20 + 18 + 14 + 4 = 76.

8

Réponse : sorte.
À chaque fois, on enlève une lettre au mot précédent en conservant de quoi faire un nouveau mot.

9

Réponse : A sur la première ligne et F sur la dernière.
Il s'agit de compléter les diagonales selon l'ordre alphabétique (les lettres utilisées sont A, B, C, D, E, F).

10

Réponse : 4.
Pour chaque véhicule, le nombre correspond au nombre de roues.

11 **Réponse : en haut 4, en bas 5.**
En haut du domino, la progression s'effectue en diminuant de 2 d'un domino à l'autre à l'intérieur d'une liste reprenant en boucle les 6 chiffres d'un domino (0, 1, 2, 3, 4, 5, 6, 0, 1, 2, 3, 4, 5, 6, etc.).
En bas du domino, on augmente de 2 d'un domino à l'autre.

12 **Réponse : pensée.**
C'est le seul mot de la liste qui ne soit pas aussi un prénom.

13 **Réponse A : 7 h 15 ou 19 h 45.**
D est celle qui avance de 15 min, C est celle qui avance de 5 min, et B celle qui retarde de 5 min.

14 **Réponse : 3 6 5 4.**

15 **Réponse : E B C F.**
Les lettres A et D ne peuvent faire partie de la solution car elles sont dans toutes les positions sur les quatre séquences. On les barre et il reste B C au centre et E F aux extrémités.

16 **Réponse : pole.**
Les deux premières affirmations suggèrent P ? ? E. Le I ne peut être à la deuxième place en raison de la troisième affirmation ; donc c'est le O, et il reste le L pour la troisième place.

17 **Réponse : C.**
Le deuxième symbole s'obtient par une rotation du premier symbole dans le sens inverse des aiguilles d'une montre.

18 **Réponse C : 1 h 45 ou 13 h 45.**
L'heure progresse de 1 h 45 min à chaque fois.

19 **Réponse : 6 de pique.**
La valeur des cartes progresse de la gauche vers la droite (10 – valet – dame ; 5 – 6 – 7).
La couleur progresse en haut en alternance de carreau et de cœur, et en bas en alternance de trèfle et de pique.

20 **Réponse : 9 de pique.**
Les cartes centrales ont pour valeur la somme des quatre cartes qui les entourent. Les couleurs sont les mêmes sur chaque ligne, donc pique pour celle du milieu.

N° projet : 10183133 – CGI – Dépôt légal : janvier 2012
Imprimé en France par I.M.E. - 25110 Baume-les-Dames